Informatik-Fachberichte 198

Herausgeber: W. Brauer
im Auftrag der Gesellschaft für Informatik (GI)

Informatik-Fachberichte 198

Herausgeber: W. Brauer

im Auftrag der Gesellschaft für Informatik (GI)

Ulrich Reimer

FRM: Ein Frame-Repräsentationsmodell und seine formale Semantik

Zur Integration von Datenbank- und Wissensrepräsentationsansätzen

Springer-Verlag
Berlin Heidelberg New York
London Paris Tokyo

Autor

Ulrich Reimer
Universität Konstanz, Informationswissenschaft
Postfach 5560, D-7750 Konstanz

CR Subject Classification (1987): H.2.1, I.2.4

ISBN-13: 978-3-540-50680-5 e-ISBN-13: 978-3-642-74375-7
DOI: 10.1007/978-3-642-74375-7

2145/3140-543210 - Gedruckt auf säurefreiem Papier

Vorwort

Mit diesem Buch liegt die überarbeitete und in Detailaspekten erweiterte Fassung meiner Dissertation vor. Ihr Gegenstand ist die semantische Spezifikation eines Frame-Repräsentationsmodells, FRM genannt, das als Bestandteil des Textverstehens- und -kondensierungssystems TOPIC entwikkelt wurde. TOPIC entstand im Rahmen des gleichnamigen BMFT-Projekts am Lehrstuhl für Informationswissenschaft der Universität Konstanz. Besonderen Einfluß auf die Entwicklung von FRM nahm deshalb die methodische Herausforderung der Informationswissenschaft, in Informationssystemen große Mengen von Wissen darstellen und verarbeiten zu können. Gerade bei dem Aufbau und der Pflege großer Wissensbasen (wie sie z.B. für ein im praktischen Einsatz befindliches Textkondensierungssystem benötigt werden) entsteht aufgrund der Vielfältigkeit und Ausdifferenziertheit der verwendeten Wissensrepräsentationsmodelle ein Komplexitätsgrad, der durch eine/n Wissensingenieur/in rein intellektuell nicht mehr bewältigt werden kann. Die Folge wären invalide, inhaltlich inadäquate Wissensbasen. Um trotzdem die Erstellung großer Wissensbasen zu ermöglichen, lag der Schwerpunkt bei der Entwicklung von FRM auf der Ausarbeitung der Semantik seiner Repräsentationskonstrukte und ihrer formalen Beschreibung durch Integritätsbedingungen, wodurch bestimmte, in jedem Fall (also für alle Anwendungen) bedeutungslose Repräsentationsstrukturen formal ausgeschlossen werden. Ein Wissensverwaltungssystem, das FRM implementiert, kann somit die Einhaltung dieser Integritätsbedingungen überwachen und integritätsverletzende Änderungen entweder zurückweisen oder durch automatisch initiierte Folgeaktionen die Integrität wieder herstellen. Letzteres bedeutet, die für ein Repräsentationskonstrukt spezifizierten Integritätsbedingungen in Inferenzregeln umzudeuten, so daß durch die semantische Spezifikation von FRM auch ein hohes Maß an Inferenzfähigkeit erreicht wird. Da das zu FRM gehörige Wissensverwaltungssystem die Gewährleistung der Validität einer Wissensbasis zu einem beträchtlichen Teil selber übernehmen kann, wird die Arbeit eines/r Wissensingenieurs/in in erheblichem Maße unterstützt, und ein Beitrag geleistet, die bei der Erstellung großer Wissensbasen entstehende Komplexitätsbarriere aufzubrechen.

Aus den geschilderten Rahmenbedingungen ergibt sich, daß die vorliegende Arbeit im Schnittbereich von Datenbanken und Künstlicher Intelligenz angesiedelt ist und eine Brücke zwischen Ansätzen aus beiden Gebieten schlägt. So ist der Gegenstand eines Frame-Repräsentationsmodells mit seinen mächtigen Modellierungsmöglichkeiten eindeutig der Künstlichen Intelligenz zuzuordnen, während die Aspekte der Integritätserhaltung, die sich aus dem Bedarf nach einer Unterstützung großer Datenmengen ableiten, eher typisch für die Betrachtungsweise im Datenbankbereich sind.

Die diesem Buch zugrundeliegende Dissertation hätte so nicht entstehen können, wenn der Betreuer der Arbeit, Prof. R. Kuhlen, nicht einen ungewöhnlich großen wissenschaftlichen Freiraum eingeräumt und dabei gleichzeitig die fachliche Rückkopplung jederzeit sichergestellt hätte. Als Zweitgutachter meiner Dissertation verdanke ich Prof. J.W. Schmidt, Universität Frankfurt, viel konstruktive Kritik zu früheren Fassungen der Arbeit. Wesentlich waren auch die vielen fachlichen Diskussionen mit meinen Kollegen U. Hahn, R. Hammwöhner und U. Thiel, wobei besonders stimulierend die intensive Zusammenarbeit mit Udo Hahn im Rahmen des TOPIC-Projekts war.

Konstanz, im Oktober 1988 Ulrich Reimer

Inhaltsverzeichnis

1. Einführung

Die vorliegende Arbeit stellt FRM vor, ein frame-basiertes Modell zur Repräsentation von Wissen. Die Semantik seiner Repräsentationskonstrukte ist durch eine formale Spezifikation, die unzulässige Repräsentationsstrukturen durch Integritätsbedingungen ausschließt, explizit festgelegt. Damit ist die Grundlage gegeben für ein Wissensverwaltungssystem, das die Einhaltung dieser Integritätsbedingungen überwacht und somit die Gewährleistung der Validität einer Wissensbasis zu einem beträchtlichen Teil übernehmen kann. Ein(e) Wissensingenieur(in), der/die insbesondere beim Aufbau großer, vernetzter Wissensbasen Probleme hat, die Übersicht zu bewahren, wird dadurch erheblich entlastet, und es wird somit ein Beitrag geleistet, die bei der Erstellung großer Wissensbasen entstehende Komplexitätsbarriere aufzubrechen.

In Kapitel 1.1 wird zunächst der dieser Arbeit zugrundeliegende Semantikbegriff vorgestellt. Anschließend wird in Kapitel 1.2 eine kurze Charakterisierung von FRM und ein Vergleich mit anderen Repräsentationsmodellen vorgenommen. Kapitel 1.3 gibt einen Überblick über verschiedene Methoden zur formalen Semantikspezifikation und erläutert das für die Spezifikation von FRM gewählte Vorgehen. Kapitel 1.4 charakterisiert schließlich den Frame-Begriff und stellt ihm die seit einiger Zeit im Datenbankbereich diskutierten komplexen Objekte gegenüber.

1.1 Zur Semantik von Repräsentationsmodellen

In den ersten Entwürfen zur strukturierten Darstellung von Wissen durch semantische Netze repräsentieren Knoten Begriffe, und Kanten zwischen Knoten stellen Beziehungen zwischen ihnen her (QUILLIAN 68). Die Bedeutung einer Kante wurde durch ihre Beschriftung festgelegt. In einem formalen Sinne kann Bedeutung jedoch nur durch Strukturen und nicht durch Namen festgelegt werden. Eine natürlichsprachliche Kantenbeschriftung täuscht somit dem menschlichen Betrachter eine Kantenbedeutung vor, die auf der Ebene des Repräsentationssystems überhaupt nicht vorhanden ist, und führt zu einer Verwendung von Kanten, die lediglich durch Konvention und Intuition geleitet ist. So wurden Kanten mit derselben Beschriftung innerhalb eines semantischen Netzes oft in unterschiedlichen Bedeutungen benutzt, ohne daß dies jeweils erkannt und explizit gemacht wurde (vgl. WOODS 75). Beispielsweise könnte eine Kante 'Farbe' zwischen einem Knoten 'Telefon' und einem Knoten 'schwarz' ausdrücken, daß Telefone schwarz sind, aber es wird die gleiche Kante zwischen einem Knoten 'Telefon-1', der für ein bestimmtes Telefon steht, und dem Knoten 'schwarz' bedeuten, daß dieses eine Telefon ein schwarzes Telefon ist. Beide Kanten sind gleich, haben aber unterschiedliche Semantik. Auch die beiden Knoten 'Telefon' und 'Telefon-1' bezeichnen Dinge unterschiedlicher Art – der erste Knoten meint eine Menge von Objekten, der zweite ein bestimmtes Objekt (vgl. hierzu und für eine weitere Diskussion auch BRACHMAN 77 und BRACHMAN 79). Der Erkenntnis, daß durch die Zuweisung von Namen zu Knoten, Kanten oder anderen Repräsentationskonstrukten diesen noch keine Bedeutung beigegeben ist,[1] wurde Rechnung getragen durch Arbeiten, die die Semantik einer Repräsentation formal mittels einer Interpretation in Prädikatenlogik festlegen und dabei zwischen verschiedenen Kanten- und Knoten-Typen differenzieren (SCHUBERT 76, HAYES 79, DELIYANNI/KOWALSKI 79, für eine Übersicht ISRAEL/BRACHMAN 84).

Auch die Konstrukte des in der vorliegenden Arbeit beschriebenen Frame-Modells sind in ihrer Bedeutung formal definiert. Der hier zugrundeliegende Semantikbegriff geht jedoch über den einer rein formalen Spezifikation hinaus und erfaßt vielmehr die Wohlgeformtheitsbedingungen, denen eine Repräsentationsstruktur genügen muß, um mit einem modellierten Weltausschnitt zu korrespondieren. Dieser Aspekt soll im folgenden etwas eingehender diskutiert werden.

Beim Aufbau einer Wissensbasis wird der darzustellende Diskursbereich mit Hilfe eines Repräsentationsmodells beschrieben. Dieser Beschreibungsvorgang ist eine menschliche Aktivität, deren Korrektheit

[1] Eine ähnliche Diskussion fand Ende der sechziger Jahre in der Linguistik statt, wo kritisiert wurde, daß die Bedeutung der semantischen Primitive in Ansätzen zur Komponentialsemantik nicht definiert war (BAR-HILLEL 69, PAK 74).

formal nicht nachzuweisen ist. Daraus folgt, daß auch die Korrespondenz einer Wissensbasis mit dem zugehörigen Weltausschnitt formal nicht verifizierbar ist. Dennoch lassen sich Repräsentationsstrukturen bestimmen, die aufgrund rein struktureller Kriterien und unabhängig von einer bestimmten Anwendung mit Sicherheit inkorrekt sind (z.B. eine Konzeptspezialisierung, wo der Unterbegriff in seinen Eigenschaften weniger spezifisch beschrieben ist als sein Oberbegriff). Werden nun formale Bedingungen formuliert, die das Vorkommen solcher als inadäquat bestimmten Strukturen in einer Wissensbasis als unzulässig kennzeichnen, und bettet man diese formalen Bedingungen in ein Repräsentationsmodell ein, dann sind mit diesem Modell solche inadäquaten Repräsentationsstrukturen nicht länger konstruierbar. Die formalen Bedingungen, mit denen dies erreicht wird, werden im weiteren Verlauf als **modellinhärente Integritätsbedingungen** bezeichnet werden (modellinhärent, weil sie im Gegensatz zu dem sonst üblichen Begriff einer Integritätsbedingung Bestandteil eines Repräsentationsmodells und damit nicht Teil einer Wissensbasis sind). Da sie dafür sorgen, daß die Strukturen der Repräsentationskonstrukte (zumindest bezüglich einiger Kriterien) mit den einer zu modellierenden Welt zugrundeliegenden Regularitäten korrespondieren, machen sie die **Semantik** eines Repräsentationsmodells aus. Es wird der so festgelegte Semantikbegriff in diesem Buch zugrunde gelegt. Werden die modellinhärenten Integritätsbedingungen, die die Semantik eines Repräsentationsmodells ausmachen, formal spezifiziert, dann erhält man eine **formale Semantik** des Repräsentationsmodells. Dieser Begriff einer formalen Semantik ist jedoch nicht identisch mit dem üblicherweise in der Informatik verwendeten Begriff einer formalen Semantik, der lediglich eine **formale Spezifikation** meint, d.h. das Festlegen der Bedeutung eines Repräsentationsmodells (oder eines anderen zu spezifizierenden Systems) durch seine Interpretation in einem anderen, schon definierten formalen System. Das Anfertigen einer formalen Spezifikation bedeutet nämlich nicht zwangsläufig, daß die Adäquatheit der spezifizierten, formalen Konstrukte in bezug auf das durch sie zu repräsentierende Wissen – und damit ihre Semantik im obigen Sinne – berücksichtigt wird. So spielt der Bezug zwischen dem spezifizierten formalen System und einem Realitätsausschnitt häufig eine untergeordnete Rolle (siehe jedoch BILLER/NEUHOLD 78). Lediglich für konkret vorliegende Wissensbasen wird versucht, durch rein anwendungsabhängige Integritätsbedingungen Regularitäten zu erfassen und so die Korrespondenz der Wissensbasis mit dem zugehörigen Realitätsausschnitt sicherzustellen. Dieses Vorgehen betrifft jedoch nicht das Repräsentationsmodell und steht somit außerhalb davon. Darüber hinaus ist es auch vom Aufwand her kaum praktikabel, die Semantik einer Repräsentation im Rahmen einer Anwendung in einem größeren Umfang durch Integritätsbedingungen in einer Wissensbasis festzulegen, wogegen es durchaus sinnvoll und möglich ist, die anwendungsunabhängigen Anteile (die folglich zum Repräsentationsmodell und nicht zur Anwendung gehören) einmalig beim Entwurf eines Repräsentationsmodells zu spezifizieren.

Eine Entsprechung findet der hier geprägte Semantikbegriff in der Linguistik: Ein semantisch wohlgeformter Satz muß bestimmten Bedingungen genügen, die einen Bezug zu einer realen (oder einer imaginären) Welt herstellen. So müssen die Einschränkungen, die ein Verb an sein Subjekt und seine Objekte setzt, mit deren semantischen Merkmalen verträglich sein (vgl. KATZ/FODOR 63), z.B. muß der Agent des Verbs 'trinken' das Merkmal +belebt und das Objekt das Merkmal +flüssig aufweisen. Die Regeln, die die Verträglichkeit zwischen den semantischen Merkmalen festlegen, sind unabhängig von den einzelnen Wörtern und entsprechen somit den oben eingeführten modellinhärenten Integritätsbedingungen eines Wissensrepräsentationsmodells.

Die Spezifikation von Wissensrepräsentationsmodellen stellt sich nach dem bisher Gesagten folgendermaßen dar. In einem ersten Schritt sind zunächst die vorgesehenen Grundkonstrukte formal einzuführen, z.B. das mathematische Konstrukt einer Relation im Relationenmodell (CODD 70, MAIER 83). In der üblichen Terminologie der Informatik wird damit die formale Semantik des Repräsentationsmodells festgelegt, in der Terminologie dieser Arbeit entspricht das jedoch seiner formalen **Syntax**.[2]

---

[2] Die formale Syntax schließt den in der Informatik sonst üblichen Begriff einer Syntax, die festlegt, wie die Wissensstrukturen im Formalismus zu notieren sind, ein.

Seine **Semantik** wird erst in einem zweiten Schritt durch die Formulierung von modellinhärenten Integritätsbedingungen, die Einschränkungen auf der Menge der syntaktischen Grundstrukturen setzen, eingeführt, womit bestimmte Strukturen als unzulässig ausgegrenzt werden.[3] Beispielsweise müssen im relationalen Modell die verschiedenen Teilaspekte eines Objekts, auf die in seiner Beschreibung verwiesen wird, auch tatsächlich repräsentiert sein (SCHMID/SWENSON 75, DATE 81). Der letzte Schritt in der Spezifikation eines Repräsentationsmodells besteht schließlich darin, **Änderungsoperationen** zu definieren, die bezüglich der festgelegten modellinhärenten Integritätsbedingungen integritätserhaltend sind (die Anfrageoperationen kann man sich als Existenztests vorstellen). Der rein pragmatische Beitrag einer Spezifikation von Änderungsoperationen besteht darin, sicherzustellen, daß die Modifikation einer validen Wissensbasis wieder eine valide Wissensbasis ergibt. In diesem Fall werden keine Restriktionen gesetzt, die nicht aus den modellinhärenten Integritätsbedingungen abgeleitet werden können. Beispielsweise darf im Relationenmodell kein Tupel gelöscht werden, das Bestandteil der Beschreibung eines Objekts durch ein anderes Tupel ist (SCHMID/SWENSON 75, DATE 81). Durch die Spezifikation von Änderungsoperationen können aber auch zusätzliche, dynamische Integritätsbedingungen eingebracht werden, die im Unterschied zu den bisher diskutierten statischen Bedingungen, die die Menge der erlaubten Wissensbasen einschränken, auch die Menge der erlaubten Zustandsübergänge restringieren (siehe Kap.5).

Die Spezifikation des Frame-Repräsentationsmodells FRM wird auf den diskutierten drei Ebenen, also bezüglich seiner formalen Syntax (Kap.2), seiner Semantik (Kap.3 und 5) und seinen Änderungsoperationen (Kap.4 und 5) erfolgen. Die Berücksichtigung der letzten beiden Ebenen ermöglicht einen höheren Grad an Korrespondenz zwischen einer Wissensbasis und dem zugehörigen Weltausschnitt als durch viele bisherige Repräsentationsmodelle. Das ist von erheblicher Bedeutung für reale Anwendungen, die im Gegensatz zu Experimentalsystemen Wissensbasen von beträchtlicher Größe und Komplexität benötigen, so daß eine rein intellektuelle Kontrolle der Adäquatheit einer Wissensbasis völlig undurchführbar ist.

1.2 Charakterisierung von FRM und Vergleich mit anderen Repräsentationsmodellen

Das Frame-Repräsentationsmodell FRM wurde für ein automatisches Textanalysesystem entwickelt (TOPIC: siehe HAHN/REIMER 86, 88 und REIMER/HAHN 88) und unterstützt in erster Linie die Repräsentation des für eine Textanalyse benötigten Vorwissens über den betroffenen Diskursbereich. Eine zentrale Anforderung war zunächst die Unterstützung der *Darstellung semantischer Kontexte* von Konzepten. Dadurch wird bei Erwähnung eines Konzepts in einem zu analysierenden Text dessen semantische Umgebung unmittelbar verfügbar, so daß nachfolgende Erwähnungen von Konzepten im Text ihrem korrekten Bezugskonzept zugeordnet werden können. Hierfür eignet sich das Frame-Konstrukt besonders gut[4], da es u.a. gerade für die Erfassung solcher Kontextbezüge vorgesehen wurde (MINSKY 75; vgl. Kap.1.4). Weiterhin unterstützt FRM mehrere semantische Relationen zur *Konzeptspezialisierung* sowie Relationen, die auf der *Aggregierung* von Konzepten basieren. Sie sind sehr viel stringenter definiert, als dies in bisherigen Repräsentationsmodellen der Fall ist. Die von FRM angebotenen Repräsentationskonstrukte sind jedoch keineswegs nur für die Anforderungen eines Textverstehens geeignet, sondern unterstützen ebenso grundlegende Repräsentationsanforderungen anderer Anwendungen. Für eine tiefergehende Modellierung notwendige Erweiterungen, wie z.B. zur Darstellung von Kausal- und Temporalbeziehungen oder von Ereignissen, werden Gegenstand der zukünftigen Entwicklung von FRM sein.

---

3 Analog zu der hier vorgenommenen Differenzierung von Syntax und Semantik ist ihre Unterscheidung in der Linguistik: Ein zulässiger Satz muß syntaktisch korrekt sein, kann jedoch semantisch noch unzulässig sein (so Chomskys bekanntes Beispiel "Colorless green ideas sleep furiously."). Würde man eine natürliche Sprache also nur syntaktisch beschreiben, bliebe ein wesentlicher Teil von ihr unspezifiziert. Entsprechend ist ein Wissensrepräsentationsmodell unterspezifiziert, wenn nur seine formale Syntax definiert ist.

4 Siehe FILLMORE 76 für eine ausführliche Diskussion dieser Aspekte aus linguistischer Sicht.

Der wesentliche Unterschied von FRM zu anderen Repräsentationsmodellen entwickelte sich aus der Anforderung, große Wissensbasen aufbauen zu können, damit das darauf basierende Textanalysesystem innerhalb eines Diskursbereichs (und einer Textsorte) beliebige Texte analysieren kann, ohne daß wesentliche Wissenslücken auftreten (dazu dürften je nach Diskursbereich für ein oberflächliches Textverstehen mindestens 300 bis 500 Frames zu modellieren sein, für ein tieferes Textverstehen wesentlich mehr). Die Erstellung und Wartung von Wissensbasen dieser Größenordnung ist wegen ihres hohen Vernetzungsgrades, der die lokale Betrachtung von Wissensbasisausschnitten nur bedingt zuläßt, extrem schwierig und fehleranfällig. Ein rein manuell-intellektuelles Vorgehen würde deshalb unweigerlich zu inadäquaten, nicht mit dem zu repräsentierenden Weltausschnitt korrespondierenden Modellierungen führen. Notwendig ist deshalb eine möglichst weitgehende Unterstützung durch das Wissensverwaltungssystem, das semantisch unzulässige Änderungen der Wissensbasis unterbindet und darüber hinaus selbständig (dem Benutzer mitzuteilende) Folgeänderungen durchführt, um aufgrund einer Änderungsoperation neu ableitbares Wissen in die Wissensbasis aufzunehmen bzw. nicht länger ableitbare Aussagen zu streichen (dies entspricht der Aufgabe eines Truth Maintenance Systems: DOYLE 79, DeKLEER 86). Damit ein Wissensverwaltungssystem diese Anforderungen erfüllen kann, müssen ihm die Regularitäten, die einem Repräsentationskonstrukt zugrunde liegen, sowie die Abhängigkeiten zwischen den verschiedenen Konstrukten bekannt sein. Das wiederum setzt voraus, daß diese Regularitäten und Abhängigkeiten, die oben als modellinhärente Integritätsbedingungen eingeführt wurden, Bestandteil der Definition von FRM sind. Die hauptsächliche Motivation zur Entwicklung von FRM bestand deshalb darin, möglichst viele dieser modellinhärenten Integritätsbedingungen zu erfassen, d.h. seine Repräsentationskonstrukte möglichst umfassend zu spezifizieren.

Die FRM am nächsten stehende Repräsentationssprache[5] ist **KL-ONE** (BRACHMAN 79, BRACHMAN/SCHMOLZE 85) bzw. dessen Nachfolger **NIKL** (KACZMAREK ET AL. 86). Das Entwurfsziel von KL-ONE bestand darin, Repräsentationskonstrukte mit klarer Funktionalität zur Verfügung zu stellen, die nicht in der Weise mit verschiedenen Bedeutungen überfrachtet sind, wie das bis dahin für den Umgang mit semantischen Netzen charakteristisch war (WOODS 75, BRACHMAN 77). Dadurch sollte vermieden werden, daß innerhalb einer Wissensbasis das gleiche Repräsentationskonstrukt in verschiedenen (Neben-)Bedeutungen verwendet wird, wodurch mehrdeutige und nicht klar zu interpretierende Modellierungen entstehen würden. Die Motivation für die Entwicklung von KL-ONE war also der für den Entwurf von FRM ähnlich. FRM geht jedoch einen Schritt weiter als KL-ONE, indem nicht nur die Funktionalität seiner Konstrukte (auf einer informalen Ebene) klar herausgearbeitet ist, sondern die ihnen zugrundeliegenden Regularitäten als modellinhärente Integritätsbedingungen auch explizit Bestandteil ihrer Definition sind. Eine nähere Gegenüberstellung der Konstrukte von KL-ONE und FRM ist in den thematisch jeweils zuständigen Abschnitten dieses Buches zu finden.

Besonderes Merkmal der Frame-Sprache **KRL** (BOBROW/WINOGRAD 77a) ist ihre Unterstützung der Modellierung verschiedener Sichten auf ein Konzept, welches dadurch aus verschiedenen Kontexten heraus ansprechbar wird. Das dafür vorgesehene Konstrukt einer 'perspective' basiert jedoch vollständig auf dem Konstrukt der Klassifizierung, also der Zuordnung eines individuellen Konzepts zu einer Konzeptklasse. Dieses Vorgehen trägt der Bedeutung verschiedener Sichten (bzw. Perspektiven oder Rollen), die von der Bedeutung der Klassifikation grundverschieden ist, nicht Rechnung. Es wird vielmehr ein eigenes Konstrukt hierzu benötigt, das in REIMER 85 näher beschrieben ist. Seine vollständige Integration in FRM, insbesondere in die Frame-Typ- und Konzepthierarchie, wurde jedoch noch nicht vorgenommen, einige Bemerkungen dazu sind aber in den Exkursen in Kapitel 3.3.2 und Kapitel 3.5 zu finden. KRL zeichnet sich weiterhin dadurch aus, daß es verschiedene Verfahren zur Selektion von Frames in einer Wissensbasis durch die Vorgabe einer Frame-(Teil-)Struktur bereitstellt ('matching').

[5] Die beiden Begriffe (Wissens-)Repräsentationssprache und (Wissens-)Repräsentationsmodell werden weitgehend synonym verwendet. Soll jedoch die Betonung auf Modellierungsaspekte sowie auf Repräsentationskonstrukte gesetzt werden und soll der Aspekt einer syntaktischen Oberfläche zur Notierung von Wissensstrukturen in den Hintergrund treten, wird der letztere Begriff verwendet.

Ein Ansatz, solche Selektionsverfahren in eine formale Anfragesprache zu überführen, wird für FRM in Kapitel 4.1.1 beschrieben.

Ein interessantes Merkmal der Repräsentationssprache **SRL** (FOX ET AL. 86; neuerdings CRL genannt: CRL 84) ist die Möglichkeit, benutzerdefinierte Vererbungsrelationen, die z.B. auch laterale Vererbung ermöglichen, in eine Wissensbasis einzubringen. Dadurch kann eine Vielfalt an Konstellationen, in denen Eigenschaften eines Konzepts zu einem oder mehreren anderen Konzepten automatisch weitergereicht werden, realisiert werden. Das in STEFIK 79 beschriebene **Units** unterscheidet diverse Typen von Slots zur Steuerung der Vererbung von Slot-Einträgen (vgl. Kap.3.2.3, Kap.3.3.2) sowie zur Unterscheidung verschiedener Arten von Aggregierung (vgl. Kap.3.4).

Weitere, frühe Frame-Sprachen sind **FRL** (GOLDSTEIN/ROBERTS 77, ROBERTS/GOLDSTEIN 77) und **AIMDS** (SRIDHARAN 78, SRIDHARAN 81), die semantisch nicht näher beschrieben sind, sondern lediglich einen Satz an Prozeduren zur Erstellung und Modifikation einer Wissensbasis zur Verfügung stellen. Für AIMDS ist jedoch bemerkenswert, daß sie ähnlich wie FRM die Formulierung von Einschränkungen der erlaubten Einträge eines Slots mit Hilfe logischer Formeln zuläßt (vgl. Kap.3.5). Eine Erweiterung dieses logik-basierten Konzepts zur Einbringung anwendungsspezifischer Integritätsbedingungen in eine Wissensbasis ist in **CML** (STANLEY 86) realisiert, wo Integritätsbedingungen sich nicht auf die Restriktion erlaubter Slot-Einträge beschränken, sondern generell Aussagen über Konzepte in einer Wissensbasis ermöglichen (ähnlich wie hybride Sprachen, s.u.). Charakteristisch ist für CML weiterhin die Unterstützung zeitlicher Aspekte von Wissen sowie die Möglichkeit, in den Beschreibungen individueller Konzepte gegen die zugehörige Klassendefinition zu verstoßen ('exceptions'). Das Auftreten solcher Ausnahmen wäre jedoch besser durch das in einigen Frame-Sprachen vorgesehene Default-Konstrukt (vgl. Kap.5) kontrolliert, mit dessen Hilfe Eigenschaften eines Konzepts von vornherein als nur normalerweise zutreffend spezifiziert werden, wodurch es möglich wird, daß Exemplare einer Konzeptklasse in diesen Aspekten von der Klassenbeschreibung abweichen. Damit können Ausnahmen zwar nicht mehr an beliebiger Stelle auftreten, aber die Möglichkeit von Ad-hoc-Modellierungen ist stärker eingeschränkt. Ein aufgrund der Charakteristika einer Anwendung möglicherweise nicht auszuschließendes Auftreten von Ausnahmen könnte dann immer noch überall dort zugelassen werden, wo eine kontrollierte Repräsentation durch Defaults nicht möglich ist.

Der Entwicklung von **OWL** (HAWKINSON 75, SZOLOVITS ET AL. 77, MARTIN 79) lag die Vorstellung zugrunde, daß Wissensrepräsentation am geeignetsten an einer natürlichen Sprache orientiert (in diesem Fall Englisch) durchzuführen sei. Es sind deshalb neben den üblichen Grundkonstrukten, wie der Zuordnung von Eigenschaften zu Konzepten oder zur Konzeptspezialisierung, insbesondere Konstrukte zur Erfassung von Phänomenen auf der Sprachoberfläche vorgesehen, wie z.B. die Zuordnung von Artikeln und Pronomen zu Substantiven, die Unterscheidung von Attribution und Prädikation oder die Beschreibung von Flexionen. Da in den meisten Anwendungen semantische Repräsentationen als losgelöst von einer eventuellen Oberflächenstruktur betrachtet werden und eine Vermischung von Sprach- und Wissensebene sogar äußerst unerwünscht ist, haben sich die OWL zugrundeliegenden Prinzipien nicht durchgesetzt. Besondere Vorteile bietet OWL allerdings in sprachverarbeitenden Systemen zur oberflächennahen Repräsentation von Satzinhalten.

Neben den frame-ähnlichen Sprachen stellen auch die logik-basierten Sprachen deklarative Repräsentationskonstrukte zur Verfügung. Sie sind dadurch charakterisiert, daß sie Aussagen durch Formeln in einer Logik darstellen. Sie unterstützen deshalb insbesondere Quantifikation und Negation und sind somit in ihrer Ausdruckskraft rein frame-basierten Sprachen überlegen. Einer ihrer Nachteile liegt darin, daß (zumindest im allgemeinen) keine spezielleren, vorgefertigten Repräsentationskonstrukte zur Verfügung stehen, so daß ein größerer Aufwand beim Aufbau einer Wissensbasis notwendig wird. Dies wird insbesondere im Vergleich mit FRM deutlich, welches über besonders reich ausdifferenzierte Konstrukte verfügt, deren Verwendung der Einbringung z.T. recht komplexer Axiomenschemata entspricht (vgl. die beiden Konstrukte eines obligaten und eines klassifikatorischen Slots in Kap.3.1.2, die eine all- bzw. existenzquantifizierte Aussage über die Eigenschaften einer Klasse von Konzepten beinhalten). Auch die in den logik-basierten Sprachen **OMEGA** (ATTARDI/SIMI 81, ATTARDI/SIMI 87) und **KS** (DILGER/ZIFONUN 78) erlaubte Konstruktion von Lambda-Abstraktionen kommt zur Anwendung in dem FRM-Konstrukt zur Definition von Konzeptklassen, deren Elemente durch Eigenschaften schon näher festgelegt sind, und ihrer Spezialisierung (bzw. Generalisierung; vgl. Kap.3.2.2). Die logische Repräsentationssprache **SRL** (HABEL 86; nicht zu verwechseln mit der oben erwähnten, gleichnamigen Sprache) ist vor allem wegen der Termsortierung (über die auch KS verfügt) und der Berücksichtigung von Sortenverbänden sowie von Sortentransformationen zur Festlegung von Sortenkorrektheit erwähnenswert, weil die so festgelegten Wohlgeformtheitskriterien für Aussagen von ihrer Intention her mit den modellinhärenten Integritätsbedingungen von FRM vergleichbar sind (vgl. HABEL 86, S.69 unten).

Die Kombination einer frame-ähnlichen mit einer logischen Repräsentationssprache bietet den Vorteil, sowohl die Darstellung konzeptorientierten Wissens als auch die Formulierung von Integritäts- und Inferenzregeln durch einen jeweils besonders geeigneten Formalismus zu unterstützen. Dadurch steigt zwar nicht unbedingt die Ausdruckskraft des Gesamtsystems, aber es können durch die spezialisierten Teilkomponenten Schlußfolgerungen sehr viel effizienter durchgeführt werden. Beispiele für solche Repräsentationssprachen, die *hybrid* genannt werden, sind **Krypton** (BRACHMAN ET AL. 85), **KL-TWO** (VILAIN 85), **BACK** (NEBEL/LUCK 87, LUCK ET AL. 87) und **MESON** (EDELMANN/OWSNICKI 86), die weitgehend auf KL-ONE zur Modellierung terminologischen Wissens (also zur Beschreibung der Konzeptklassen) basieren. Dagegen wird die logik-basierte Komponente dazu verwendet, Fakten aus dem Diskursbereich zu repräsentieren, d.h. Aussagen über individuelle Konzepte. Das besondere Entwurfsziel von BACK bestand darin, eine Sprache zu definieren, deren Inferenzkomponente algorithmisch handhabbar ist, d.h. polynomiale Komplexität besitzt,[6] sowie in der Balancierung der beiden Repräsentationskomponenten. Letzteres bedeutet, daß Konstrukte, die einer Teilkomponente zur Verfügung stehen, auch der anderen bekannt sind und von ihr benutzt werden, was Voraussetzung für ein optimales Zusammenspiel beider Komponenten ist (NEBEL/LUCK 87).

Ein sehr früher Vorschlag für eine hybride Frame-Sprache ist in CHARNIAK 81b formuliert. Die Motivation dafür bestand darin, die verschiedenen Anforderungen an einen Wissensrepräsentationsformalismus für das Sprachverstehen und für das Problemlösen zu vereinen, da zwar das Beantworten von Verständnisfragen zu einem Text häufig Problemlösungscharakter besitzt, aber weniger das Überführen eines Textes in eine interne Repräsentation. Die vorgeschlagene Sprache **FRAIL** besteht deshalb aus einer logik-basierten Komponente, die den Anforderungen eines Problemlösers entgegenkommt, und einer derart darüber gelegten Frame-Komponente, daß jede Aussage, die in dem Logik-Formalismus formuliert ist, einem Frame zugeordnet sein muß. Auf diese Weise wird das Wissen partitioniert, wodurch ein Sprachverstehen unterstützt wird, denn die Menge potentiell zum Verstehen eines Satzes notwendigen Wissens ist sehr groß und würde zu einer kombinatorischen Explosion führen, falls die zu einem Zeitpunkt zu betrachtenden Fakten und Regeln nicht durch den Partitionierungsmechanismus eingeschränkt wären. Für das schrittweise Vorgehen eines Problemlösers sind dagegen die in kleinere Einheiten unterteilten logik-basierten Aussagen gut geeignet. Der Entwuf von FRAIL unterscheidet sich somit deutlich von den oben diskutierten, neueren Vorschlägen für hybride Sprachen, wo jeweils zwei (oder mehr) eigenständige, über eine Schnittstelle miteinander kommunizierende Repräsentationskomponenten vorgesehen werden. Ähnlich wie FRAIL ist auch **OMEGA** (ATTARDI/SIMI 81, ATTARDI/SIMI 87) eine hybride Sprache, die verschiedene Repräsentationsformate ebenfalls nicht auf verschiedene Komponenten verteilt, sondern sie in einen Formalismus integriert. So sind einmal logik-basierte Ausdrucksmittel, wie Negation, Quantifizierung und die Benutzung von Variablen, vorhanden, und zum anderen sind durch die Bereitstellung von Attribution und Vererbung auf einer Typhierarchie frame-ähnliche Konstrukte zur Beschreibung von

---

[6] Trotzdem ist ein vollständiger Inferenzalgorithmus für BACK Co-NP-vollständig (NEBEL 88), denn unglücklicherweise benötigen selbst recht einfache Frame-Sprachen schon NP-vollständige Inferenzprozeduren (s.a. BRACHMAN/LEVESQUE 84). Die gleiche Aussage trifft für die Sprache KANDOR (PATEL-SCHNEIDER 84) zu (siehe NEBEL 88), die wie BACK mit dem Ziel entworfen wurde, algorithmisch handhabbar zu sein.

Konzeptklassen gegeben. Zum Schluß sei auch auf **HSRL** (ALLEN/WRIGHT 83), das auf (dem in FOX ET AL. 86 beschriebenen) SRL basiert, und auf **BABYLON** (PRIMIO/BREWKA 85) verwiesen, die ebenfalls hybride Repräsentationssprachen darstellen. Beide integrieren eine Frame-Komponente mit einer auf Horn-Klauseln basierenden Repräsentationskomponente.

Den Kern jeder frame-ähnlichen Repräsentationssprache bilden Konstrukte zur Konzeptklassenbildung, Konzeptspezialisierung und Aggregierung. Die einzelnen Sprachen verfeinern sie um zusätzliche Details (z.B. verschiedene Slot-Typen zur Steuerung der Vererbung) oder ergänzen sie um zusätzliche Konstrukte (z.B. zur Darstellung von Default-Wissen oder quantifizierten Aussagen). Die drei Grundkonstrukte sind aber auch in *semantischen Datenmodellen* wie **SDM** (HAMMER/McLEOD 81) und **RM/T** (CODD 79) zu finden (für eine Übersicht siehe BRODIE 84). Einige Datenmodelle ergänzen diese Grundkonzepte um Konstrukte zur Modellierung dynamischer Eigenschaften (z.B. SHM+: BRODIE 81). Durch weitere Ergänzung um Konzepte aus dem Programmiersprachenbereich werden sie letzten Endes selber zu Programmiersprachen, deren Typsystem durch ein (statisches) semantisches Datenmodell gegeben ist (vgl. Kap.3.3.5). Beispiele für solche Sprachen sind **TAXIS** (MYLOPOULOS ET AL. 80), **GALILEO** (ALBANO ET AL. 85), **ADAPLEX** (SMITH/FOX/LANDERS 81) sowie **DIAL** (HAMMER/BERKOWITZ 80), die alle vier in BORGIDA 85 im Vergleich diskutiert werden (für einen Überblick siehe auch ATKINSON/BUNEMAN 87).

1.3 Formale Semantikspezifikation

Die formale Spezifikation der Semantik von formalen Systemen, wie Programmiersprachen, Datenmodelle oder spezielle Software-Systeme, ermöglicht, komplexe Sachverhalte exakt zu beschreiben und unmißverständlich darüber zu kommunizieren. Sie erlaubt weiterhin, gesicherte Aussagen über Eigenschaften eines Systems zu machen, sowie nicht zuletzt, eine Implementation als korrekt zu validieren oder gar zu verifizieren.

Es existieren verschiedene Methoden zur formalen Spezifikation. Ein sehr früh, besonders für die Beschreibung von Programmiersprachen und Programmen entwickeltes Verfahren ist die **operationale Methode** (McCARTHY 62). Mit ihr werden unter Bezug auf eine abstrakte Maschine sämtliche Zustandsänderungen, die ein Programmiersprachenkonstrukt oder ein Programm auf ihr verursacht, beschrieben. Eine operationale Spezifikation zeichnet sich also dadurch aus, daß sie recht implementierungsnah ist. Einen höheren Grad an Abstraktion bietet die **denotationale Methode**. Sie basiert nicht auf einer abstrakten Maschine und betrachtet dementsprechend auch keine Folgen von Zustandsänderungen, sondern beschreibt ein Programm bzw. eine Operation auf einem Datentyp oder einem Datenmodell (NEUHOLD/OLNHOFF 80, BORGIDA/WONG 81, BJORNER/LOVENGREEN 82) als eine Abbildung eines Anfangszustandes in einen Endzustand. Diese Abbildung kann in einfachen Fällen explizit konstruiert werden und ist ansonsten durch den kleinsten Fixpunkt eines rekursiven Gleichungssystems beschrieben (SCOTT/STRACHEY 71, STOY 77). Die Anwendung der denotationalen Methode auf die Spezifikation von Datenstrukturen bedeutet, daß Abbildungen von den Datenstrukturen auf mathematische Objekte angegeben werden. Die Semantik der Zusammensetzung mehrerer solcher Datenstrukturen zu einer komplexen Datenstruktur kann dann durch eine entsprechende Ineinandersetzung der zu den einzelnen Datenstrukturen gehörenden Abbildungen bestimmt werden. Durch Abbildungen, die Repräsentationskonstrukte in prädikatenlogische Ausdrücke mit Lambda-Abstraktion (die logische Wahrheitsfunktionen festlegen) überführen, sind die Repräsentationssprachen KL-ONE (SCHMOLZE/ISRAEL 83), BACK (LUCK ET AL. 87), NIKL (VILAIN 85) und MESON (EDELMANN/OWSNICKI 86) spezifiziert. Da für diese Sprachen jedoch nicht angegeben wird, wie die Semantik zusammengesetzter Konstrukte zu bestimmen ist, ist ihre Spezifikation nicht eindeutig der denotationalen Methode zuzuordnen. Man kann nämlich die Gleichsetzung von Repräsentationskonstrukten mit logischen Wahrheitsfunktionen auch als Axiome auffassen. Die Semantik zusammengesetzter Ausdrücke kann dann mit Hilfe der prädikatenlogischen Inferenzregeln hergeleitet werden. In diesem Falle wären die obigen Sprachen axiomatisch spezifiziert (s.u.).

Dem denotationalen Ansatz nicht unähnlich sind **graphgrammatische Verfahren** (EHRIG 79), in denen die Operationen auf den durch Graphen beschriebenen Datenobjekten (z.B. Datenbankschemata, vgl. PLETAT 85, ABITEBOUL/HULL 87) durch graphgrammatische Produktionsregeln festgelegt werden. Die dahinterstehende Theorie ist jedoch so grundverschieden von der des denotationalen Ansatzes, daß diese Verfahren als eigenständige Methode zu betrachten sind. Ihre Attraktivität besteht vor allem darin, daß durch die Beschreibung eines komplexen, aus vielen Einzelobjekten bestehenden Systems durch einen Graphen je nach Bedarf beliebig große Ausschnitte davon als elementare Komponenten betrachtet und manipuliert werden können. Die Spezifikation von Operationen auf dem durch den gesamten Graphen beschriebenen System wird durch diese Abstraktionsmöglichkeit erheblich vereinfacht.

Völlig anders als die bisher diskutierten Verfahren geht die **axiomatische** Methode vor. Nach ihr wird als Spezifikation ein Axiomensystem erstellt, das die Eigenschaften des zu beschreibenden Systems festlegt. Im speziellen Fall der Hoare'schen Methode (HOARE 69, APT 81) werden die Grundkonstrukte einer Programmiersprache durch Axiomenschemata beschrieben, die jeweils ihre Vor- und Nachbedingungen festlegen. Durch eine Menge von Inferenzregeln kann für eine beliebige Zusammensetzung dieser Grundkonstrukte (z.B. zu einem höheren Konstrukt oder einem Programm) die entsprechende Vor- und Nachbedingung abgeleitet werden. Generell zeichnet sich die axiomatische Methode dadurch aus, daß sie nur die Eigenschaften des zu spezifizierenden Systems festlegt und noch keine Annahmen über die möglichen Modelle macht. Deshalb weist eine axiomatische Spezifikation in der Regel ein höheres Abstraktionsniveau auf als eine denotationale, graphgrammatische oder gar operationale Spezifikation (ein exemplarischer Vergleich der operationalen, denotationalen und axiomatischen Methode findet sich in DONAHUE 76). Axiomatische Spezifikationen von Datenmodellen (inklusive ihrer Operationen) werden z.B. in BORGIDA/WONG 81, BRODIE 82 und STEMPLE/SHEARD 84 gegeben. Für die Konstrukte der Repräsentationssprache OMEGA ist in ATTARDI/SIMI 81 und ATTARDI/SIMI 82 eine axiomatische Spezifikation zu finden. Auch STANLEY 86 legt die für ein Repräsentationsmodell zugelassenen Wissensbasen axiomatisch fest, während die Operationen darauf jedoch denotational, d.h. durch explizit konstruierte Abbildungen definiert werden.

Ähnlich dem axiomatischen Verfahren ist die **algebraische Methode** (KLAEREN 83), die jedoch nicht auf die Formulierung von Axiomen abzielt, sondern das zu spezifizierende Objekt durch ein Gleichungssystem beschreibt, wodurch eine abstrakte Implementation gegeben ist, da in einem Gleichungssystem durch Termersetzung gerechnet werden kann. Während also eine axiomatische Spezifikation *Eigenschaften* beschreibt, legt die algebraische Methode *Verhalten* fest. Trotzdem sind beide Verfahren letzten Endes vergleichbar, denn einmal müssen Gleichungen nicht als ein Termersetzungssystem aufgefaßt werden, sondern können auch als Axiome betrachtet werden, während zum anderen die Axiome einer axiomatischen Spezifikation auch prozedural interpretiert werden können (wie z.B. in Prolog: CLOCKSIN/MELLISH 81). Eine besondere Eigenschaft der algebraischen Methode liegt darin, daß sie bestimmte, abstrakte "Standardmodelle" für eine Spezifikation anbietet. Die initiale Algebra (GOGUEN ET AL. 78) ist dasjenige, bis auf Isomorphie eindeutige Modell, das gerade nur so viele Terme (Datenobjekte) miteinander identifiziert, wie durch das Gleichungssystem gefordert ist. Sie ist deshalb von besonderer Bedeutung, weil sie das Modell mit den wenigsten Einschränkungen darstellt. Die ebenfalls eindeutig gegebene terminale Algebra (WAND 79) identifiziert dagegen so viele Terme wie irgend möglich ist, ohne gegen die Spezifikation zu verstoßen, und beschreibt somit das restriktivste Modell.

Ein Nachteil sowohl des axiomatischen als auch des algebraischen Ansatzes besteht darin, daß sie für umfangreiche Spezifikationen schwer zu handhaben sind. Im Falle einer axiomatischen Spezifikation kann dieser Nachteil ausgeglichen werden, indem für die zugrundeliegenden Datenobjekte höhere mathematische Gebilde herangezogen werden, denn deren Struktur braucht dann nicht mehr durch das aufzustellende Axiomensystem beschrieben werden (dieses Vorgehen wurde für FRM gewählt, s.u.). Im Falle einer algebraischen Spezifikation können durch Parametrisierungen Teile der Spezifikation gekapselt und die Gesamtkomplexität somit ebenfalls handhabbarer gemacht werden (vgl. KLAEREN 83).

Die algebraische Methode wird vor allem zur Spezifikation von abstrakten Datentypen benutzt, zu denen auch Daten- (bzw. Repräsentations-)modelle (DOSCH ET AL. 82, CERNY/KELEMEN 80, DILGER/WOMANN 83) und Datenbankschemata (EHRIG ET AL. 78, VELOSO/FURTADO 84) gehören, im Gegensatz zur axiomatischen Methode jedoch weniger zur Spezifikation von Programmiersprachen (siehe aber BROY/WIRSING 80). Der Grund dafür liegt darin, daß ein Gleichungssystem, wie es einer algebraischen Spezifikation zugrunde liegt, keine partiellen Funktionen beschreiben kann, wenn es konfluent sein soll (d.h. eine eindeutige Lösung durch eine endliche Menge von Termersetzungen bestimmbar ist). Programmiersprachenkonstrukte, wie Schleifen, entsprechen aber potentiell partiellen Funktionen, da ihre Terminierung nicht prinzipiell gewährleistet ist. Durch Einführung spezieller Fehlerzustände kann man diesem Problem jedoch begegnen.

Wie in Kapitel 1.2 schon erläutert wurde, liegt der Schwerpunkt der Entwicklung von FRM in der Erfassung und Beschreibung der Semantik seiner Repräsentationskonstrukte. Damit die recht vielfältigen semantischen Aspekte eines Konstrukts exakt und verständlich beschrieben werden können, ist eine formale Spezifikation notwendig. Dazu wird in Kapitel 2 zunächst eine Klasse von *mehrfach geschachtelten Funktionen* eingeführt, die eine Obermenge der später noch genauer festgelegten FRM-Wissensbasen bilden. Die Repräsentationskonstrukte werden anschließend eingeführt als *Klassen gleichartiger Teilstrukturen* dieser komplexen Funktionen[7] (z.B. Frame- und Slot-Typen, erlaubte und aktuelle Slot-Einträge, vgl. Kap.3) sowie als Relationen zwischen bestimmten Typen von Teilstrukturen (die semantischen Beziehungen). Gleichzeitig werden aus den durch die komplexen Funktionen gegebenen syntaktischen Grundstrukturen die zulässigen FRM-Wissensbasen schrittweise durch die Spezifikation von Wohlgeformtheitsbedingungen ausgegrenzt (Kap.3). Diese Wohlgeformtheitsbedingungen (die weiter oben als modellinhärente Integritätsbedingungen eingeführt wurden) legen dabei fest, wie die Repräsentationskonstrukte von FRM zu kombinieren sind, damit zulässige Wissensbasen entstehen. Die Wohlgeformtheitsbedingungen realisieren ein Axiomensystem, so daß die Spezifikation der zulässigen FRM-Wissensbasen als *axiomatisch* zu charakterisieren ist. Der Umfang des Axiomensystems bleibt durch die Wahl in ihrer Struktur schon stark ausdifferenzierter Grundobjekte als potentielle FRM-Wissensbasen verhältnismäßig klein und ist deshalb noch gut überschaubar.

Ausgehend von der Grundstruktur der Funktionen, die jeweils eine FRM-Wissensbasis darstellen, lassen sich leicht die elementaren Änderungsoperationen als Abbildungen zwischen ihnen konstruieren (dieses Vorgehen würde der denotationalen Methode entsprechen). Es besteht jedoch die Problematik, daß diese Änderungsoperationen nicht in jedem Fall integritätserhaltend sind, d.h. eine zulässige Wissensbasis in eine überführen, die ebenfalls zulässig ist. Die Elementaroperationen müssen deshalb um Folgeaktionen zur Bereinigung von Integritätsverletzungen erweitert werden. Darüber hinaus ist ihre Ausführung in bestimmten Fällen völlig zu unterbinden, wenn die sonst entstehende Integritätsverletzung nicht auf sinnvolle Weise behoben werden kann (vgl. Kap.4.2). Diese, zur Integritätserhaltung notwendigen Erweiterungen der Elementaroperationen sind recht komplexer Natur, so daß die explizite Konstruktion der erweiterten, integritätserhaltenden Operationen sehr aufwendig werden würde. Einfacher und leichter verständlich ist deshalb eine *axiomatische* Spezifikation, die lediglich die relevanten Eigenschaften der Änderungsoperationen beschreibt und von unwesentlichen Details abstrahiert. Eine algebraische Spezifikation wäre ebenso wie ein denotationaler Ansatz weniger geeignet als die axiomatische Methode, da in einem solchen Fall die Operationen nur gemeinsam mit den komplexen Funktionen, die die FRM-Wissensbasen stellen, sowie den sie einschränkenden Wohlgeformtheitsbedingungen spezifiziert werden könnten. Eine vollständig algebraische Spezifikation wäre somit wesentlich komplexer als die axiomatische Variante ausgefallen, da sie nicht auf den schon sehr hochstehenden Funktionen, die die Grundlage für die FRM-Wissensbasen stellen, aufsetzen könnte, sondern deren Aufbau zusätzlich festzulegen hätte. Eine über mehrere Schichten parametrisierte Spezifikation würde die entstehende Komplexität wohl prinzipiell handhabbar machen, doch ist es eleganter, sich die Komplexität gar nicht erst einzuhandeln.

---

[7] Auf dieser Spezifikationsebene ist z.B. die in HAYES 79 diskutierte logische Notation von Frames anzusiedeln, die somit lediglich eine formale Spezifikation des Frame-Konstrukts vorschlägt, aber semantische Aspekte nur unzureichend berücksichtigt (vgl. Diskussion in Kap.1.1).

Ziel der in diesem Buch vorgestellten Arbeit ist nicht primär eine formale Spezifikation von FRM, sondern das Herausarbeiten semantischer Aspekte eines Frame-Repräsentationsmodells. Eine formale Darstellung ist jedoch notwendig, um überhaupt verständlich kommunizieren zu können. Da die formale Beschreibung somit hauptsächlich der Verständigung dient, tritt der Nachweis der Konsistenz der Wohlgeformtheitsbedingungen für die zulässigen Wissensbasen sowie der Korrektheit (Integritätserhaltung) der Änderungsoperationen, wie er in einer reinen Spezifikationsarbeit vorzunehmen gewesen wäre, in den Hintergrund. Für einige Behauptungen werden im Anhang jedoch Beweisskizzen gegeben.

1.4 Der Frame-Begriff

Die Vorläufer des Frame-Begriffs, wie er heute in der Künstlichen Intelligenz (KI) verstanden wird, finden sich in der Psychologie, wo schon von der Gestalttheorie die These vertreten wurde, daß menschliche Kognitionsleistungen durch innere Ordnungstendenzen gesteuert werden. BARTLETT 32 und PIAGET 47 verwenden dafür den Ausdruck *Schema*. BARTLETT 32 bezeichnet damit stereotype Gedächtnisstrukturen, welche das langfristige Erinnern bestimmen, PIAGET 47 verwendet ihn zur Bezeichnung von zunächst motorischen Steuerungsmustern, die aber auch abstrakte Kognitionsleistungen koordinieren. In der Kognitionspsychologie wurde dieser Ansatz wiederaufgenommen (z.B. NORMAN 73, BOBROW/NORMAN 75, KINTSCH 74) und nahm über die ersten Versuche, Verfahren zu beschreiben, die menschliche Kognitionsleistungen simulieren, Einzug in die KI. So beschreibt ABELSON 73 im Rahmen der Realisierung eines Überzeugungssystems aus verschiedenen Unterstrukturen bestehende Schemata, die er Scripts nennt. Unter dem Schema-Aspekt läßt sich auch die in der Linguistik entwickelte Kasusgrammatik (FILLMORE 68) betrachten, die Verben als frame-artige Strukturen beschreibt, denen andere, in einem Satz vorkommende Konstituenten zugeordnet werden können. Die enge Verwandschaft dieser Kasusrahmen und den späteren Frames zeigt CHARNIAK 81a auf. Eine schema-basierte Grammatik wird auch in RUMELHART 75 vorgestellt, mit der der strukturelle Aufbau von Geschichten beschrieben werden kann.

In MINSKY 75 werden Frame-Strukturen explizit als Repräsentationsstrukturen für KI-Systeme vorgeschlagen und im Vergleich mit der Darstellung von Wissen durch bloße Sammlung einzelner Fakten als überlegen charakterisiert, denn durch die Auswahl des für eine Problemlösungssituation geeigneten Frames steht zusammenhängend und direkt zugreifbar alles relevante Wissen zur Verfügung. Es kann neben zentralen, in jedem Fall zutreffenden Wissenselementen auch solches Wissen umfassen, das lediglich eine bestimmte Erwartungshaltung ausdrückt. Wissen solcher Art trifft für eine Problemlösungssituation normalerweise zu, kann aber in manchen Fällen auch inadäquat sein und wird als Default-Wissen bezeichnet (vgl. Kap.5). Falls ein Frame aufgrund nicht zutreffender Default-Annahmen für eine Problemlösungssituation nicht in allen seinen Aspekten relevant ist, kann, falls vorhanden, ein passenderer Frame selektiert werden oder der schon selektierte der vorliegenden Situation angepaßt und als neuer Frame in die Wissensbasis aufgenommen werden. Für Minsky beinhaltet der Frame-Ansatz somit auch dynamische Aspekte, die besonders zur Problemlösung vorteilhaft eingesetzt werden können. Neben MINSKY 75 werden auch in KUIPERS 75 und WINOGRAD 75 die Eigenschaften und Anwendungsmöglichkeiten von Frame-Repräsentationen untersucht und beschrieben – in WINOGRAD 75 mit besonderem Schwerpunkt auf eine Einordnung von Frame-Repräsentationen im Spannungsfeld zwischen deklarativem und prozeduralem Wissen.

Eine der KI ähnliche Entwicklung von der Darstellung von Wissen als Sammlung einzelner Fakten hin zur Unterstützung *komplexer Objekte* ist seit einiger Zeit auch im Datenbankbereich zu verzeichnen. Dort wird diese Umorientierung im wesentlichen verursacht durch den Bedarf nach neuen Datenmodellen und Datenbanksystemen, die den besonderen Anforderungen technisch-wissenschaftlicher Anwendungen gerecht werden. So müssen in CAD-Datenbanken komplexe Konstruktionsobjekte dargestellt werden können, die aus vielen einzelnen, u.U. ebenfalls wieder komplexen Objekten zusammengesetzt sind. Im Bürobereich treten beispielsweise Texte als komplexe Objekte auf. Ein Text-Objekt umfaßt mehrere, aus

Unterkapiteln zusammengesetzte Kapitel. Die Unterkapitel können wiederum aus Unterkapiteln bestehen oder setzen sich aus Absätzen zusammen, welche wiederum aus Sätzen und diese schließlich aus Wörtern bestehen. Die Modellierung solcher komplexer Objekte mit herkömmlichen Datenmodellen wirft eine Reihe von Problemen auf (vgl. DITTRICH ET AL. 85, SU/EMAM 78, HÄRDER/REUTER 83, ZDONIK 84). Im relationalen Modell müßte ein komplexes Objekt beispielsweise durch eine Vielzahl von Tupeln dargestellt werden. Damit ist es als ein eigenständiges Objekt überhaupt nicht existent und muß erst durch eine Reihe von Datenbankabfragen aus den verschiedenen Einzelteilen zusammengesetzt werden. Als Folge davon liegt die Verantwortung der korrekten Rekonstruktion beim Anwendungsprogramm und nicht beim Datenbanksystem. Auch die Formulierung von Integritätsbedingungen wird durch die Tatsache, daß ein komplexes Objekt nicht als Einheit repräsentiert ist, erheblich aufwendiger (z.B. die Bedingung der Nicht-Überlappung zweier Flächen oder die mechanische und elektrische Kompatibilität zweier verbundener Baugruppen; vgl. auch die Diskussion in HÄRDER/REUTER 83). Zur besseren Unterstützung komplexer Objekte sind Erweiterungen vor allem für das relationale Modell vorgeschlagen worden (LORIE/PLOUFFE 83, LORIE ET AL. 85; eine Kombination aus relationalem Modell und Netzwerkmodell diskutiert JOHNSON ET AL. 83). Seine radikalste Erweiterung besteht in der Aufhebung der ersten Normalform, wodurch komplexe Objekte durch geschachtelte Relationen darstellbar werden (SCHEK/PISTOR 82; auf 'arrays' basierende, geschachtelte Strukturen beschreibt MACLEOD 83). Ein Datenmodell, das komplexe Objekte durch rekursive Strukturen unterstützt, wird in LAMERSDORF/SCHMIDT 83 bzw. LAMERSDORF 85 vorgestellt (vgl. Exkurs in Kap.3.3.4). Rekursive Strukturen sind auch Gegenstand der Diskussion komplexer Objekte in BATORY/BUCHMANN 84.

Die Gemeinsamkeiten zwischen dem Frame-Begriff der KI und den komplexen Objekten im Datenbankbereich werden in dieser Arbeit an verschiedenen Stellen, besonders aber bei der Behandlung der Anfrageoperationen in Kapitel 4.1 deutlich werden.

Die nun folgenden Kapitel teilen sich folgendermaßen auf. Zunächst werden im anschließenden Kapitel 2 die syntaktischen Grundstrukturen von FRM eingeführt. In Kapitel 3 wird die Menge der so definierten Strukturen durch modellinhärente Integritätsbedingungen eingeschränkt und auf diese Weise deren formale Semantik festgelegt. Kapitel 4 beschreibt Anfrageoperationen und spezifiziert integritätserhaltende Änderungsoperationen, während das letzte Kapitel (Kapitel 5) die Behandlung der für Frames typischen Default-Eigenschaften in FRM zum Thema hat.

2. Definition der syntaktischen Grundstrukturen

Das zentrale Repräsentationskonstrukt in FRM ist die Frame-Struktur. Ein Frame besteht im wesentlichen aus einer Menge von Slots, die mit ihm assoziierbare Eigenschaften festlegen.[8] Tatsächliche Eigenschaften werden durch die Zuordnung von Einträgen zu den Slots angegeben. Entsprechend ist ein Frame formal als eine Abfolge zweier Abbildungen beschrieben. Die erste ist auf der Menge der Slot-Namen eines Frames definiert und bildet jeden von ihnen ab auf eine zweite Abbildung, die schließlich, in Abhängigkeit von ihrer Argumentbelegung die entsprechende Sorte von Einträgen des so ausgewählten Slots liefert. Eine ganze Frame-Wissensbasis ist durch eine dritte, darüber gesetzte Abbildung repräsentiert, die auf einer Menge von Frame-Namen definiert ist, und jeden von ihnen in eine Abbildung überführt, die die Slot-Strukturen des entsprechenden Frames beschreibt.[9] Diese drei Abbildungen werden im folgenden formal definiert. Namen von Abbildungen werden in Kleinbuchstaben notiert, während Namen von Mengen von Abbildungen durchgängig in Großbuchstaben angegeben sind; Namen von einfachen Mengen beginnen mit einem Großbuchstaben.

Die Menge aller Abbildungen, die auf einer Menge von Frame-Namen definiert sind, und jeweils eine Wissensbasis beschreiben, ist durch *FRAMES* gegeben:

$$FRAMES = \{f \mid f : Fnames \rightarrow SLOTS\} \qquad \text{(SY1)}$$

Fnames bezeichnet die Menge aller überhaupt möglichen Frame-Namen, so daß die Abbildungen in *FRAMES* partielle Abbildungen sind (da Wissensbasen als endlich vorausgesetzt werden). *SLOTS* steht für die Menge aller (partiellen) Abbildungen, die Slot-Namen eines Frames auf die zugehörigen Slot-Strukturen abbilden. Ein Element aus *SLOTS* beschreibt somit einen Frame:

$$SLOTS = \{f \mid f : Snames \rightarrow SCHAR\} \qquad \text{(SY2)}$$

Snames steht für die Menge aller Slot-Namen und *SCHAR* bezeichnet die Menge aller (totalen) Abbildungen, die die aktuellen (act) und erlaubten (perm) Einträge eines Slots angeben (wobei Entries $\supseteq$ Fnames und 2^M die Potenzmenge von M bezeichnet):[10]

$$SCHAR = \left\{f \mid f : \{\text{act}, \text{perm}\} \rightarrow 2^{Entries}\right\} \qquad \text{(SY3)}$$

Alle Abbildungen in *FRAMES* und *SLOTS* sind funktionale Abbildungen (d.h. sind rechtseindeutig), so daß es in einer Wissensbasis keine zwei Frames oder zwei Slots eines Frames mit gleichem Namen geben kann.[11] Es können jedoch verschiedene Frames Slots mit gleichem Namen besitzen. Die Eindeutigkeit der Zuordnung von Slots zu Frames wird dadurch bewahrt, daß eine Abbildung *SLOTS* einem Frame lokal zugeordnet ist und keine globale Gültigkeit besitzt. Die formale Struktur einer Frame-Wissensbasis ist vollständig durch die obigen drei Abbildungen beschrieben. Nur der Definitionsbereich der Abbildungen in *SCHAR* wird später zur Einführung verschiedener Slot-Typen und Slot-Eintragstypen noch erweitert werden.

---

8 Der Begriff einer Eigenschaft wird an dieser Stelle generisch benutzt; eine den Tatsachen gerechter werdende Differenzierung wird in Abschnitt 3.1.1 vorgenommen.

9 Die Idee, eine Frame-Wissensbasis als eine geschachtelte Abbildung zu formalisieren, wurde durch BJORNER 80 angeregt, wo mit Hilfe von META-IV File-Systeme und Datenmodelle formal beschrieben werden.

10 (SY3) ist eine vorläufige Definition, die später noch mehrmals erweitert wird; mit einigen wenigen anderen Definitionen wird ebenso verfahren. Zur Bestimmung der jeweils endgültigen Version sei auf den Index verwiesen.

11 Restriktionen wie die Rechtseindeutigkeit, die den formalen Grundstrukturen eines Daten- oder Repräsentationsmodells inhärent sind, werden in BRODIE 78 als 'inherent constraints' bezeichnet und von den explizit gesetzten Integritätsbedingungen ('explicit constraints'), wie sie für FRM in Kapitel 3 spezifiziert werden, unterschieden (siehe auch TSICHRITZIS/LOCHOVSKY 82).

In den weiteren Kapiteln dieser Arbeit wird häufig statt der gesamten Menge *FRAMES* stellvertretend ein Element *kb* aus *FRAMES* betrachtet werden, das für eine feste, aber beliebige Wissensbasis steht. Die Struktur einer solchen Abbildung wird grafisch durch das Schema in Abbildung 1 illustriert, wo f_i für einen Frame-Namen und s_{ij} für den Namen eines Slots des Frames f_i steht.

$$kb: \begin{cases} f_1 \mapsto SLOTS_1: \begin{cases} s_{11} \mapsto SCHAR_{11}: \begin{cases} \text{act} & \mapsto Act\_entries_{11} \\ \text{perm} & \mapsto Perm\_entries_{11} \end{cases} \\ s_{12} \mapsto SCHAR_{12}: \begin{cases} \text{act} & \mapsto Act\_entries_{12} \\ \text{perm} & \mapsto Perm\_entries_{12} \end{cases} \\ \vdots \end{cases} \\ f_2 \mapsto SLOTS_2: \begin{cases} s_{21} \mapsto SCHAR_{21}: \begin{cases} \text{act} & \mapsto Act\_entries_{21} \\ \text{perm} & \mapsto Perm\_entries_{21} \end{cases} \\ s_{22} \mapsto \ldots \\ \vdots \end{cases} \\ \vdots \end{cases}$$

Abbildung 1: Schematische Struktur einer Frame-Wissensbasis *kb*

Beispiel 1:

In der Darstellungsweise des Abbildungsschemas aus Abbildung 1 können zwei Frames 'Personalcomputer' und '68000' folgendermaßen beschrieben werden:

$$\text{Personalcomputer} \mapsto \text{SLOTS}: \begin{cases} \text{Cpu} & \mapsto SCHAR_1: \begin{cases} \text{act} & \mapsto \emptyset \\ \text{perm} & \mapsto \{\ldots\} \end{cases} \\ \text{Peripherie} & \mapsto SCHAR_2: \begin{cases} \text{act} & \mapsto \emptyset \\ \text{perm} & \mapsto \{\ldots\} \end{cases} \\ \text{Preis} & \mapsto SCHAR_3: \begin{cases} \text{act} & \mapsto \emptyset \\ \text{perm} & \mapsto \{1000\,\text{DM}, \ldots, \\ & \quad \ldots, 30000\,\text{DM}\} \end{cases} \\ \text{Hauptspeicher} & \mapsto SCHAR_4: \begin{cases} \text{act} & \mapsto \emptyset \\ \text{perm} & \mapsto \{\ldots\} \end{cases} \end{cases}$$

$$68000 \mapsto SLOTS': \begin{cases} \text{Wortbreite} & \mapsto SCHAR'_1: \begin{cases} \text{act} & \mapsto \{16\,\text{bit}\} \\ \text{perm} & \mapsto \{4\,\text{bit}, 8\,\text{bit}, 16\,\text{bit}, 32\,\text{bit}\} \end{cases} \\ \text{Hersteller} & \mapsto SCHAR'_2: \begin{cases} \text{act} & \mapsto \{\text{Motorola}\} \\ \text{perm} & \mapsto \{\ldots\} \end{cases} \end{cases}$$

Im weiteren Verlauf dieser Arbeit werden Frames natürlich übersichtlicher notiert. Die obigen beiden Frames würden dann folgendermaßen dargestellt werden:[12]

Personalcomputer	Cpu	Peripherie	Preis	Hauptspeicher
	perm:	perm:	perm:	perm:
	{...}	{...}	[1000 DM, 30000 DM]	{...}

68000	Wortbreite	Hersteller
	perm: {4 bit, 8 bit,	perm: {...}
	16 bit, 32 bit}	act: {Motorola}
	act: {16 bit}	

[12] Mengen von Zeichenketten, denen ein numerisches Intervall zugrunde liegt (wie {'1000 DM', . . . , '30000 DM'}) werden abkürzend als Intervalle ([1000 DM, 30000 DM]) dargestellt (ohne dafür eine formale Definition zu geben, da sie nur zu illustrativen Zwecken in Beispielen auftreten).

In der formalen Notation, die im weiteren Verlauf der Arbeit verwendet wird, bezeichnet dom *f* den Definitionsbereich einer Abbildung *f*. Es steht dann

dom *kb* für die Namen aller Frames in der Wissensbasis *kb*

kb(f) für die Frame-Struktur des Frames *f* (d.h. für die Menge seiner Slots)

dom *kb(f)* für die Namen aller Slots des Frames *f* in *kb*

*kb(f)(s)(*act*)* für die Menge der aktuellen Einträge des Slots *s* im Frame *f*; durch die Angabe von 'perm' an Stelle von 'act' erhält man die Menge der erlaubten Einträge (man beachte, daß *kb(f)(s)(*act*)* eine Abkürzung ist von *((kb(f))(s))(*act*))*

Da seine syntaktischen Grundstrukturen vollständig durch Abbildungen realisiert sind, kann FRM auch als ein spezielles funktionales Datenmodell betrachtet werden. Der prinzipielle Unterschied zu bestehenden funktionalen Modellen (SIBLEY/KERSCHBERG 77, BUNEMAN/FRANKEL 79, BUNEMAN/NIKHIL 84, SHIPMAN 81, KULKARNI/ATKINSON 86) liegt darin, daß in FRM nur Funktionen der durch die Mengen *FRAMES*, *SLOTS* und *SCHAR* gegebenen Typen zugelassen sind, mit deren Hilfe jedoch alle (im Rahmen von FRM möglichen) Frame-Wissensbasen konstruiert werden können. Die funktionalen Datenmodelle sehen dagegen für jedes Konzept einen eindeutigen Bezeichner vor, auf welchem ein Bündel von (Zugriffs-)Funktionen definiert ist. Die in einem funktionalen Modell zu behandelnden Funktionstypen sind folglich nicht von vornherein eingeschränkt, sondern abhängig von der aktuellen Datenbank. Jede für ein Konzept definierte Funktion liefert die ihm zugeordnete Eigenschaft eines bestimmten Typs. Beispielsweise würde in einem funktionalen Modell für den Frame '68000' aus Beispiel 1 eine Funktion $Wortbreite$ existieren, für die gilt

$Wortbreite(68000) = 16\,\text{bit}$

und es gäbe eine Funktion $Hersteller$ mit

$Hersteller(68000) = \text{Motorola}$

Der Denotation $Wortbreite(68000)$ entspricht in FRM $kb(68000)(\text{Wortbreite})(\text{act})$ und analog steht $Hersteller(68000)$ für $kb(68000)(\text{Hersteller})(\text{act})$. Was in einem funktionalen Datenmodell mit Hilfe verschiedener Funktionen realisiert ist, wird in FRM folglich durch Argumentbelegung einer Abbildung aus *SLOTS*, die das betrachtete Konzept repräsentiert, erreicht.

Die in diesem Kapitel eingeführten Abbildungen *FRAMES*, *SLOTS* und *SCHAR* bilden die formale Syntax (vgl. Kap.1.1) von FRM. Um jegliche Mißverständnisse zu vermeiden, sei an dieser Stelle noch einmal betont, daß in der sonst üblichen Terminologie der Informatik das, was hier als formale Syntax von FRM eingeführt wurde, häufig schon als formale Semantik bezeichnet wird. Nicht definiert wird hier die Syntax der syntaktischen Strukturen, die festzulegen hätte, wie eine für eine Wissensbasis stehende Abbildung aus *FRAMES* zu notieren sei. Dies ist allerdings auch nicht notwendig, weil die in der Mathematik für Funktionen übliche Schreibweise benutzt wird.

Das folgende Kapitel 3 führt nun mit Hilfe von Integritätsbedingungen, die auf den oben definierten syntaktischen Strukturen formuliert sind, die semantische Ebene von FRM ein.

3. Semantische Spezifikation: Statische Integrität

Die in Kapitel 2 eingeführten syntaktischen Strukturen bringen einige grundlegende Strukturvorgaben ein, die jedoch bei weitem nicht stringent genug sind, um den Aufbau semantisch inadäquater Wissensbasen formal auszuschließen. Dazu ist die Einbeziehung weiterer Wohlgeformtheitsbedingungen in das Repräsentationsmodell erforderlich. Diese **modellinhärenten Integritätsbedingungen** leisten die Ausdifferenzierung der syntaktischen Strukturen in die eigentlichen Repräsentationskonstrukte von FRM und beschreiben ihren Aufbau sowie ihre Verträglichkeit untereinander.[13] Obwohl sie nicht prinzipiell die Konstruktion semantisch inadäquater Wissensbasen ausschließen können, weil das formal gar nicht durchführbar ist, gewährleisten sie jedoch im Vergleich zu den einfachen Wohlgeformtheitsbedingungen der syntaktischen Strukturen eine sehr viel höhere Korrespondenz einer Wissensbasis mit dem von ihr repräsentierten Weltausschnitt.

Es werden in den folgenden Abschnitten verschiedene Frame-, Slot- und Slot-Eintragstypen eingeführt werden, für die z.T. die Abbildungsklasse *SCHAR* der syntaktischen Ebene (vgl. (SY3)) erweitert werden muß. Desweiteren werden diverse semantische Relationen zwischen Frames definiert werden.

3.1 Slot-Typen

3.1.1 Non-terminale und terminale Slots

Als Frame- und Slot-Namen sind in FRM beliebige Zeichenketten zugelassen. Es ist deshalb möglich, daß der Name eines Slots identisch ist mit dem Namen eines Frames in der gleichen Wissensbasis. Der Schluß liegt nahe, daß eine solche Namensgleichheit eine besondere Bedeutung hat. Tatsächlich sind solche Slots, die im folgenden **non-terminale Slots** genannt werden, näher bestimmt, als wenn sie **terminale Slots**, d.h. nicht namensgleich zu einem Frame wären. Bevor dieser Aspekt weiter erläutert wird, zunächst die formale Definition von non-terminalen und terminalen Slots (für eine beliebige Wissensbasis *kb*):

$$is\text{-}nonterminal(kb, s) :\Leftrightarrow s \in \operatorname{dom} kb \qquad \text{(S1)}$$

$$is\text{-}terminal(kb, s) :\Leftrightarrow \neg is\text{-}nonterminal(kb, s) \qquad \text{(S2)}$$

Die verschiedene Bedeutung von terminalen und non-terminalen Slots ergibt sich nun aus der verschiedenen Behandlung ihrer erlaubten Einträge. Für alle Slots gilt unabhängig von ihrem Typ die Bedingung, daß als aktuelle Einträge nur solche auftreten, die auch erlaubte Einträge sind:

$$\forall f \in \operatorname{dom} kb : \forall s \in \operatorname{dom} kb(f) : kb(f)(s)(\mathrm{act}) \subseteq kb(f)(s)(\mathrm{perm}) \qquad \text{(S3)}$$

Die Menge der erlaubten Einträge muß für terminale Slots von außen vorgegeben werden. Non-terminale Slots werden dagegen so interpretiert, daß ihre Namensgleichheit zu einem Frame einer Angabe der erlaubten Einträge gleichkommt. Die erlaubten Einträge eines non-terminalen Slots sind dann (Namen von) Frames, die Unterbegriff (vgl. Kap.3.3) des zum Slot namensgleichen Frames sind. Sie müssen also nicht explizit angegeben werden, wie bei terminalen Slots, sondern sind modellinhärent festgelegt ($e\text{-}is\text{-}a(kb, f, f')$ bedeutet im folgenden, daß f Unterbegriff von f' in der Wissensbasis kb ist: vgl. Kap.3.3.4):

$$\begin{aligned} &\forall f \in \operatorname{dom} kb : \forall s \in \operatorname{dom} kb(f) : (is\text{-}nonterminal(kb, s) \Rightarrow \\ &\quad kb(f)(s)(\mathrm{perm}) = \{f' \mid f' \in \operatorname{dom} kb \wedge e\text{-}is\text{-}a(kb, f', s)\}) \end{aligned} \qquad \text{(S4)}$$

[13] In einer modelltheoretischen Sicht legen die modellinhärenten Integritätsbedingungen zusammen mit den Restriktionen, die den syntaktischen Strukturen inhärent sind, eine Theorie fest, deren Modelle die zulässigen Wissensbasen sind.

Beispiel 2:

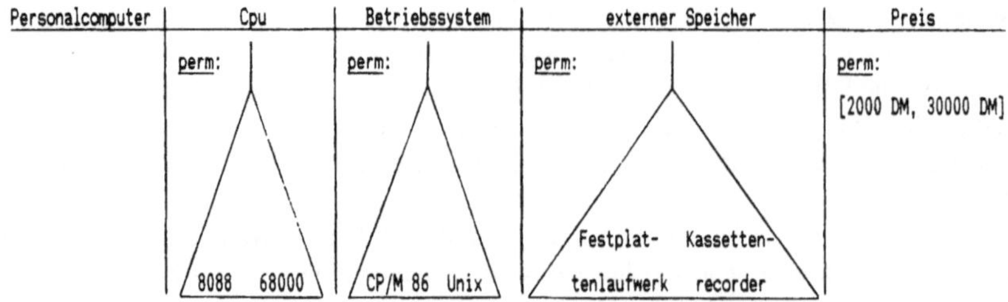

Die erlaubten Einträge der non-terminalen Slots 'Cpu', 'Betriebssystem' und 'externer Speicher' sind automatisch gegeben als die Unterbegriffe des Frames, dessen Name mit dem Slot-Namen identisch ist. Die erlaubten Einträge des terminalen Slots 'Preis' sind dagegen durch eine explizite Angabe der möglichen Zeichenketten festgelegt.

Beim Aufbau einer Wissensbasis wird die Unterscheidung zwischen terminalen und non-terminalen Slots derart eingesetzt, daß ein non-terminaler Slot vorgesehen wird, wenn die durch ihn beschriebenen Eigenschaften von so großer Bedeutung sind, daß über sie selber wieder Aussagen gemacht werden sollen, während ein terminaler Slot vorgesehen wird, wenn die durch ihn dargestellten Eigenschaften nicht näher zu beschreiben sind (so sind auch die Bezeichnungen terminal und non-terminal motiviert). Terminale Slots tauchen also überall dort in einer Wissensbasis auf, wo die gewünschte Modellierungstiefe erreicht ist. Da eine Wissensbasis immer endlich ist, ist die Modellierung terminaler Slots unabdingbar (wenn man von dem Extremfall der in sich abgeschlossenen, gegenseitigen Referenz einer Gruppe von Frames absieht). Die Unterscheidung zwischen terminalen und non-terminalen Slots wird in anderen Repräsentationssprachen, außer in Units, nicht explizit vorgenommen, sondern ist implizit gegeben durch die Slot-Füllungsbeschränkungen, die angeben, aus welcher Konzeptklasse ein Eintrag sein muß. Ist die Konzeptklasse atomar (wie Integer oder String), dann sind die Einträge einfache Zeichenketten und der zugehörige Slot gleicht einem terminalen Slots in FRM. Einem terminalen Slot entspricht auch der Slot-Typ 'PROPERTY' in Units (STEFIK 79), während die Typen 'PART-OF', 'SUPER-UNIT' und 'RELATION' einem non-terminalen Slot gleichkommen. In Arbeiten zu Datenmodellen ist die Unterscheidung zwischen einem terminalen und einem non-terminalen Slot ebenfalls wiederzufinden. Entsprechende Konstrukte werden dort z.B. als 'characteristic' und 'association' (SCHMID/SWENSON 75), als Eigenschaft und als Relation (FALKENBERG 76) oder als Attribut und Relation (CHEN 76) bezeichnet.

Beispiel 3:

Die Tatsache, daß zu einem Personalcomputer eine Cpu gehört, kann unter Verwendung eines non-terminalen Slots dargestellt werden, d.h. es existiert zu dem Slot 'Cpu' ein gleichnamiger Frame in der Wissensbasis:

Personalcomputer	Cpu	Preis	...
	perm:	perm:	
	{8088, 8086,	[2000 DM,	
	6502,	30000 DM]	
	68000, ...}		

Cpu	Taktfrequenz	Wortbreite
	perm:	perm:
	[1 MHz, 80 Mhz]	{4 Bit, 8 Bit,
		16 Bit, 32 Bit}

8088	Taktfrequenz	Wortbreite
	act: {2 MHz}	act: {8 Bit}

Während in der obigen Darstellung die Eigenschaft eines Preises durch einen terminalen Slot modelliert ist, kann sie auch durch einen non-terminalen Slot dargestellt werden. Dazu muß ein Frame 'Preis' eingeführt werden, der das Konzept eines Preises näher beschreibt. Dies könnte z.B. so aussehen:

Preis	Währung	Höhe	Stabilität
	perm:	perm:	perm:
	{DM, SFR,	[0,]	{groß,mittel,klein}
	$, ...}		

Ein terminaler Slot wie 'Preis' steht für einen Bereich von Maßzahlen. Ein Eintrag in einem solchen Slot ist ein numerischer Wert, dessen Interpretation durch eine zugeordnete Maßeinheit festgelegt ist. Viele terminale Slots sind von dieser Art, z.B. zur Darstellung der Wortbreite einer Cpu, der Größe einer Speichereinheit, der Größe eines Bildschirms, usf. Terminale Slots können aber auch in einer anderen Bedeutung auftreten und für adjektivische Angaben stehen. Ein Eintrag in einem solchen Slot ist dann ein Adjektiv.

Beispiel 4:

Die Slots 'Bitfolge' und 'Synchronisierung' sind Beispiele für terminale Slots, die einen Adjektivbereich repräsentieren:

serielle Schnittstelle	Bitfolge	Synchronisierung
	perm:	perm:
	{seriell, parallel}	{synchron, asynchron}
	act:	
	{seriell}	

synchrone Schnittstelle	Bitfolge	Synchronisierung
	perm:	perm:
	{seriell, parallel}	{synchron, asynchron}
		act:
		{synchron}

Adjektivische terminale Slots sollten so modelliert sein, daß sie nur einen Eigenschaftsaspekt darstellen (beispielsweise wäre es eine unsaubere Modellierung, wenn die beiden terminalen Slots aus Beispiel 4 zu einem Slot 'Typ' verschmolzen wären). Das ist nicht nur intuitiv einleuchtend, sondern auch aus formalen Gründen, die in Kapitel 3.1.3 im Zusammenhang mit einwertigen Slots diskutiert werden, zwingend.

Die Kontrolle von Eigenschaftszuordnungen durch non-terminale Slots kann verglichen werden mit dem Konzept der 'domains' in McLEOD 76, dessen Verallgemeinerung zu einem Datentypkonzept führt, das auch nicht-atomare Typen unterstützt, wie es BRODIE 80 vorgeschlagen hat. Tatsächlich können die Frames, auf die mit non-terminalen Slots Bezug genommen wird (vgl. auch (S13) in Kap.3.3.3), als Datentypdefinitionen aufgefaßt werden (siehe Kap.3.3.5). Vergleichbar ist das Konstrukt non-terminaler Slots auch mit dem Konzept einer Sorte in einer logischen Repräsentationssprache (DILGER/ZIFONUN 78, HABEL 86).

Abschließend soll die Bedeutung der Zuordnung von Slots zu Frames am Entity-Relationship-Modell (ER-Modell, CHEN 76) erläutert werden, das in seinen Strukturen recht allgemein ist und auch als semantisches Netz aufgefaßt werden kann. Abbildung 2 zeigt ein ER-Diagramm (vgl. auch Bsp.9 in Kap.3.1.3), das zwischen den Konzeptklassen (entity set) 'Produkt' und 'Lieferant' die Relation (relationship set) 'Lieferung' definiert. Sowohl den beiden Konzeptklassen als auch der Relation sind Attribute zugeordnet.

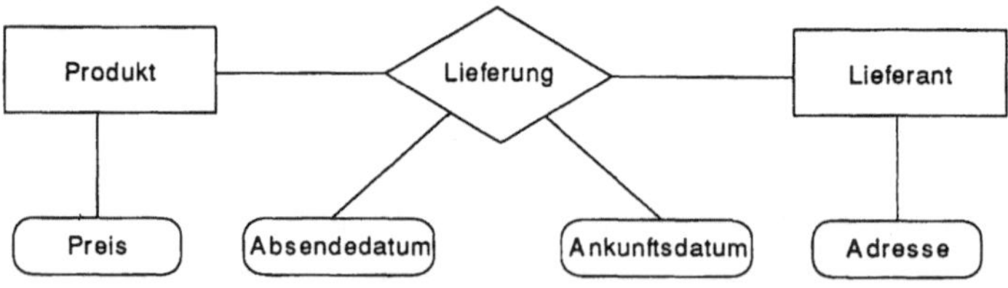

Abbildung 2: Entity-Relationship-Diagramm

Remodelliert man das ER-Diagramm in FRM, dann werden die beiden Konzeptklassen sowie die Relation (!) jeweils durch einen Frame, der eine Konzeptklasse beschreibt, dargestellt (siehe Abb.3a[14]). Einer Ausprägung der ER-Relation entsprechen dann drei Klassenelemente, je eines zu einem der drei Frames gehörig (siehe Abb.3b). Die Relation 'Lieferung' ist in der Frame-Darstellung einmal explizit durch einen eigenen Frame repräsentiert, zugleich aber auch implizit, indem jeder der Frames 'Produkt' und 'Lieferant' einen non-terminalen Slot besitzt, der sich auf den jeweils anderen Frame bezieht (wodurch nicht nur eine semantische Beziehung aufgebaut wird, sondern vor allem auch der semantische Kontext eines Konzepts festgelegt wird). Diese Redundanz entsteht, weil der Relation 'Lieferung' im ER-Diagramm Attribute zugeordnet sind, die die Modellierung eines zusätzlichen Frames verlangen. Eine Relation ohne eigene Attribute würde dagegen in einer Frame-Darstellung nur implizit dargestellt werden.[15]

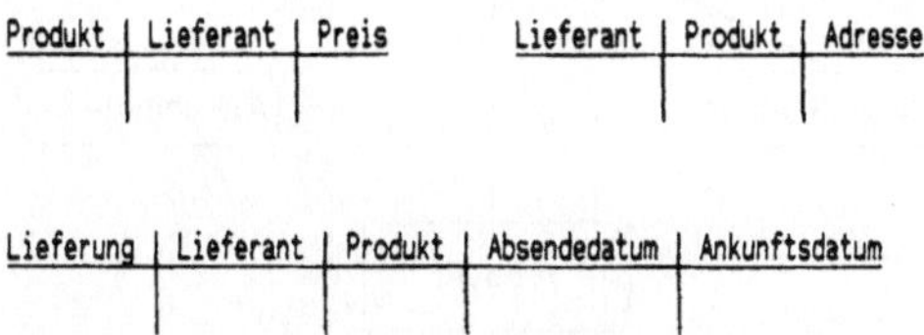

Abbildung 3a: Das Entity-Relationship-Diagramm aus Abbildung 2 in Frame-Darstellung

Rechner-1	Lieferant	Preis
	Meier & Co	9800 DM

Meier & Co	Produkt	Adresse
	Rechner-1	1000 Berlin

Lieferung-1	Lieferant	Produkt	Absendedatum	Ankunftsdatum
	Meier & Co	Rechner-1	1.12.86	4.12.86

Abbildung 3b: Eine Ausprägung des ER-Diagramms aus Abbildung 2 in Frame-Darstellung

An der Gegenüberstellung des ER-Diagramms und der daraus abgeleiteten Frames wird deutlich, daß die Existenz eines non-terminalen Slots für eine semantische Beziehung zwischen dem Frame, der dem Slot namensgleich ist, und dem Frame, dem der Slot zugeordnet ist, steht (z.B. der Slot 'Lieferant' im Frame 'Produkt'). Die Bedeutung dieser Beziehung ist jedoch nicht näher spezifiziert – ebensowenig wie sie im ER-Modell näher erfaßt ist (erneut: die Festlegung eines Namens für eine Relation in der ER-Darstellung gibt ihr keine Bedeutung, sondern vermittelt einem Betrachter lediglich die intendierte Bedeutung). In manchen Fällen ist die Beziehung, die über die Zuordnung eines non-terminalen Slots zu einem Frame gegeben ist, eine Teil-von-Beziehung, wie beispielsweise die Zuordnung eines Slots 'Cpu' zu einem Rechner-Frame (vgl. auch Bsp.6). Außer durch explizite Setzung von außen, wie das in Units (STEFIK 79) erfolgt, können die Bedeutungen non-terminaler Slots nicht näher differenziert werden (vgl. die Diskussion in Kap.3.4).

Eine der eben diskutierten Vorgehensweise ähnliche Übertragung einer Relation im ER-Modell in eine frame-ähnliche Darstellung ist in SANTOS ET AL. 80 zu finden (die Autoren tragen dem jedoch nicht Rechnung, weil die Intention ihres Aufsatzes eine andere ist). Es wird dort ein Datentyp-Ansatz für das ER-Modell beschrieben und gezeigt, wie aus den Grundtypen, die das ER-Modell zur Verfügung

[14] Hier und im weiteren Verlauf der Arbeit sind nicht weiter durch 'act' oder 'perm' gekennzeichnete Slot-Einträge immer aktuelle Einträge.

[15] Man könnte dagegen einwenden, daß dann die Bezeichnung der Relation verloren gehen würde, doch ist das nur ein scheinbarer Verlust, da Bedeutung nur durch Strukturen und nicht durch Namen repräsentiert werden kann.

stellt, komplexe Typen konstruiert werden können. So faßt der Typ-Konstruktor 'product' mehrere Konzeptklassen (die sinnvollerweise in Beziehung zueinander stehen, d.h. über eine Relation verbunden sind) zu einem neuen Datentyp zusammen (diesen Vorgang nennt man auch Aggregierung, vgl. Kap.3.4). Der entstehende Typ ist strukturell mit einem Frame vergleichbar (vgl. Bsp.5).

Beispiel 5:

Sei folgendes ER-Diagramm gegeben:

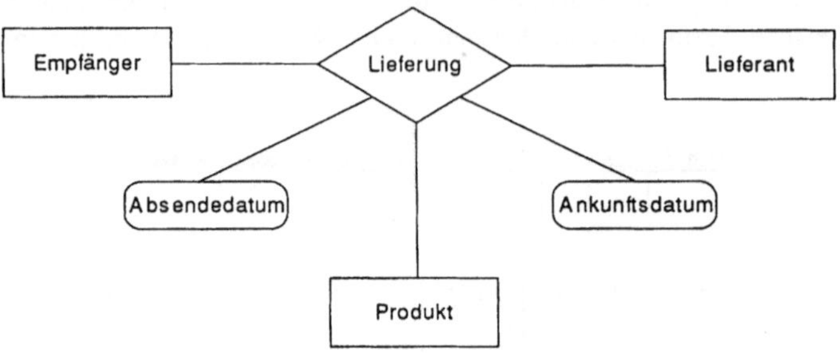

Durch den Typ-Konstruktor 'product' entsteht daraus nach SANTOS ET AL. 80 folgender Datentyp (daß dieser einen neuen Namen wie 'Liefervorgang' erhält, statt den Namen der zugrundeliegenden Relation zu übernehmen, erscheint nicht plausibel, entspricht jedoch dem Vorgehen in SANTOS ET AL. 80):

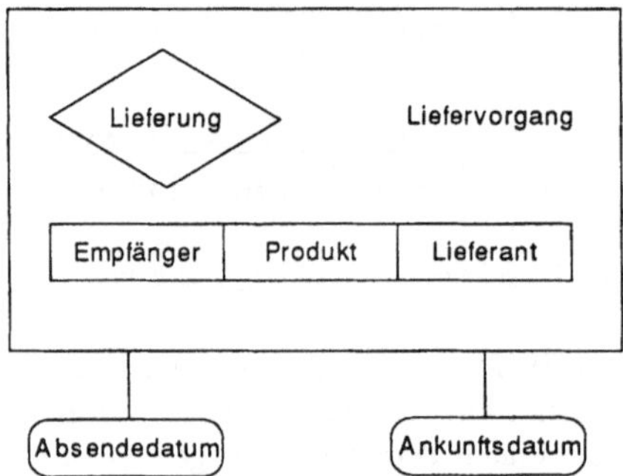

Dieser Datentyp kann unmittelbar in die Frame-Notation überführt werden. Die Slots 'Absendedatum' und 'Ankunftsdatum' sind terminal, alle anderen sind non-terminal:

Liefervorgang	Empfänger	Produkt	Lieferant	Absendedatum	Ankunftsdatum

Ebenso wie es für das ER-Modell gezeigt wurde, ist auch der Übergang von semantischen Netzen zu Frames möglich. Ein geeignetes Beispiel ist in HAYES 77 zu finden, wo ein semantisches Teilnetz als ein frame-ähnliches Gebilde beschrieben wird. Ein ausgezeichneter Knoten in diesem Teilnetz fungiert als Repräsentant des Frames, die anderen Knoten stehen für seine Slots (vgl. Bsp.6).

Beispiel 6:

Das folgende, durch gestrichelte Linien eingerahmte semantische Netz (aus HAYES 77) kann als ein Frame 'human' mit den non-terminalen Slots 'head', 'torso', 'arm' und 'leg' betrachtet werden:

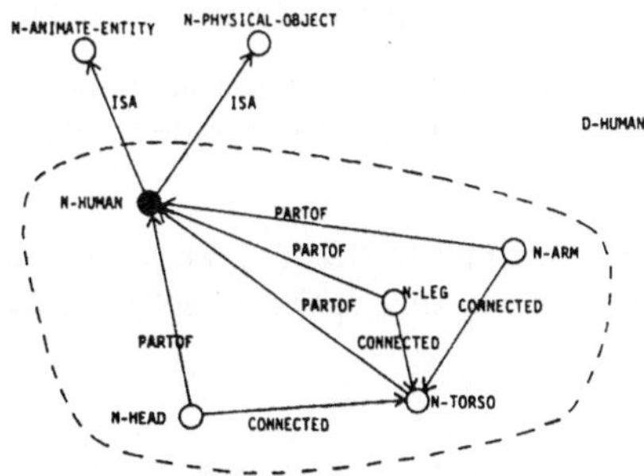

3.1.2 Obligate und klassifikatorische Slots

Wie in Abschnitt 3.2 näher erläutert werden wird, können durch Frames sowohl individuelle Konzepte, als auch Klassen gleichartiger Individuen repräsentiert werden. Für ein Individuum gibt die Existenz eines Eintrags in einem Slot eine zutreffende Eigenschaft an. Slot-Einträge von Frames, die für Konzeptklassen stehen, können dagegen – abhängig vom Slot-Typ – zwei Bedeutungen haben. Einträge in **obligaten Slots** beschreiben Eigenschaften, die für alle Individuen der jeweiligen Konzeptklasse gelten (sie entsprechen also einer All-Aussage). Einträge in **klassifikatorischen Slots** (die Bezeichnungswahl wird später motiviert) beschreiben Eigenschaften, die für ein Individuum der zugehörigen Konzeptklasse gelten können, aber nicht müssen (sie entsprechen einer Existenz-Aussage). In einem klassifikatorischen Slot sind für ein Individuum keine andere Einträge erlaubt (außer Spezialisierungen der vorgegebenen Einträge, siehe Kap.3.3.2) als im gleichnamigen Slot des Frames, der die zugehörige Konzeptklasse beschreibt, vorhanden sind (d.h. die in der Konzeptklassenbeschreibung angegebenen Eigenschaften sind *vollständig*), und es muß weiterhin für jeden Eintrag eines klassifikatorischen Slots einer Konzeptklasse ein der Konzeptklasse zugeordnetes Individuum geben, das diesen Eintrag (oder eine Spezialisierung davon) besitzt (d.h. jede der Eigenschaften muß *relevant* sein). Andernfalls wären Einträge klassifikatorischer Slots in ihrer Semantik gleichbedeutend mit den erlaubten Slot-Einträgen. Die Forderung nach der Existenz eines Individuums, das die durch einen Eintrag in einem klassifikatorischen Slot beschriebene Eigenschaft besitzt, bedeutet nicht, daß ein solches Individuum in der realen Welt vorkommt. Vielmehr ist gemeint, daß es eine *mögliche Welt* gibt, in der ein derartiges Individuum existiert (die Existenz der Beschreibung eines Individuums in einer FRM-Wissensbasis bedeutet ja nicht zwangsläufig, daß es dieses auch wirklich gibt, sondern es kann auch ein hypothetisches, ein vergangenes oder ein zukünftiges Individuum sein). Diese Interpretation auf der Basis einer Mögliche-Welten-Semantik (vgl. KRIPKE 63 und TURNER 84 für eine zusammenfassende Darstellung) ist für FRM formal nicht durchgeführt, da eine solche Formalisierung (für die jetzige Ausbaustufe von FRM) nicht benötigt wird und ihr Fehlen für die Behandlung klassifikatorischer Slots keine Nachteile bedeutet. Behalten wir jedoch für die informale Diskussion die Mögliche-Welten-Semantik noch einen Moment bei, dann läßt sich der Unterschied zwischen erlaubten Slot-Einträgen und Einträgen in obligaten und klassifikatorischen Slots folgendermaßen beschreiben:

- Erlaubte Einträge beschreiben Eigenschaften eines Konzepts, die in allen Welten zutreffen können. Das bedeutet klarerweise nicht, daß es für jede der erlaubten Eigenschaften in einer Welt ein Individuum der betreffenden Konzeptklasse mit dieser Eigenschaft auch tatsächlich gibt. Aus der Sicht der Modallogik (vgl. HUGHES/CRESSWELL 68 und wiederum TURNER 84 für eine Zusammenfassung der wesentlichen Aspekte) bedeutet dies, daß für alle Eigenschaften, die nicht erlaubt sind, es notwendig ist, daß sie nicht gelten.

- Einträge in obligaten Slots beschreiben Eigenschaften, die für die betreffenden Konzepte in allen Welten zutreffen. In der Terminologie der Modallogik sind das notwendige Eigenschaften.
- Einträge in klassifikatorischen Slots beschreiben Eigenschaften, die für mindestens ein Element der betreffenden Konzeptklasse in mindestens einer Welt zutreffen. In der Terminologie der Modallogik sind das mögliche Eigenschaften.

Es ist sowohl für terminale wie für non-terminale Slots frei setzbar, ob sie obligat oder klassifikatorisch sind. Das folgende Beispiel verdeutlicht den Unterschied zwischen beiden Slot-Typen.

Beispiel 7:

In dem folgenden Frame soll der Slot 'Cpu' obligat und der Slot 'externer Speicher' klassifikatorisch sein:

XR-Mikrorechner	Cpu	externer Speicher
	obligat	klassifikatorisch
	68000	20MB-Plattenlaufwerk
		40MB-Plattenlaufwerk
		60MB-Plattenlaufwerk

Alle Individuen der durch diesen Frame dargestellten Konzeptklasse haben einen 68000-Mikroprozessor als Cpu. Als externen Speicher besitzen sie ein 20MB-Plattenlaufwerk und/oder ein 40MB-Plattenlaufwerk und/oder ein 60MB-Plattenlaufwerk, aber mindestens eines dieser Laufwerkstypen. Weitere externe Speicher besitzen sie nicht.

Durch Aufspaltung klassifikatorischer Slots können gezielt Einschränkungen gesetzt werden. Ein Individuum der durch folgenden Frame beschriebenen Konzeptklasse besitzt als externen Speicher mindestens eines der durch die Einträge im Slot 'externer Speicher' angegebenen Geräte und besitzt kein Gerät eines anderen Typs:

XR-Mikrorechner	externer Speicher	...
	klassifikatorisch	
	20MB-Plattenlaufwerk	
	40MB-Plattenlaufwerk	
	Tape Streamer	
	Bandmaschine	

Dagegen besitzt ein Individuum der durch den untenstehenden Frame dargestellten Konzeptklasse ein 20MB-Plattenlaufwerk und/oder ein 40MB-Plattenlaufwerk *und* es besitzt einen Tape Streamer und/oder eine Bandmaschine aber ansonsten keine externen oder Backup-Speicher anderen Typs:

XR-Mikrorechner	externer Speicher	Backup-Speicher	...
	klassifikatorisch	klassifikatorisch	
	20MB-Plattenlaufwerk	Tape Streamer	
	40MB-Plattenlaufwerk	Bandmaschine	

Beispiel 8:

Auch terminale Slots können als klassifikatorisch deklariert werden. So kann z.B. ein Gerät für zwei verschiedene Netzfrequenzen geliefert werden. Diese Tatsache wäre bei dem Frame, der diesen Gerätetyp beschreibt (vgl. 'CS-Drucker' unten), entsprechend vermerkt. Ein individuelles Gerät kann nur für eine dieser Netzfrequenzen eingerichtet sein, der Slot 'Netzfrequenz' ist also klassifikatorisch:

CS-Drucker	Druckgeschwindigkeit	Übertragungsgeschwindigkeit	Netzfrequenz
			klassifikatorisch
			50 Hz
			60 Hz

Die Integritätsbedingungen, die die oben erläuterte Semantik obligater und klassifikatorischer Slots festlegen, sind Teil der Definition der Spezialisierungsrelationen (inst und ref, vgl. Kap.3.3), denn nur im Verhältnis von Konzeptklassen zu individuellen Konzepten wird die Unterscheidung zwischen beiden Slot-Typen relevant. Zur besseren Übersicht und Verständlichkeit werden aber in diesem Abschnitt die für beide Slot-Typen relevanten Integritätsbedingungen schon im Vorgriff auf die Konzeptspezialisierung in vorläufiger Fassung angegeben. Zuallererst muß jedoch noch eine Erweiterung der formalen Syntax von FRM vorgenommen werden, um einen Slot als obligat oder klassifikatorisch kennzeichnen zu können. Dies geschieht durch Modifikation der Definition der Abbildungsklasse *SCHAR* (vgl. (SY3) in Kap.2):

$$SCHAR = \left\{ f \mid f : \{\text{act, perm, is-obl}\} \rightarrow 2^{Entries} \cup \{\text{true, false}\} \right\}$$

wobei

$$\begin{aligned} \forall schar \in SCHAR : (&schar(\text{act}) \in 2^{Entries} \wedge \\ &\wedge\, schar(\text{perm}) \in 2^{Entries} \wedge \\ &\wedge\, schar(\text{is-obl}) \in \{\text{true, false}\}) \end{aligned}$$

Der Typ eines Slots bezüglich einer Wissensbasis *kb* ist dann durch die folgenden Prädikate feststellbar:

$$is\text{-}obl(kb, f, s) :\Leftrightarrow kb(f)(s)(\text{is-obl}) \tag{S5}$$

$$is\text{-}classif(kb, f, s) :\Leftrightarrow \neg kb(f)(s)(\text{is-obl}) \tag{S6}$$

Durch diese Typ-Definitionen ist festgelegt, daß ein Slot entweder obligat oder klassifikatorisch ist, aber nicht beides sein kann. Die formale Semantik eines obligaten Slots wird nun durch die folgende, noch vorläufige Integritätsbedingung festgelegt, die zunächst nur die wesentlichen Aspekte erfaßt und beispielsweise noch nicht die Möglichkeit der Spezialisierung eines Slot-Eintrags berücksichtigt. Das in der Definition benutzte Prädikat $is\text{-}concept\text{-}class(kb, f)$ soll genau dann erfüllt sein, wenn der Frame f eine Konzeptklasse in der Wissensbasis kb beschreibt. Die durch $concept\text{-}class(kb, f)$ bezeichnete Menge steht für die Extension der durch f repräsentierten Konzeptklasse. Für obligate Slots gilt die folgende Bedingung:

$$\begin{aligned} &\forall f \in \operatorname{dom} kb : (is\text{-}concept\text{-}class(kb, f) \Rightarrow \\ &\quad \forall s \in \operatorname{dom} kb(f) : (is\text{-}obl(kb, f, s) \Rightarrow \\ &\quad\quad \forall i \in concept\text{-}class(kb, f) : kb(i)(s)(\text{act}) \supseteq kb(f)(s)(\text{act}))) \end{aligned} \tag{S7}$$

Analog ist die Bedeutung eines klassifikatorischen Slots spezifiziert (ohne den Rückgriff auf einen modallogischen Ansatz; siehe oben):

$$\begin{aligned} &\forall f \in \operatorname{dom} kb : (\textit{is-concept-class}\,(kb, f) \Rightarrow \\ &\quad \forall s \in \operatorname{dom} kb(f) : (\textit{is-classif}\,(kb, f, s) \Rightarrow \\ &\qquad (\forall e \in kb(f)(s)(\mathrm{act}) : \exists i \in \textit{concept-class}\,(kb, f) : e \in kb(i)(s)(\mathrm{act}) \wedge \\ &\qquad \wedge \forall i \in \textit{concept-class}\,(kb, f) : kb(i)(s)(\mathrm{act}) \subseteq kb(f)(s)(\mathrm{act})))) \end{aligned} \tag{S8}$$

Die Einträge in einem klassifikatorischen Slot können dazu herangezogen werden, eine Konzeptklasse derart in Teilmengen aufzuteilen, daß jede Teilmenge durch einen Frame beschrieben ist, der einen der Einträge des klassifikatorischen Slots enthält (daraus leitet sich die Bezeichnung 'klassifikatorisch' ab). Auf diesen Aspekt wird in Kapitel 3.3.6 näher eingegangen.

Während die Einträge in obligaten Slots eines Frames, der eine Konzeptklasse beschreibt, unmittelbar für jedes Individuum zutreffen, ist die Auswirkung eines Eintrags in einem klassifikatorischen Slot nicht für ein Indivividuum allein, sondern nur für eine Konzeptklasse als Ganzes anzugeben (wegen der einem solchen Eintrag inhärenten Existenzaussage). Unter diesem Blickwinkel ähneln klassifikatorische Slots den Slots vom Typ 'own' in KEE (FIKES/KEHLER 85), die ebenfalls Eigenschaften einer Klasse und nicht eines Individuums der Klasse beschreiben[16] (z.B. die Angabe des Gewichts des schwersten LKW). Im Gegensatz zu den klassifikatorischen Slots in FRM ist die Bedeutung der Slots vom Typ 'own' in KEE nicht näher festgelegt. Eine ähnliche, ebenfalls nicht formal manifestierte Unterscheidung von Attributen, die einer Konzeptklasse zugehören (class attributes), und solchen, die einem Klassenelement zugehören (member attributes), wird auch in SDM getroffen (HAMMER/McLEOD 81).

3.1.3 Einwertige Slots

Zur Kontrollierung von Slotfüllungen wurde die Menge der erlaubten Slot-Einträge eingeführt und verlangt, daß aktuelle Slot-Einträge auch erlaubte Einträge sind (S3). Ein weiterer Parameter zur semantischen Kontrolle von Einträgen ist die Festlegung der minimalen und maximalen Kardinalität der Eintragsmenge eines Slots. Über entsprechende Sprachkonstrukte verfügen z.B. KL-ONE (BRACHMAN/SCHMOLZE 85), KEE (FIKES/KEHLER 85), BACK (LUCK 86) und SRL (FOX/WRIGHT/ADAM 86). Im Entity-Relationship Modell kann für einen Relationstyp (relationship set) zwischen zwei Konzeptklassen (entity set) festgelegt werden, wie oft ein Element einer der Konzeptklassen in der Relation höchstens auftreten darf. Im ursprünglichen Entwurf des Entity-Relationship Modells (CHEN 76) war nur die maximale Kardinalität von eins oder gar keine obere Schranke vorgesehen. Erweiterungen (z.B. TABOURIER/NANCI 83) erlauben die Angabe beliebiger minimaler und maximaler Kardinalitäten. Da die Beziehung zwischen zwei Konzeptklassen im Entity-Relationship Modell der Zuordnung eines non-terminalen Slots zu einem Frame entspricht (vgl. Kap.3.1.1), besitzen die Kardinalitätsbeschränkungen dort dieselbe Funktion wie die Restriktion der Anzahl an Slot-Einträgen (vgl. Bsp.9). Die gleiche Analogie besteht zwischen der Unterscheidung einwertiger und mehrwertiger Attribute einer Konzeptklasse im Entity-Relationship Modell und der Kardinalitätsbeschränkung terminaler Slots, jedoch mit dem Unterschied, daß in FRM terminale Slots immer einwertig sind – adäquate Modellierungen benötigen keine mehrwertigen terminalen Slots (s.u.).

Beispiel 9:

Das folgende Entity-Relationship Diagramm (nach CHEN 76) stellt eine Beziehung zwischen Terminals und Rechnern dar: an einem Rechner können mehrere Terminals angeschlossen sein.

---

[16] Zur Beschreibung von Klasseneigenschaften führt BRODIE 83 einen gesonderten Konzepttyp ein, dessen Eigenschaftsangaben sich alle auf eine Konzeptklasse beziehen. Der zugrundeliegende Abstraktionsvorgang wird 'association' genannt.

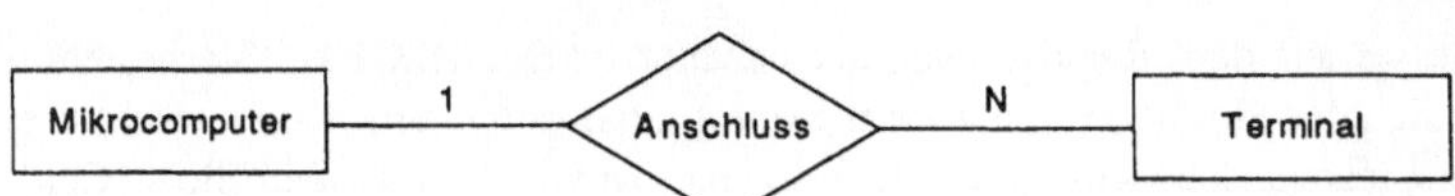

Das folgende, erweiterte Entity-Relationship Diagramm (nach TABOURIER/NANCI 83) gibt zum Ausdruck, daß ein Terminal höchstens an einem Rechner angeschlossen sein kann (oder auch gar nicht) und daß an einem Mikrorechner mindestens ein und maximal sechzehn Terminals angeschlossen sind:

Der folgende Frame entspricht der einen Hälfte dieses Entity-Relationship Diagramms:

Mikrocomputer	Terminal	...
	(1,16)	

Der dazu "symmetrische" Frame darf in FRM nicht modelliert werden, weil der Slot 'Computer' nicht immer relevant ist, d.h. für ein individuelles Terminal nicht immer ein Rechner existiert, an dem es angeschlossen ist (vgl. Kap.3.2.3):

Terminal	Computer	...
	(0,1)	

Stattdessen ist der folgende Frame vorzusehen, der die Relation 'Anschluß' direkt darstellt (die dann allerdings nicht mehr nur einen Anschluß, sondern eine Anschlußgruppe beschreibt):

Anschluß	Computer	Terminal	...
	(1,1)	(1,16)	

In relationalen Datenmodellen, die relationenwertige Attribute unterstützen (z.B. JAESCHKE/SCHEK 82), besteht ebenfalls eine einfache, implizite Kardinalitätskontrolle. Die relationenwertigen Attribute können eine beliebige Anzahl von (eventuell unären) Tupeln als Wert besitzen, während die einfachen Attribute wie im herkömmlichen Relationenmodell nur (maximal) einen (Null-)Wert haben können.

Ein genereller Ansatz zur Kardinalitätsbeschränkung ist in FRM momentan nicht vorgesehen und wird für viele Anwendungen auch nicht benötigt. Würden beliebige Kardinalitätsangaben unterstützt, sollte es gleichzeitig möglich sein, daß ein Eintrag in einem Slot mehrfach enthalten sein kann, um Aussagen wie "der PC-X unterstützt zwei Diskettenlaufwerke" repräsentieren zu können. Dies ist in FRM in der jetzigen Form nicht möglich, weil die Einträge eines Slots als Menge beschrieben sind. Eine Möglichkeit zur Behebung dieses Repräsentationsdefizits wäre die Formalisierung von Slot-Einträgen als Multi-Mengen (vgl. KNUTH 69, Kap.4; Datenmodelle, in denen als Attributwerte geordnete Mengen oder Listen auftreten können, sind in FREITAG/APPELRATH 85 und DADAM ET AL. 86 beschrieben). Realisiert ist dagegen in FRM die Unterscheidung zwischen zwei maximalen Kardinalitäten, nämlich der von eins und der von unendlich. Der Einwertigkeit eines non-terminalen Slots entspricht eine *funktionale*

Abhängigkeit, wie sie aus dem Relationenmodell bekannt ist (MAIER 83). Sie besteht zwischen dem Konzept, auf das sich der Slot bezieht, und dem Konzept, das durch den Frame beschrieben ist, dem der Slot zugehört; beispielsweise bedeutet die Einwertigkeit eines non-terminalen Slots 'Cpu' eines Frames 'Computer' die funktionale Abhängigkeit des Konzepts 'Cpu' von dem Konzept 'Computer'.

Der Fall der unendlichen maximalen Kardinalität bedeutet, daß überhaupt keine Einschränkung vorliegt. Er bildet die Voreinstellung und sein Vorliegen muß daher nicht gesondert angezeigt werden. Für die Festlegung einer maximalen Kardinalität von eins muß dagegen ein syntaktisches Konstrukt eingerichtet werden. Dies erfolgt wiederum durch Erweiterung der Definition der Abbildungsklasse *SCHAR*:

$$SCHAR = \left\{ f \mid f : \{\text{act, perm, is-obl, is-singleton}\} \rightarrow 2^{Entries} \cup \{\text{true, false}\} \right\} \qquad \text{(SY3')}$$

wobei

$$\begin{aligned} \forall schar \in SCHAR : (schar\,(\text{act}) \in 2^{Entries} \wedge \\ \wedge\ schar\,(\text{perm}) \in 2^{Entries} \wedge \\ \wedge\ schar\,(\text{is-obl}) \in \{\text{true, false}\} \wedge \\ \wedge\ schar\,(\text{is-singleton}) \in \{\text{true, false}\}) \end{aligned}$$

Zur kürzeren Notation wird folgendes Prädikat eingeführt:

$$is\text{-}singleton\,(kb, f, s) :\Leftrightarrow kb\,(f)\,(s)\,(\text{is-singleton}) \qquad \text{(S9)}$$

Slots, die maximal einen Eintrag besitzen können, werden **einwertige Slots** genannt, ansonsten heißen sie **mehrwertig**. Ihre Semantik ist durch die folgende Integritätsbedingung festgelegt:

$$\forall f \in \operatorname{dom} kb : \forall s \in \operatorname{dom} kb\,(f) : (is\text{-}singleton\,(kb, f, s) \Rightarrow |kb\,(f)\,(s)\,(\text{act})| \leq 1) \qquad \text{(S10)}$$

Terminale Slots werden grundsätzlich als einwertig betrachtet. Für einen terminalen Slot, der einen Bereich von Maßzahlen darstellt, ist unmittelbar einleuchtend, daß er nur eine Maßzahl als aktuellen Eintrag haben kann (außer man wollte unsicheres Wissen darstellen, dann wären auch Intervalle vorzusehen, die dann aber einen anderen Status besitzen). Ein terminaler Slot, der für eine Menge adjektivischer Eigenschaften steht, sollte so modelliert sein, daß er nicht mehr als eine Eigenschaftsklasse erfaßt, denn dann kann er als einwertig deklariert sein, weil die verschiedenen Werte einer Eigenschaftsklasse sich gegenseitig ausschließen und zu einem Zeitpunkt nur einer von ihnen zutreffen kann. Eine Mischung von Eigenschaftsklassen in einem Slot müßte ihn dagegen mehrwertig definieren und als Folge davon könnte nicht mehr ausgeschlossen werden, daß sich gegenseitig widersprechende Eigenschaften einer Klasse gleichzeitig als Eintrag auftreten (vgl. Bsp.10 und Bsp.11). Adjektivische terminale Slots werden deshalb ebenfalls grundsätzlich als einwertig behandelt, so daß folgende, generelle Integritätsbedingung für terminale Slots gesetzt werden kann:

$$\forall f \in \operatorname{dom} kb : \forall s \in \operatorname{dom} kb\,(f) : (is\text{-}terminal\,(kb, s) \Rightarrow is\text{-}singleton\,(kb, f, s)) \qquad \text{(S11)}$$

Beispiel 10:

Das Zusammenwerfen der beiden unterschiedlichen Eigenschaftsklassen 'Bitfolge' und 'Synchronisierung' in einen terminalen Slot würde die Mehrwertigkeit des Slots erfordern. Dadurch könnten widersprüchliche Angaben, wie beispielsweise die gleichzeitige Existenz der Einträge 'seriell' und 'parallel' formal nicht ausgeschlossen werden:

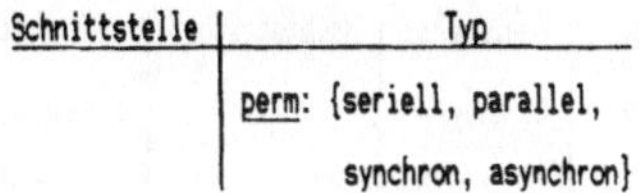

Formal ausgeschlossen ist in FRM eine solche inadäquate Darstellung durch die Einwertigkeit terminaler Slots. Entsprechend muß die obige Modellierung geändert werden in die folgende Frame-Darstellung:

Schnittstelle	Bitfolge	Synchronisierung
	perm: { seriell, parallel}	perm: {synchron, asynchron}

Beispiel 11:

Eine inadäquate Modellierung kann man daran erkennen, daß ein terminaler Slot mehrwertig sein müßte. Dies gilt für den Slot 'Telefonnummer' im folgenden Frame:

Abteilung	Telefonnummer	...
	mehrwertig ↯	

Eine Telefonnummer ist genau betrachtet keine Eigenschaft einer Abteilung, sondern Eigenschaft eines Telefonanschlusses einer Abteilung. In der folgenden, adäquaten Darstellung entspricht die Einwertigkeit des terminalen Slots 'Telefonnummer' den Gegebenheiten:

Abteilung	Telefonanschluß	...
	mehrwertig	

Telefonanschluß	Telefonnummer	Raum	Anschlußtyp
	einwertig		

Ein Modellierungskonflikt entsteht, wenn ein Slot als einwertig und als klassifikatorisch gekennzeichnet ist. Der Sinn eines klassifikatorischen Slots für eine Konzeptklasse liegt gerade darin, daß mehrere potentielle Einträge für ein Individuum der Klasse dargestellt werden sollen, was nicht möglich ist, wenn er als einwertig deklariert ist. Andererseits kann es auf der Ebene der Beschreibung eines Individuums für den gleichen Slot durchaus Sinn machen, einwertig zu sein. Das folgende Beispiel illustriert diesen Aspekt.

Beispiel 12:

Für einen Rechner können mehrere Betriebssysteme zur Verfügung stehen. Dies kommt in der Konzeptklassenbeschreibung dadurch zum Ausdruck, daß der Slot 'Betriebssystem' klassifikatorisch ist und als Einträge die in Frage kommenden Betriebssysteme besitzt:

Rechner-1	Cpu	Peripherie	Hauptspeicher	Betriebssystem
	Cpu-1			klassifikatorisch
				UNIX
				VMS

Auf einem individuellen Rechner dieser Konzeptklasse kann jedoch (zu einem Zeitpunkt) nur eines der Betriebssysteme laufen. Um diese Tatsache korrekt widerzuspiegeln, müßte der Slot 'Betriebssystem' bei einem Frame, der ein zugehöriges Individuum beschreibt, einwertig sein.

Der Modellierungskonflikt, der nur auf der Ebene von Konzeptklassenbeschreibungen existiert, wird durch die folgende Vereinbarung aufgelöst: Ein klassifikatorischer Slot, der als einwertig deklariert ist, muß die Bedingung der Einwertigkeit nur erfüllen, wenn er einem Frame zugeordnet ist, der ein individuelles Konzept beschreibt. Die Integritätsbedingung (S10) wird entsprechend modifiziert (das dabei verwendete Prädikat $is\text{-}reference(kb, f)$ ist genau dann erfüllt, wenn der Frame f in der Wissensbasis kb ein Individuum beschreibt; es wird in Kapitel 3.2.3 eingeführt):

$$
\begin{aligned}
&\forall f \in \operatorname{dom} kb : \forall s \in \operatorname{dom} kb(f) : && \text{(S10')}\\
&\quad ((is\text{-}singleton\,(kb, f, s) \wedge is\text{-}obl\,(kb, f, s) \vee \\
&\qquad \vee\, is\text{-}singleton\,(kb, f, s) \wedge is\text{-}classif\,(kb, f, s) \wedge is\text{-}reference\,(kb, f)) \Rightarrow \\
&\qquad \Rightarrow |kb(f)(s)(\mathrm{act})| \leq 1)
\end{aligned}
$$

Klassifikatorische, einwertige Slots beschreiben verschiedene Versionen, die für ein Konzept möglich sind. Dieser Aspekt wird in Kapitel 3.3.6 näher diskutiert.

3.2 Die Frame-Typ-Hierarchie

Wie in anderen Repräsentationsmodellen und auch in objektorientierten Programmiersprachen wie Simula (DAHL/HOARE 72) und Smalltalk (GOLDBERG/ROBSON 83) üblich, wird auch in FRM unterschieden zwischen der Darstellung von Konzeptklassen und der Darstellung von individuellen Konzepten. Die Repräsentation von Konzeptklassen ist notwendig, weil sie das Begriffssystem eines Weltausschnitts festlegen und Aussagen sich häufig nicht direkt auf individuelle Konzepte beziehen, sondern auf eine Menge gleichartiger Konzepte. So betrifft z.B. die Aussage "Vögel haben Federn" nicht einen bestimmten Vogel allein, sondern alle Vögel. Durch Abstraktion von den einzelnen Vögeln auf die Konzeptklasse aller Vögel braucht nicht für jeden repräsentierten Vogel vermerkt zu werden, daß er Federn hat, sondern nur einmal für die betreffende Konzeptklasse. Ein zweiter Grund, warum die Unterstützung von Konzeptklassen wichtig ist, ergibt sich aus der Umkehrung des ersten. Sind nämlich die gemeinsamen Eigenschaften aller Individuen einer Konzeptklasse in einer Klassenbeschreibung angegeben, wird es möglich, daß für ein neu eingeführtes Individuum durch die bloße Zuordnung zu einer Konzeptklasse schon festgelegt ist, welche Eigenschaften es haben kann und eventuell sogar, welche Eigenschaften es tatsächlich hat. Weiß man z.B., daß Florian ein Kanarienvogel ist, kann man schließen, daß Florian Federn hat und gelb ist. Erfährt man, daß ein neues Produkt einer Firma ein Personalcomputer ist, kann man schließen, daß es eine Cpu besitzt, ein Betriebssystem dafür verfügbar ist und daß externe Speichergeräte daran anschließbar sind.

Konzeptklassen werden in FRM ebenso wie individuelle Konzepte durch das Konstrukt eines Frames dargestellt. Zwei Typen von Konzeptklassen werden unterschieden: solche, die ausschließlich mögliche Eigenschaften ihnen zugehöriger Konzepte beschreiben (Kap.3.2.1), und solche, die zusätzlich auch aktuelle Eigenschaften festlegen (Kap.3.2.2). Zusammen mit dem Frame-Typ für die Darstellung individueller Konzepte ergibt dies insgesamt drei Typen von Frames.

3.2.1 Prototyp-Frames

Prototyp-Frames (Prototypen) definieren Konzeptklassen, die ihre Mitglieder ausschließlich in bezug auf die möglichen Eigenschaften beschreiben. Sie sind folglich dadurch gekennzeichnet, daß sie keine Slot-Einträge aufweisen. Für eine Wissensbasis kb und einen Frame $f \in \mathrm{dom}\ kb$ wird entsprechend das folgende Typ-Prädikat definiert:

$$is\text{-}prototype(kb, f) :\Leftrightarrow f \in \mathrm{dom}\, kb \wedge \forall s \in \mathrm{dom}\, kb(f) : kb(f)(s)(\mathrm{act}) = \emptyset \qquad \text{(F1)}$$

Da ein Prototyp als Konzeptklassendefinition die möglichen Eigenschaften aller zugehörigen Individuen beschreibt, besitzt jeder Frame, der ein solches Individuum repräsentiert, die gleichen Slots wie der zugehörige Prototyp, ist also strukturgleich zu ihm (vgl. Kap.3.2.3).

Die Beschreibung einer Konzeptklasse kann zusätzlich zu der Angabe möglicher Eigenschaften auch tatsächliche Eigenschaften, die allen Individuen der Klasse gemeinsam sind, festlegen. Konzeptklassen diesen Typs werden durch Instanz-Frames repräsentiert.

3.2.2 Instanz-Frames

Instanz-Frames (Instanzen) definieren Konzeptklassen, die aktuelle Eigenschaften ihrer Klassenelemente charakterisieren. Sie unterscheiden sich von Prototyp-Frames darin, daß sie Slot-Einträge aufweisen. Instanz-Frames repräsentieren aber noch keine individuellen Konzepte, weil entweder einige ihrer Slots noch leer sind oder weil einige Einträge in non-terminalen Slots Frames bezeichnen, die für Konzeptklassen stehen und deshalb noch weiter spezialisiert werden können. Instanzen sind damit noch teilweise unbestimmt und weisen Freiheitsgrade auf, die erst in der Beschreibung der Individuen der durch sie festgelegten Konzeptklassen wegfallen (vgl. Kap.3.2.3). Die Unterscheidung zwischen Konzeptklassendefinitionen, die noch keine aktuellen Eigenschaften festlegen (Prototypen), und solchen, die dies tun (Instanzen), gewährleistet eine hohe Modellierungsflexibilität, da aktuelle Eigenschaften festgelegt werden können, ohne die Ebene der Konzeptklassenbeschreibung verlassen zu müssen. Auf Modellierungsprobleme, die sonst entstehen würden, weist schon BOBROW/WINOGRAD 77b (S.218) hin.

Zu jeder Instanz sind i.a. weitere, von ihr verschiedene Instanzen konstruierbar,[17] die in ihrer Slot-Struktur gleich sind, aber in bezug auf die aktuellen Slot-Einträge abweichen. Es läßt sich somit die Menge aller Instanz-Frames derart in Klassen aufteilen, daß alle Instanz-Frames einer Klasse die gleiche Slot-Struktur besitzen. Die Menge aller Individuen, die insgesamt durch die Instanz-Frames einer solchen Klasse festgelegt sind, ist identisch mit der durch den Prototypen gleicher Slot-Struktur definierten Konzeptklasse (der somit den gemeinsamen Oberbegriff stellt: vgl. Kap.3.3.2). Es liegt folglich nahe, zu jedem Instanz-Frame den zugehörigen Prototyp-Frame gleicher Slot-Struktur vorzusehen (vgl. Abb.4, unten). Die praktische Erfahrung mit FRM hat gezeigt, daß dies eine sinnvolle Forderung ist, weil es das Vorgehen beim Aufbau einer Konzepthierarchie methodisch unterstützt und weil so auch die (intellektuelle) Überschaubarkeit einer Konzepthierarchie wegen ihrer stärkeren Durchstrukturierung erheblich vergrößert wird.

Beispiel 13:

Der Instanz-Frame 'serielle Schnittstelle' beschreibt die allen seriellen Schnittstellen gemeinsamen Eigenschaften. Er hat dieselben Slots wie der Prototyp-Frame 'Schnittstelle', dem er zugeordnet ist.

---

[17] Diese Aussage gilt nicht, wenn ein Frame nur einen Slot mit nur einem erlaubten Eintrag besitzt.

Schnittstelle	Bitfolge	Synchronisierung	Übertragungsrate
	perm:	perm:	perm:
	{seriell, parallel}	{synchron, asynchron}	{5Bit/s - 10MBit/s}

serielle Schnittstelle	Bitfolge	Synchronisierung	Übertragungsrate
	perm:	perm:	perm:
	{seriell, parallel}	{synchron, asynchron}	{5Bit/s - 10MBit/s}
	act: {seriell}		

Für eine Wissensbasis kb ist ein Frame $f \in \text{dom } kb$ genau dann ein Instanz-Frame, wenn die folgende Bedingung erfüllt ist:[18]

$$\begin{aligned} &\textit{is-instance}(kb, f) :\Leftrightarrow f \in \text{dom } kb \wedge \qquad \text{(F2)} \\ &\quad \wedge \exists s \in \text{dom } kb(f) : kb(f)(s)(\text{act}) \neq \emptyset \wedge \\ &\quad \wedge \exists s \in \text{dom } kb(f) : \\ &\qquad (kb(f)(s)(\text{act}) = \emptyset \vee \\ &\qquad \vee \textit{is-nonterminal}(kb, s) \wedge \exists e \in kb(f)(s)(\text{act}) : \neg \textit{is-reference}(kb, e)) \wedge \\ &\quad \wedge \exists f' \in \text{dom } kb : \\ &\qquad (\textit{is-prototype}(kb, f') \wedge \text{dom } kb(f) = \text{dom } kb(f') \wedge \\ &\qquad \wedge \forall s \in \text{dom } kb(f) : \forall schar \in \text{dom } kb(f)(s) \setminus \{\text{act}, \text{def}\} : \\ &\qquad\quad kb(f)(s)(schar) = kb(f')(s)(schar)) \end{aligned}$$

3.2.3 Referenz-Frames

Ein individuelles Konzept eines modellierten Weltausschnitts wird durch einen Referenz-Frame dargestellt.[19] Für alle in der Definition der Konzeptklasse, der das Individuum zugehört, vorgesehenen Eigenschaftsklassen werden die aktuellen Eigenschaften angegeben, so daß alle Slots des Referenz-Frames mit Einträgen belegt sind. Weiterhin gilt, daß sich die Einträge in einem non-terminalen Slot auf andere Referenz-Frames und nicht mehr nur auf Instanzen oder Prototypen beziehen, wie das bei Instanz-Frames zugelassen ist. Die Referenz-Frames unterscheiden sich von den Instanz-Frames also dadurch, daß sie vollständig bestimmt sind und keine Freiheitsgrade zur weiteren Spezialisierung aufweisen. Referenz-Frames bilden deshalb die Blattknoten der Konzepthierarchie. Sie entsprechen den Instanzen in Units (STEFIK 79), die ebenfalls "voll instantiiert" sind, d.h. keine Slots besitzen, die leer sind oder deren Einträge noch spezialisierbar sind. Ein Referenz-Frame ist mindestens einer durch einen Prototypen gegebenen Konzeptklasse zugeordnet, eventuell aber auch durch Instanzen beschriebenen Konzeptklassen zugehörig (vgl. Abb.4).

---

[18] Das Prädikat *is-reference* wird im nächsten Abschnitt definiert und ist erfüllt genau dann, wenn der angegebene Frame ein Individuum beschreibt und deshalb nicht weiter spezialisiert werden kann. Der Bezug auf den Slot-Eintragstyp 'def' erfolgt im Vorgriff auf die in Kapitel 5 einzuführenden Default-Einträge, bleibt hier also zunächst ohne Belang.

[19] Die Unterscheidung zwischen Referenz-Frames und den übrigen Frame-Typen entspricht in HAM-RPM der Unterscheidung des konzeptuellen Netzes, das die Konzeptklassen definiert, von dem referentiellen Netz, das die in einem Weltausschnitt vorkommenden Objekte modelliert (HAHN ET AL. 80).

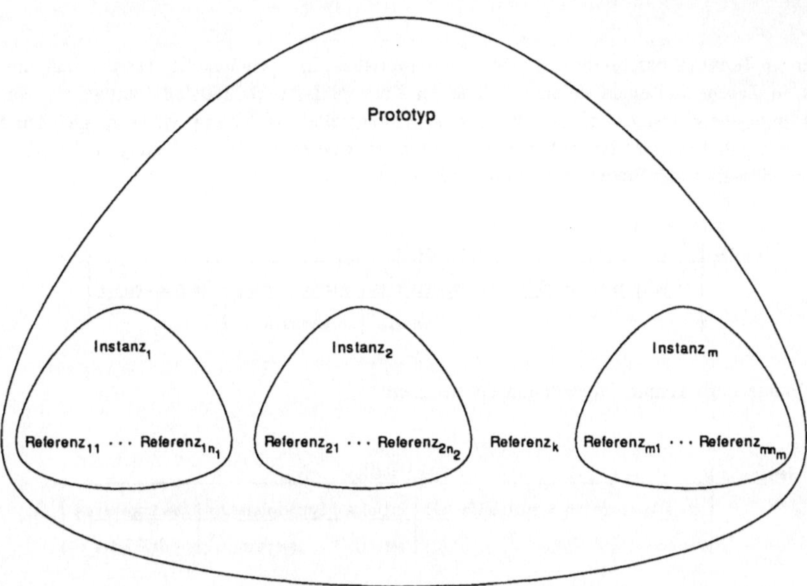

Abbildung 4: Schematische Darstellung einer Frame-Typ-Hierarchie

Die folgenden Beispiele verdeutlichen die Unterscheidung zwischen Instanz-Frames und Referenz-Frames.

Beispiel 14:

Ein Frame, der nur terminale Slots besitzt, die alle einen Eintrag aufweisen, ist immer ein Referenz-Frame:

serielle asynchrone Schnittstelle	Bitfolge	Synchronisierung
	seriell	asynchron

Die Hinzunahme eines weiteren terminalen Slots 'Übertragungsrate', der jedoch keinen Eintrag besitzt, wandelt diesen Referenz-Frame in eine Instanz um, die für die Klasse aller seriellen Schnittstellen verschiedener Übertragungsraten steht:

serielle asynchrone Schnittstelle	Bitfolge	Synchronisierung	Übertragungsrate
	seriell	asynchron	

Die Referenz-Frames, die zu dieser Instanz gehören, spezifizieren eine Übertragungsrate, z.B.

serielle asynchrone Schnittstelle-9600	Bitfolge	Synchronisierung	Übertragungsrate
	seriell	asynchron	9600 Bit/s

Beispiel 15:

Ein Frame, der ein Terminal beschreibt und einen non-terminalen Slot 'Schnittstelle' besitzt, muß, um Referenz-Frame zu sein, in diesem Slot einen Referenz-Frame der Konzeptklasse 'Schnittstelle' aufweisen. Besitzt er die in Beispiel 14 angegebene Instanz 'serielle asynchrone Schnittstelle' als Eintrag, ist er im gleichen Maße, wie diese Instanz noch unterbestimmt ist, selber unterbestimmt (zur besseren Verdeutlichung sind in den folgenden Abbildungen als Slot-Einträge Frame-Strukturen angegeben):

Terminal	Schnittstelle				...
	serielle asynchrone Schnittstelle	Bitfolge	Synchronisierung	Übertragungsrate	
		seriell	asynchron		

Ein Referenz-Frame dazu könnte folgendermaßen aussehen:

Terminal-r	Schnittstelle				...
	serielle asynchrone Schnittstelle-9600	Bitfolge	Synchronisierung	Übertragungsrate	
		seriell	asynchron	9600 Bit/s	

Beispiel 16:

Ein Hersteller-Frame, der in einem Slot 'Produkt' Instanz-Frames als Einträge besitzt, ist selber ein Instanz-Frame:

Apple	Produkt
	Lisa
	McIntosh

Ein so modellierter Hersteller-Frame ist noch unterbestimmt; er repräsentiert also kein Individuum, sondern beschreibt eine Klasse von Individuen. Diese Individuen geben statt der im Frame 'Apple' im Slot 'Produkt' vorkommenden Instanzen zugehörige Referenz-Frames an:

Apple-r	Produkt
	Lisa-r1
	Lisa-r2
	McIntosh-r1

Betrachtet man den Slot 'Produkt' als einen klassifikatorischen Slot, so kann man den Frame 'Apple' als Beschreibung der Klasse aller Produktionswerke des betreffenden Herstellers auffassen, während die zugeordneten Referenz-Frames die einzelnen Werke und die von ihnen produzierten Geräte darstellen. Die Unterscheidung zwischen dem Instanz-Frame 'Apple' und seinen Referenz-Frames entspricht somit der Unterscheidung zwischen einer Firma und ihren Betrieben. Fügt man einen Slot 'Standort' hinzu, tritt diese Interpretation der Konzeptrepräsentation noch deutlicher hervor:

Apple	Produkt	Standort
	Lisa	
	McIntosh	

Apple-r	Produkt	Standort
	Lisa-r1	Silicon Valley
	Lisa-r2	
	McIntosh-r1	

Die obigen Beispiele zeigen, daß es eine anwendungsspezifische Entscheidung ist, ob ein Konzept als Klasse oder als Individuum dargestellt wird. Sie hängt davon ab, welche seiner Eigenschaften erfaßt werden sollen (vgl. Bsp.14: die Hinzunahme eines zusätzlichen Slots wandelt einen Referenz-Frame in eine Instanz um). Es ist darüber hinaus eine anwendungsspezifische Entscheidung, ob für eine Konzeptklasse überhaupt Individuen dargestellt werden sollen. So kann es beispielsweise durchaus ausreichend sein, wenn Hersteller nur als Instanzen repräsentiert werden, weil deren Produkte auch nur als Instanzen repräsentiert zu werden brauchen (vgl. Bsp.16).

Es kann der Fall auftreten, daß für ein Individuum nicht alle Eigenschaften bekannt sind und deshalb nicht alle Slots des ihn repräsentierenden Frames gefüllt werden können. Als Folge davon wäre der Frame kein Referenz-Frame, sondern Instanz oder gar Prototyp. Tritt er als Eintrag in einem anderen Frame auf, der ebenfalls ein Individuum beschreibt, dann wäre auch dieser zweite Frame kein Referenz-Frame. Um Situationen zu vermeiden, wo aufgrund von unvollständigem Wissen Frames aus formalen Gründen nicht Referenz-Frames sein können, obwohl sie Individuen repräsentieren, müssen für die fehlenden Slot-Einträge (in einer Erweiterung von FRM noch zu unterstützende) Null-Werte[20] eingesetzt werden. Auf diese Weise wird die Tatsache der Unvollständigkeit des Wissens explizit.

So wie Referenz-Frames bis jetzt informal definiert wurden, wird verlangt, daß sie in ihren nonterminalen Slots nur Referenz-Frames aufweisen, damit sichergestellt ist, daß über die Spezialisierung eines Slot-Eintrags keine weitere Frame-Spezialisierung vorgenommen werden kann. Dadurch wird die Definition von Referenz-Frames rekursiv und führt zu einem nicht auflösbaren Zyklus, wenn die Entscheidung, ob ein Frame Referenz-Frame ist, davon abhängt, daß ein anderer, der bei ihm als Eintrag vorkommt, Referenz-Frame ist, was wiederum nur dann der Fall ist, wenn der erste Frame Referenz-Frame ist, da er ihn als Eintrag besitzt (vgl. Bsp.17). Ein in einem solchen Fall bei der Überprüfung des Frame-Typs auftretender Zyklus sollte nicht durch eine modifizierte Definition von Referenz-Frames ausgeschlossen werden, da das Auftreten solcher Zyklen für Frame-Strukturen typisch ist. So werden zur Modellierung von Kontextbezügen eines Konzepts Verweise auf andere Konzepte durch das Füllen von Slots mit den zum Kontext gehörenden Frames dargestellt. Die Möglichkeit des Entstehens direkt oder indirekt zyklischer Frame-Strukturen ist die Folge (z.B. für ein sprachverstehendes System, wo Kontextinformation eine wesentliche Rolle spielt). In FRM bilden zyklische Frame-Strukturen sogar die Basis zur Formulierung einer Integritätsbedingung, die die Zuweisung von Slot-Einträgen kontrolliert (s. (S12)). Wenn sich zwei Frames f_1 und f_2 derart aufeinander beziehen, daß jeder einen Slot besitzt, in dem der andere erlaubter Eintrag ist (vgl. Abb.5), dann setzt die Existenz von f_1 als Slot-Eintrag in f_2 die Existenz von f_2 als Eintrag in f_1 voraus und umgekehrt. Wenn nun aber eine der Slot-Füllungen aufgrund weiterer Bedingungen nicht möglich ist, z.B. weil der Slot einwertig und schon belegt ist, darf auch der andere Slot-Eintrag nicht vorhanden sein.

$$\forall f \in \operatorname{dom} kb : \forall s \in \operatorname{dom} kb(f) : \forall e \in kb(f)(s)(\mathrm{act}) : \qquad \text{(S12)}$$
$$\big(e \in \operatorname{dom} kb \Rightarrow \forall s' \in \operatorname{dom} kb(e) : \big(f \in kb(e)\,(s')\,(\mathrm{perm}) \Rightarrow f \in kb(e)\,(s')\,(\mathrm{act})\big)\big)$$

[20] Ein Null-Wert (vgl. DATE 83 (Kap.5.5), VASSILIOU 79, ZANIOLO 84) kann prinzipiell zwei Bedeutungen besitzen:
- die durch ihn vertretene Eigenschaft ist nicht bekannt
- die durch ihn vertretene Eigenschaft existiert nicht, weil die Eigenschaftsklasse nicht relevant ist.

Null-Werte in FRM besitzen ausschließlich die erste Bedeutung, da das Auftreten eines Slots in einer Konzeptklassendefinition bedeutet, daß er für alle Individuen dieser Klasse eine relevante Eigenschaftsklasse beschreibt (vgl. die Diskussion gegen Ende des Kapitels).

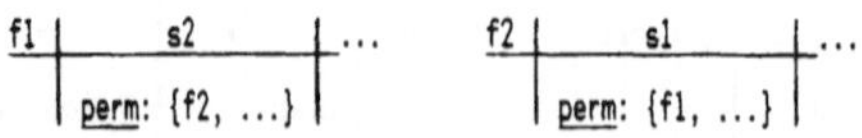

f1	s2	...
	perm: {f2, ...}	

f2	s1	...
	perm: {f1, ...}	

Abbildung 5: Schema einer zyklischen Frame-Struktur

Da zyklische Frame-Strukturen somit nicht ausgeschlossen werden können, sieht die formale Definition von Referenz-Frames vor, daß zwei oder mehrere Frames durch gegenseitigen Bezug aufeinander zu Referenz-Frames werden können (vgl. Bsp.17). Eine Partialität des in (F3) definierten, rekursiven Typ-Prädikats für Referenz-Frames wird trotz solch möglicher Zyklen vermieden, indem bei einer erneuten Abfrage eines in einer Rekursion weiter oben mit derselben Belegung schon aufgetauchten Prädikats ihm der Wahrheitswert "wahr" zugeordnet wird. Rekursive Zyklen in der Auswertung des Prädikats werden also einfach abgebrochen, wodurch die Existenz eines Fixpunkts sichergestellt ist.

Beispiel 17:

Bei einem gegenseitigen Bezug zweier Frames aufeinander hängt der Nachweis, ob einer von ihnen Referenz-Frame ist, davon ab, daß der jeweils andere ein Referenz-Frame ist. Der dadurch entstehende Zyklus wird aufgelöst durch die Vereinbarung, daß in einem solchen Fall beide Frames Referenz-Frames sind, wenn nicht andere Kriterien dagegen sprechen. So sind die beiden folgenden Frames Referenz-Frames:

Datex-P-Anschluß-3	Übertragungsrate	angeschlossenes Gerät
	1200 Bit/s	Terminal-4

Terminal-4	Übertragungsrate	Anschluß
	1200 Bit/s	Datex-P-Anschluß-3

Die formale Definition eines Referenz-Frames kann nun folgendermaßen angegeben werden (für eine Wissensbasis kb und $f \in \text{dom } kb$; der bezug auf den Slot-Eintragstyp 'def' erfolgt wiederum schon im Vorgriff auf Kapitel 5):

$$
\begin{array}{ll}
\textit{is-ref}(kb, f, F) :\Leftrightarrow f \in F \vee & \text{(F3)} \\
\quad \vee\, f \in \text{dom } kb \wedge \forall s \in \text{dom } kb(f) : kb(f)(s)(\text{act}) \neq \emptyset \wedge & 2 \\
\quad \wedge\, \forall s \in \text{dom } kb(f) : & 3 \\
\qquad (\textit{is-nonterminal}(kb, s) \Rightarrow \forall e \in kb(f)(s)(\text{act}) : \textit{is-ref}(kb, e, F \cup \{f\})) \wedge & 4 \\
\quad \wedge\, \exists f' \in \text{dom } kb : & 5 \\
\qquad (\textit{is-prototype}(kb, f') \wedge \text{dom } kb(f) = \text{dom } kb(f') \wedge & 6 \\
\qquad \wedge\, \forall s \in \text{dom } kb(f) : \forall schar \in \text{dom } kb(f)(s) \setminus \{\text{act}, \text{def}\} : & 7 \\
\qquad\quad kb(f)(s)(schar) = kb(f')(s)(schar)) & 8
\end{array}
$$

Anmerkungen zur Definition:

Zeile 1,4: Im zweiten Argument wird festgehalten, für welche Frames in bezug auf die aktuelle Auswertungshierarchie gerade geprüft wird, ob sie Referenz-Frames sind. Die Bedingung in Zeile 1 bewirkt einen Abbruch, wenn für einen von ihnen diese Prüfung erneut angestoßen wird, also ein Zyklus entstehen würde.

Zeile 6: Der ausschließliche Bezug auf einen Prototypen als zugehörige Konzeptklasse schließt den Fall nicht aus, daß ein Referenz-Frame auch einer durch einen strukturgleichen Instanz-Frame definierten Konzeptklasse zugeordnet ist, da eine solche Instanz ebenfalls dem Prototypen zugehört, der in den Zeilen 6 bis 8 identifiziert wird.

Um im Prädikat *is-ref* das zweite Argument, das nur eine Hilfsfunktion ausübt, zu verdecken, wird das folgende Prädikat als Abstraktion davon eingeführt:

$$is\text{-}reference(kb, f) :\Leftrightarrow is\text{-}ref(kb, f, \emptyset) \qquad \text{(F3')}$$

Die Bedingung, daß ein Referenz-Frame keinen leeren Slot besitzen darf, da er dadurch noch partiell unbestimmt ist und noch weiter spezialisierbar wäre, impliziert, daß die Zuordnung eines Slots zu einem Prototyp-Frame bedeutet, daß die durch diesen Slot beschriebene Eigenschaftsklasse für alle Individuen der durch den Prototyp gegebenen Konzeptklasse immer relevant ist (vgl. SMITH 78, wo eine solche Modellierung im Rahmen einer weiterentwickelten Normalformenlehre für das Relationenmodell als wünschenswert dargestellt wird). Es gibt in FRM deshalb keine Möglichkeit, die Belegung eines Slots bei einem Individuum zu umgehen, wenn er für dieses Individuum nicht zutreffend ist (die Zuweisung eines Null-Wertes bedeutet in FRM also 'unbekannt' und nicht 'unzutreffend'). Sollte der Fall auftreten, daß der Slot eines Referenz-Frames nicht relevant ist und deshalb leer bleiben müßte, dann liegt ein Modellierungsfehler vor und das durch ihn beschriebene Individuum ist offensichtlich einer anderen (eventuell noch einzurichtenden) Konzeptklasse zugehörig und muß anders zugeordnet werden. Damit erfolgt der Aufbau einer Konzepthierarchie nach klar festgelegten Kriterien und es bleibt sehr viel weniger Raum für Willkür als das in anderen Repräsentationssprachen der Fall ist. Im Gegensatz zu FRM existiert dort nämlich nicht der Zwang, nur dann einen Slot vorzusehen, wenn er für alle Individuen relevant ist. So gibt es in KEE sogar die Möglichkeit, einen Slot explizit als nicht relevant zu kennzeichnen, indem für ihn als maximale Anzahl an Einträgen eine Null angegeben wird (FIKES/KEHLER 85). Ein solcher Mechanismus stellt jedoch keinerlei Fortschritt dar, sondern unterstützt geradezu unsaubere Modellierungen. Eine im Vergleich zu KEE stringentere Kontrolle von Slot-Belegungen ist in Units (STEFIK 79) durch die Differenzierung in verschiedene Slot-Typen realisiert. Doch auch dort ist ein Slot-Typ vorgesehen (Typ 'O'), der zuläßt, daß ein Slot bei einem Individuum leer bleibt. In FRL (ROBERTS/GOLDSTEIN 77) und KRL (BOBROW/WINOGRAD 77a) kann jeder Slot eines Frames, der ein Individuum beschreibt, unbelegt sein.

Eine letzte Integritätsbedingung zur Definition von Frame-Typen verlangt, daß jeder Frame in einer Wissensbasis von einem der oben eingeführten drei Typen ist (was nicht zwangsläufig der Fall ist!):

$$\forall f \in \operatorname{dom} kb : (is\text{-}prototype(kb, f) \lor is\text{-}instance(kb, f) \lor is\text{-}reference(kb, f)) \qquad \text{(F4)}$$

Die in den letzten Abschnitten eingeführten Definitionen von Frame-Typen legen eineindeutige Kriterien fest, die erfüllt sein müssen, damit ein Frame von einem bestimmten Typ ist.[21] Dabei sind teilweise schon Beziehungen zwischen den verschiedenen Frame-Typen erfaßt. Während so das Verhältnis einer Instanz zu dem zugehörigen Prototypen durch die Slot-Gleichheit festgelegt ist, bleibt die Art des Bezugs zwischen Referenz-Frames und Instanz-Frames noch völlig offen. Ferner ist noch nicht festgelegt, in welcher Beziehung Prototypen und Instanzen jeweils untereinander stehen. Beide Aspekte werden durch die im nächsten Kapitel eingeführten Spezialisierungsrelationen abgedeckt.

---

[21] Durch die stets eindeutige Bestimmung, ob ein Frame eine Konzeptklasse oder ein Individuum repräsentiert, wird ein Großteil semantisch bedeutungsloser Repräsentationen ausgeschlossen. Die durch das Fehlen einer solchen Unterscheidung von Frame-Typen entstehenden semantischen Defizite werden in TWINE 88 eindrucksvoll am Beispiel der Repräsentationssprache KEE, die diese Unterscheidung nicht vornimmt, diskutiert.

3.3 Die Spezialisierungshierarchie

Individuelle Konzepte eines zu modellierenden Weltausschnitts sind Ausprägungen von Begriffen. Extensional betrachtet gehören sie der Konzeptklasse an, die durch den jeweiligen Begriff festgelegt ist. Eine solche Konzeptklasse läßt sich mathematisch als eine Menge auffassen, und eine Spezialisierung von ihr ist durch eine Teilmenge gegeben, die (jetzt wieder intensional betrachtet) einem Unterbegriff entspricht (vgl. REICHENBACH 47). Die Spezialisierung von Konzeptklassen spielt in vielen Wissenschaftsgebieten eine wichtige Rolle. In der strukturellen **Linguistik** wird sie dazu herangezogen, um zwischen zulässigen und nicht zulässigen Sätzen unterscheiden zu können (z.B. "ein Reh ist ein Säugetier", aber nicht "ein Säugetier ist ein Reh", vgl. KIEFER 66). Die Verwendung von Thesauri im **Information Retrieval** (z.B. SOERGEL 69, INSPEC 82) ermöglicht die automatische Hinzunahme von Unterbegriffen eines Suchbegriffs in die Frageformulierung und bewirkt damit die Aufnahme zusätzlicher relevanter Dokumente in die Antwortmenge und somit eine Verbesserung des Recalls. Untersuchungsergebnisse experimenteller Arbeiten der **Kognitionspsychologie** (z.B. längere Reaktionszeiten bei der Referenz allgemeinerer Konzepte (COLLINS/QUILLIAN 69) und die Ableitung einer Konzepthierarchie durch Klassifikationstests (MILLER 71)) deuten darauf hin, daß Konzepthierarchien eine Organisationsstruktur menschlichen Gedächtnisses darstellen. Theoretische Arbeiten der Kognitionspsychologie bauen auf den empirischen Ergebnissen auf und beschäftigen sich mit der Beschreibung von Modellen menschlichen Gedächtnisses, in denen die Konzeptspezialisierung ein grundlegendes Element ist (QUILLIAN 68, RUMELHART ET AL. 72, MILLER/JOHNSON-LAIRD 76). Die ersten KI-Systeme stützten sich auf die vielfältigen Vorarbeiten und sahen Konstrukte zur Konzeptspezialisierung vor, vgl. z.B. RAPHAEL 68, COLBY ET AL. 69, CARBONELL 70, HENDRIX ET AL. 73. Als wichtige theoretische Arbeiten der **KI** zur Konzeptspezialisierung sind LEVESQUE/MYLOPOULOS 79 zu nennen, wo sowohl die Vererbung von Eigenschaftsklassen als auch von Eigenschaften berücksichtigt ist, sowie Arbeiten wie ETHERINGTON/REITER 83, REITER/CRISCUOLO 83, FROIDEVAUX 87 und BREWKA 87, die die Behandlung von Ausnahmen einer Konzeptspezialisierung durch eine Default-Logik beschreiben (z.B. daß Mollusken normalerweise Schalentiere sind, es aber Ausnahmen gibt; vgl. die ausführlichere Diskussion in Kap.5.3). Eine mathematische Theorie zu Vererbungshierarchien, in denen Ausnahmen zugelassen sind, ist auch in TOURETZKY 86 (und in den Folgearbeiten KIM/MAIDA 87 und ETHERINGTON 87a) beschrieben. Es wird dort insbesondere festgelegt, wie sich ein Inferenzsystem auf solchen Hierarchien zu verhalten hat, wenn über verschiedene Vererbungswege widersprüchliche Eigenschaften für ein Konzept hergeleitet werden können. Eine kritische Analyse, in welch unterschiedlichen Bedeutungsvarianten und zu welch unterschiedlichen Zwecken Konstrukte zur Konzeptspezialisierung in der KI gegenwärtig Anwendung finden, gibt BRACHMAN 83.

Konzeptspezialisierungen werden auch im **Datenbankbereich** betrachtet und zur Erweiterung bisheriger Datenmodelle zu semantischen Datenmodellen (in die auch andere semantische Relationen Eingang finden) herangezogen. Eine Erweiterung des Relationenmodells um Spezialisierungs- und Aggregierungshierarchien wurde zuerst in SMITH/SMITH 77a vorgestellt. Danach bewirkt die Hinzunahme von Attributen zu einer Relation ihre Spezialisierung. Dies entspricht der Spezialisierung durch Hinzufügen von Slots zu einem Frame in FRM (siehe Kap.3.3.1). Eine Fortführung der Arbeit SMITH/SMITH 77a in bezug auf Normalisierung von Relationen (unter Berücksichtigung der beiden Abstraktionsmechanismen Aggregierung und Generalisierung) stellt SMITH 78 dar. Eine Erweiterung von SMITH/SMITH 77a stellt auch LEE/GERRITSEN 78 vor, wo eine Spezialisierung nicht nur durch Hinzunahme von Attributen erfolgen kann, sondern auch durch Festschreiben von Attributwerten (vgl. die Spezialisierung zu und von Instanz-Frames in Kap.3.3.2). Die Behandlung von Konzeptspezialisierungen in PALMER 78 zeichnet sich aus durch eine Diskussion von Datenmanipulationsaspekten. Berücksichtigung fand die Darstellung von Konzepthierarchien auch in der Schema-Definitionssprache CSDL (ROUSSOPOULOS 79), und sie wurde in DOSCH ET AL. 82 in die algebraische Spezifikation einer Datenbank einbezogen. Die Konzeptspezialisierung in TAXIS (MYLOPOULOS/WONG 80, WONG 81) sieht vor, daß eine Konzeptklasse die Eigenschaftsklassen (properties) aller übergeordneten Klassen erbt, aber nicht notwendigerweise zusätzliche Eigenschaftsklassen besitzen muß. Stattdessen kann die Spezialisierung auch dadurch erfolgen, daß die möglichen Eigenschaften, die einer Eigenschaftsklasse zugeordnet sind (property values), nur eine Auswahl derjenigen des Oberbegriffs sind. Dies entspricht der Einschränkung der erlaubten Slot-Einträge in FRM (siehe Kap.3.3.1). Spezielle Anwendung findet die Darstellung von Konzeptspezialisierungen bei der Definition von Sichten, um eine flexiblere Formulierung von Anfragen zu ermöglichen. Konzepte können dann auch über die in einer Sicht vorgegebenen Oberbegriffe angesprochen werden (KATZ/GOODMAN 83). Mit Hilfe des gleichen Mechanismus können auch Anfragen an eine verteilte Datenbank über ein gemeinsames, globales Schema unterstützt werden (siehe ebenfalls KATZ/GOODMAN 83 sowie MOTRO/BUNEMAN 80, DAYAL/HWANG 82). Weiterhin kann für eine Datenbank-Anfrage, die keine Ergebnisse liefert, weil die benutzten Attributwerte zu spezifisch waren, mittels einer Ersetzung dieser Attributwerte durch allgemeinere (wodurch allgemeinere Konzepte angesprochen werden) in vielen Fällen eine Antwort generiert werden, die das vom Benutzer gewünschte Ergebnis mit enthält (MOTRO 86). Schließlich kann die Modellierung einer Konzepthierarchie auch der Formulierung semantischer Integritätsbedingungen dienen (z.B. WILSON 80).

Mechanismen zur Konzeptspezialisierung existieren nicht nur in deklarativen Repräsentationssprachen[22], sondern sind auch in prozeduralen Sprachen sowie in einigen **Programmiersprachen** zu finden. Als erste objektorientierte Programmiersprache bietet Simula ein Sprachkonstrukt an, das eine Objektklasse als Spezialisierung einer anderen definiert. Die spezifischere Klasse erbt dann alle Attribute der allgemeineren (DAHL/HOARE 72). Die nach Simula entwickelten objektorientierten Sprachen, wie Smalltalk (GOLDBERG/ROBSON 83), Flavors (WEINREB/MOON 80, MOON 86), LOOPS (STEFIK ET AL. 83, BOBROW/STEFIK 83) und ObjTalk (RATHKE/LAUBSCH 83), verfügen über ähnliche Sprachkonstrukte. Einen Überblick über Spezialisierung in objektorientierten Programmiersprachen gibt DANFORTH/TOMLINSON 88. Mit Ausnahme von Smalltalk erlauben alle oben erwähnten Sprachen, daß eine Klasse Eigenschaften von mehreren übergeordneten Klassen erbt. Eine formale Beschreibung der Semantik einer solchen mehrfachen Vererbung wird in CARDELLI 84 vorgestellt. AIT-KACI 86 definiert eine Programmiersprache, die auf der Spezialisierung von Datentypen aufbaut. Ein Datentyp kann als eine Konzeptklasse aufgefaßt werden, so daß ein Programm in dieser Programmiersprache als eine Wissensbasis interpretiert werden kann, deren Konzeptklassen die definierten Typen sind. Eine Berechnung in dieser Sprache entspricht einer Typüberprüfung, die als Nebeneffekt einen neuen Typen – das Berechnungsergebnis – konstruiert. BORGIDA/GREENSPAN 80 und BORGIDA 81 beschreiben eine Spezialisierung von Prozeduren, die die Bedingung erfüllt, daß eine speziellere Prozedur mindestens die gleichen (Netto-)Zustandsänderungen bewirkt wie die allgemeinere und daß eine Berechnung durch sie in all den Fällen erfolgreich zum Ende kommt, wie bei der allgemeineren Prozedur auch. Dieser Spezialisierungsmechanismus ist im TAXIS Datenmodell (MYLOPOULOS/WONG 80) für Transaktionen realisiert. Im allgemeinen ist für eine Prozedur zwar nicht entscheidbar, ob sie (in diesem Sinne) eine Spezialisierung einer anderen ist, durch geeignete Einschränkung auf bestimmte Spezialisierungsfälle kann die Entscheidbarkeit jedoch erreicht werden. Eine solche Möglichkeit zur Generierung einer spezielleren Prozedur bietet die Restriktion der erlaubten Belegungen eines oder mehrerer ihrer Parameter. Ein Mechanismus zur Spezialisierung temporallogischer Formeln, die Aussagen über das Eintreten zukünftiger Ereignisse beschreiben, wird in FREEMAN ET AL. 82 dargestellt.

Alle bisherigen Ansätze zur Darstellung und Behandlung von Konzeptspezialisierungen (mit Ausnahme von KL-ONE: s.u.) weisen ein gemeinsames Defizit auf. Es bewirkt zwar die Existenz einer Spezialisierungsbeziehung zwischen zwei Konzepten die Vererbung von Eigenschaften und Eigenschaftsklassen, aber es führt in keiner der bisherigen Ansätze die Existenz eines Konzepts, das in seiner Struktur spezifischer als ein anderes ist, automatisch zur Relationierung der beiden. Formal betrachtet sind also bisher nur die notwendigen Bedingungen für die Existenz einer Spezialisierungsbeziehung festgelegt

[22] Eine deklarative Repräsentationssprache (Programmiersprache) ermöglicht eine Formulierung, die das Was einer Repräsentation (eines Programms) spezifiziert, ohne das Wie angeben zu müssen. In prozeduralen Sprachen ist das gerade umgekehrt.

worden. Die Definition der Spezialisierungsrelationen in FRM sieht dagegen auch hinreichende Bedingungen vor. Der wesentliche Vorteil, der sich aus dieser stringenteren Definition ergibt, liegt darin, daß damit das Einrichten einer Spezialisierungsbeziehung nicht länger eine von außerhalb einer Wissensbasis anzustoßende Operation ist, sondern ausschließlich das Resultat einer entsprechenden Modellierung darstellt: Die Existenz zweier Konzepte, von denen eines in seinem Aufbau spezifischer als das andere ist, bedeutet dann automatisch, daß das spezifischere als Spezialisierung des anderen betrachtet wird. Gleiches gilt für das Aufheben von Spezialisierungsbeziehungen, wenn die relationierten Konzepte nicht mehr die dazu erforderlichen Bedingungen erfüllen. Es wird folglich die vollständige Kontrolle einer Spezialisierungshierarchie durch das zugehörige Wissensverwaltungssystem möglich, womit ein sehr viel höherer Grad an semantischer Integrität erreicht werden kann, als mit bisherigen Wissensrepräsentationsmodellen möglich ist.

Die Repräsentationssprache KL-ONE kommt der in FRM realisierten, stringenten Definition von Spezialisierungshierarchien recht nahe. Für diese Sprache sind in SCHMOLZE/LIPKIS 83 notwendige und hinreichende Bedingungen formuliert, die für die Existenz einer Spezialisierungskante zwischen zwei Konzepten erfüllt sein müssen. Die schwache Stelle dieser Arbeit liegt darin, daß die Definition der Spezialisierung nur informal gegeben ist, so daß auch die Behandlung der Spezialisierungsbeziehungen nur informal möglich ist. Es existiert zwar ein Klassifikationsalgorithmus, der ein Konzept aufgrund seiner Struktur in eine bestehende Konzepthierarchie einordnet (LIPKIS 82, SCHMOLZE/ISRAEL 83),[23] aber damit wird die Definition der Konzepthierarchie von der Modellebene in die Implementierungsebene ausgelagert. Die aktuellere Definition der Konzeptspezialisierung in BRACHMAN/LEVESQUE 84 ist zwar einerseits formal, geht dabei aber den Umweg über die Extensionen: Die formale Semantik von Konzeptbeschreibungen ist definiert, indem festgelegt wird, wie ihre Extensionen zu bestimmen sind, und zwei Konzeptbeschreibungen stehen in einer Spezialisierungsbeziehung zueinander, wenn zwischen ihren Extensionen die Teilmengenbeziehung besteht. Der Unterschied zwischen diesem und dem in FRM gewählten Ansatz besteht folglich darin, daß in FRM Bedingungen definiert sind, die die Spezialisierungsbeziehungen zwischen zwei Konzeptbeschreibungen direkt über die Struktur der sie beschreibenden Frames (also ihrer Intension) festlegen.

Die Komplexität der Spezialisierungsbeziehungen in FRM ist beträchtlich und steht somit etwas gegen den durch Arbeiten wie BRACHMAN/LEVESQUE 84 und PATEL-SCHNEIDER 84 ausgelösten Trend nach einfacheren Repräsentationsstrukturen, um die algorithmische Komplexität in Grenzen zu halten (vgl. auch LEVESQUE 86). Obwohl bis jetzt keine komplexitätstheoretischen Betrachtungen zur Berechnung von Spezialisierungsbeziehungen in FRM vorliegen und deshalb keine endgültige Aussage über NP-Vollständigkeit gemacht werden kann, weisen die Spezialisierungsbeziehungen in FRM zwei Eigenschaften auf, die in jedem Fall komplexitätsreduzierend wirken. Dies ist einmal die Aufteilung in zwei orthogonal zueinander stehende Typen von Spezialisierungsbeziehungen zwischen Konzeptklassen (is-a und inst, s.u.), und zum anderen spielen Kardinalitätseinschränkungen für Slot-Einträge für die Spezialisierung in FRM keine Rolle (anders als z.B. in KL-ONE (SCHMOLZE/LIPKIS 83), KANDOR (PATEL-SCHNEIDER 84) und BACK (NEBEL/LUCK 87, LUCK ET AL. 87)). Selbst wenn die Typspezialisierung auf einen einwertigen Slot als hinreichendes Spezialisierungskriterium in einer späteren Erweiterung zugelassen wird, dürfte das nach den Komplexitätsbetrachtungen in NEBEL 88 keine NP-Vollständigkeit bewirken.

Für die Berechnung der Spezialisierungsbeziehungen (insbesondere zur Neuberechnung nach einer Wissensbasis-Modifikation) wurde im Rahmen der Implementation von FRM ein Algorithmus entwickelt, dessen Zeitverhalten in Wissensbasen bis 150 Konzeptklassen noch akzeptabel ist. Da dieser Algorithmus nicht besonders zeitoptimiert wurde, bestehen hier noch erhebliche Optimierungsreserven (vor allem, wenn man die Möglichkeiten paralleler Architekturen einbezieht, die gerade für das Traversieren von Konzepthierarchien geeignet sind, siehe z.B. FAHLMAN/HINTON 87), so daß der in FRM gewählte

[23] Leider ist die Vollständigkeit des Algorithmus nicht nachgewiesen (siehe SCHMOLZE/LIPKIS 83), und es ist die Korrektheit der erarbeiteten Ergebnisse nur informal gezeigt worden.

Ansatz durchaus praktikabel erscheint. Offen ist jedoch noch, wie sich die Praktikabilität bei besonders großen Wissensbasen (500 bis 1000 Konzeptklassen oder mehr) verhält, da entsprechende experimentelle Erfahrungen bis jetzt nicht vorliegen. Falls hier eine vollständige Prüfung aller Beziehungen vom Aufwand her nicht mehr möglich sein sollte, müßte ein heuristisches Vorgehen eingeschlagen werden, wie beispielsweise eine auf einen späteren Zeitpunkt verschobene Prüfung für Frames, die von der Position in der Konzepthierarchie, an der eine Neuberechnung auslösende Änderung stattfindet, weiter entfernt sind. Die Alternative eines Verzichts auf Ausdruckskraft von FRM, die eine polynomiale Behandlung der Spezialisierungsberechnung garantieren würde (falls sie in der jetizgen Form tatsächlich NP-vollständig sein sollte), erscheint nicht wünschenswert, denn das geringere Übel wäre in jedem Fall, einige Spezialisierungsbeziehungen, die zudem nicht im momentanen Aktivitätszentrum einer Wissensbasis liegen, nicht zu identifizieren. Eine Nachberechnung kann immer noch bei späterem Bedarf erfolgen (eine entsprechende Markierung der noch nicht überprüften Wissensbasisausschnitte vorausgesetzt). Auch der in PATEL-SCHNEIDER 86 vorgeschlagene Weg, statt der Ausdruckskraft der Sprache die Stringenz des zugehörigen Inferenzalgorithmus aufzuweichen, erscheint höchst unbefriedigend, da die Semantik mancher Ergebnisse eines solchen Algorithmus nichtssagend ist (was bedeutet es, wenn zwischen zwei Konzeptklassen sowohl eine Spezialisierungsbeziehung besteht, als auch keine besteht?).

In den folgenden Abschnitten werden parallel zu den drei Stufen der Frame-Typ-Hierarchie von FRM drei verschiedene Typen von Spezialisierungsrelationen eingeführt. Jede Relation wird durch ein Prädikat spezifiziert, das genau dann erfüllt ist, wenn zwischen den als Argumente gegebenen Frames eine Beziehung des entsprechenden Typs existiert.

3.3.1 Spezialisierung zwischen Prototypen

3.3.1.1 Grundmechanismus

Die Spezialisierungsrelation zwischen Prototyp-Frames wird **Is-a-Relation** genannt und steht für eine Spezialisierung von Konzeptklassen (im Datenbankbereich 'generalization', vgl. MYLOPOULOS/LEVESQUE 84). Ein Prototyp wird Unterbegriff eines anderen, wenn er in seiner Struktur spezifischer ist. Dazu sieht die Is-a-Relation verschiedene Kriterien vor. So erzeugt das Hinzufügen eines Slots zu einem Prototypen einen Unterbegriff von ihm (vgl. Bsp.18).

Beispiel 18:

Das Hinzufügen eines Slots erzeugt einen Unterbegriff:

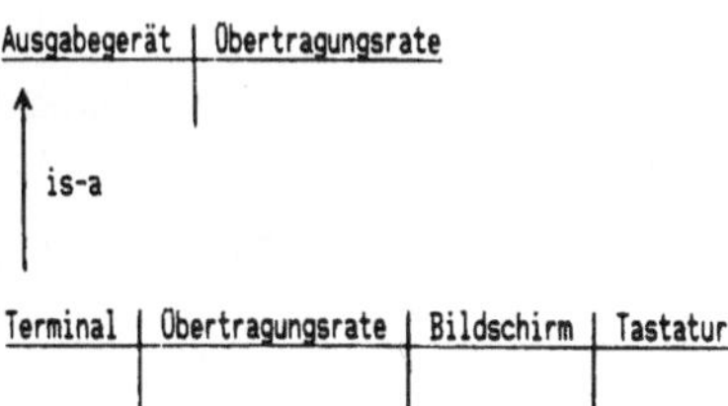

Weiterhin entsteht durch eine Restriktion der Menge erlaubter Slot-Einträge ebenfalls ein spezifischerer Prototyp. Dies erfolgt für terminale Slots explizit (vgl. Bsp.19). Die Menge erlaubter Einträge kann aber auch implizit eingeschränkt werden, indem ein non-terminaler Slot ersetzt wird durch einen anderen, der namensgleich zu einem Unterbegriff des vorher referenzierten Frames ist. Damit wird eine Spezialisierung induziert durch Bezugnahme auf eine andere, in der Wissensbasis schon existierende Spezialisierung (vgl. Bsp.20; vgl. auch Exkurs in Kap.3.5). Die Slot-Spezialisierung entspricht der 'RoleSet Differentiation' in KL-ONE (BRACHMAN/SCHMOLZE 85).

Beispiel 19:

Die Restriktion der erlaubten Einträge eines terminalen Slots bewirkt eine Spezialisierung:

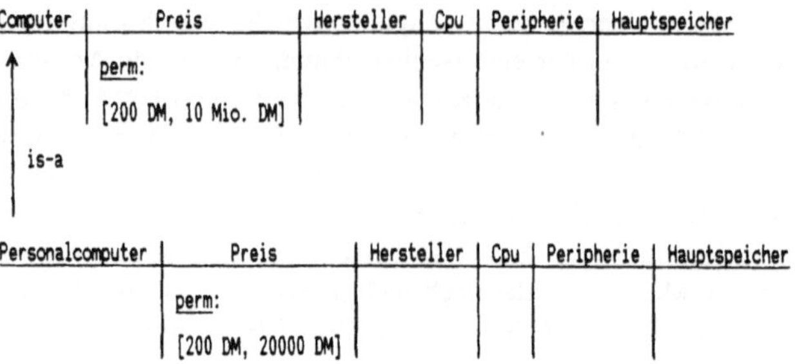

Beispiel 20:

Die Spezialisierung eines non-terminalen Slots erzeugt ebenfalls einen Unterbegriff:

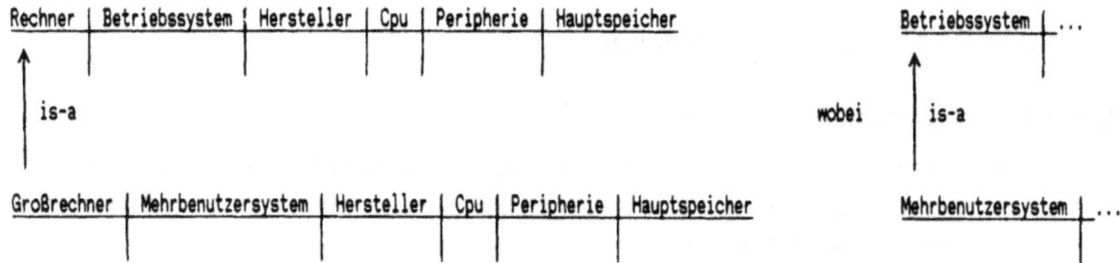

Beispiel 21:

Bezieht sich ein Slot auf einen Frame, der mehr als einen Oberbegriff besitzt, kann ein Frame, der diesen Slot aufweist, einen Slot weniger als einer seiner Oberbegriffe besitzen:

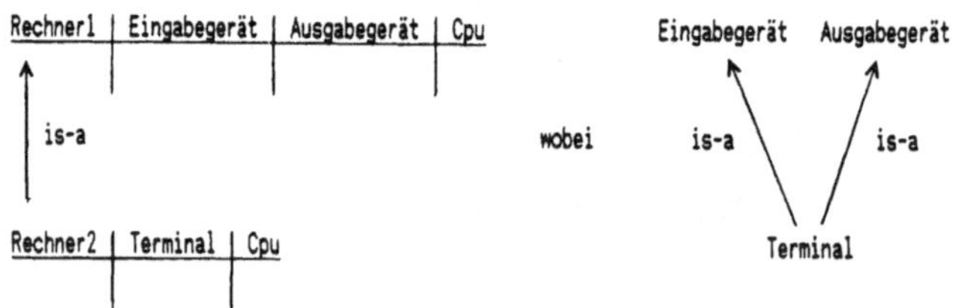

Mehrere der oben aufgezählten Bedingungen können an einer Spezialisierung beteiligt sein, mindestens eine ist jedoch erforderlich. Bis auf die stattfindende Spezialisierung gleicht der Unterbegriff dem Oberbegriff, d.h. alle gleichbleibenden Slots werden vom Oberbegriff zum Unterbegriff vererbt. Der **Vererbungsmechanismus** ist damit explizit, d.h. für jeden Frame sind alle ererbten Strukturen explizit Teil seiner Beschreibung (eine Implementierung kann hier natürlich anders vorgehen).

Zusammenfassend läßt sich für die Is-a-Spezialisierung feststellen, daß ein Unterbegriff von den möglichen Eigenschaften des Oberbegriffs nur einen Teil zuläßt und/oder völlig neue Klassen von Eigenschaften einführt. Durch beide Maßnahmen wird die Extension des spezifischeren Prototypen kleiner als die des allgemeineren und es entsteht eine Teilmengenbeziehung zwischen ihnen. Die (vorläufige) formale Definition von Is-a, die die bisher diskutierten Kriterien zusammenfaßt, sieht folgendermaßen aus[24] (für eine Wissensbasis kb und $f, f' \in \text{dom } kb$):

$$is\text{-}a(kb, f, f') :\Leftrightarrow is\text{-}prototype(kb, f) \wedge is\text{-}prototype(kb, f') \wedge \qquad \text{(R1)}$$
$$\wedge \forall s' \in \text{dom } kb(f') : \exists s \in \text{dom } kb(f) : \qquad 2$$
$$(s = s' \vee is\text{-}nonterminal(kb, s) \wedge is\text{-}nonterminal(kb, s') \wedge e\text{-}is\text{-}a(kb, s, s')) \wedge \qquad 3$$
$$\wedge \forall s \in \text{dom } kb(f) \cap \text{dom } kb(f') : kb(f)(s)(\text{perm}) \subseteq kb(f')(s)(\text{perm}) \wedge \qquad 4$$
$$\wedge \exists s \in \text{dom } kb(f) : (s \notin \text{dom } kb(f') \vee s \in \text{dom } kb(f') \wedge kb(f)(s)(\text{perm}) \subset kb(f')(s)(\text{perm})) \qquad 5$$

Anmerkungen zur Definition:

Zeile 1: Is-a ist nur zwischen Prototypen definiert.

Zeile 2-3: Der Unterbegriff erbt alle Slots des Oberbegriffs. Non-terminale Slots können dabei spezialisiert werden.

Zeile 4: Die Slots, die sowohl beim Ober- als auch beim Unterbegriff auftreten, weisen beim Unterbegriff höchstens die gleichen erlaubten Einträge auf.

Zeile 5: Es muß für den Unterbegriff ein Slot existieren, der entweder beim Oberbegriff nicht vorhanden ist oder dessen erlaubten Einträge eine echte Teilmenge der des gleichnamigen Slots beim Oberbegriff sind.

Die Is-a-Relation ist irreflexiv, antisymmetrisch und transitiv (siehe Anhang). Im Gegensatz zu weniger stringenten Definitionen in anderen Repräsentationssprachen (siehe Diskussion oben) müssen diese Eigenschaften nicht explizit gesetzt werden, sondern leiten sich aus der Definition von is-a ab! Zu bemerken ist auch, daß die Is-a-Beziehung **Multi-Hierarchien** zuläßt. Konflikte durch widersprüchliche, von verschiedenen Oberbegriffen ererbte Eigenschaften können nicht entstehen, da die Bedingungen an eine Is-a-Spezialisierung notwendig und hinreichend formuliert wurden.

3.3.1.2 Erweiterung und Diskussion von Randfällen

Mit Definition (R1) sind die Grundzüge der Is-a-Spezialisierung festgelegt. Es sind jedoch noch einige Erweiterungen um verschiedene Nebenbedingungen erforderlich. Eine dieser Bedingungen verlangt, daß obligate oder einwertige Slots, die vom Oberbegriff – eventuell in spezialisierter Form – übernommen werden, obligat bzw. einwertig bleiben. Dies bedeutet eine **Typ-Vererbung**. Ein klassifikatorischer oder mehrwertiger Slot, der non-terminal ist, kann dagegen durch Spezialisierung beim Unterbegriff obligat bzw. einwertig werden (vgl. Bsp.22). Damit unterstützt die Konzeptspezialisierung von FRM auch eine **Typ-Spezialisierung** (siehe auch die Diskussion klassifikatorischer Slots mit nur einem Eintrag in Kap.3.3.2). Die Notwendigkeit zur Typ-Vererbung und die Möglichkeit zur Typ-Spezialisierung werden durch die folgende Bedingung formal gefaßt:[25]

---

[24] $is\text{-}a(kb, f, f')$ bedeutet, daß f Unterbegriff von f' ist, bzw. daß eine Is-a-Kante von f nach f' geht. Das benutzte Prädikat $e\text{-}is\text{-}a(kb, f, f')$ steht für eine Spezialisierung beliebigen Typs (wobei f Unterbegriff von f' ist) und wird in Abschnitt 3.3.4 eingeführt.

[25] Die Typ-Spezialisierung könnte auch zu einem hinreichenden Kriterium der Konzeptspezialisierung ausgebaut werden. Beispielsweise induziert in KL-ONE und in den KL-ONE-ähnlichen Sprachen eine Restriktion der möglichen Anzahl an Slot-Einträgen eine Spezialisierung (vgl. stellvertretend BRACHMAN/SCHMOLZE 85).

$$\begin{aligned} &is\text{-}a(kb, f, f') \Rightarrow \forall s \in \text{dom } kb(f): \\ &\quad ((s \in \text{dom } kb(f') \Rightarrow \\ &\quad\quad \Rightarrow \forall p \in \{\text{is-obl}, \text{is-singleton}\} : (p(kb, f', s) \Rightarrow p(kb, f, s)))\wedge \\ &\quad \wedge ((is\text{-}nonterminal(kb, s) \wedge \exists s' \in \text{dom } kb(f') : e\text{-}is\text{-}a(kb, s, s')) \Rightarrow \\ &\quad\quad \Rightarrow \forall p \in \{\text{is-obl}, \text{is-singleton}\} : (p(kb, f', s') \Rightarrow p(kb, f, s)))) \end{aligned} \tag{R1.1}$$

Beispiel 22:

Ein bestimmter Typ von Kleinstrechner könnte als einzigen Peripherie-Anschluß einen Bildschirm zulassen, der darüber hinaus (für die Bedienung des Rechners) obligat ist. Die Spezialisierung des Peripherie-Slots auf den Slot 'Bildschirm' ist deshalb von einer Typänderung begleitet:[26]

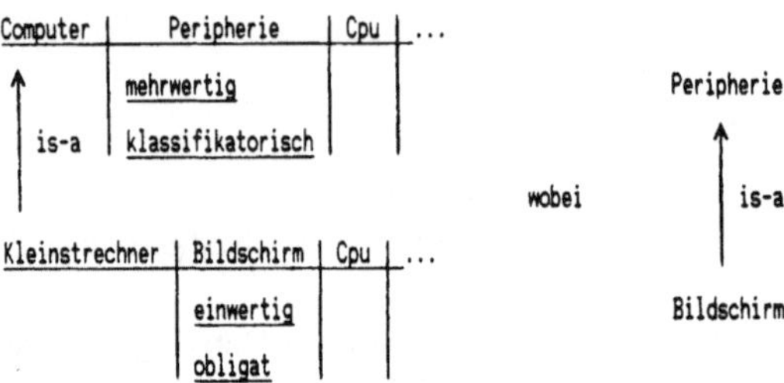

Die bisherige Definition von is-a läßt noch unerwünschte Spezialisierungen zu. Das folgende Beispiel zeigt einen solchen Fall.

Beispiel 23:

Der einzige Unterschied zwischen den folgenden drei Rechner-Frames besteht darin, daß der Slot 'Schnittstelle' einmal direkt modelliert ist und die anderen Male vollständig(!) in seine Unterbegriffe aufgegliedert ist (vgl. das Konstrukt der hierarchischen Slots in Kap.4.1.4). Die Menge möglicher Einträge bleibt dabei (im wesentlichen) unverändert, so daß keiner der Frames als Spezialisierung eines der anderen betrachtet werden kann. Dagegen würde beispielsweise der Frame 'Rechner2' Unterbegriff der beiden übrigen sein, wenn er den Slot 'serielle Schnittstelle' nicht besäße, denn dadurch wäre die Menge der erlaubten Einträge eingeschränkt.

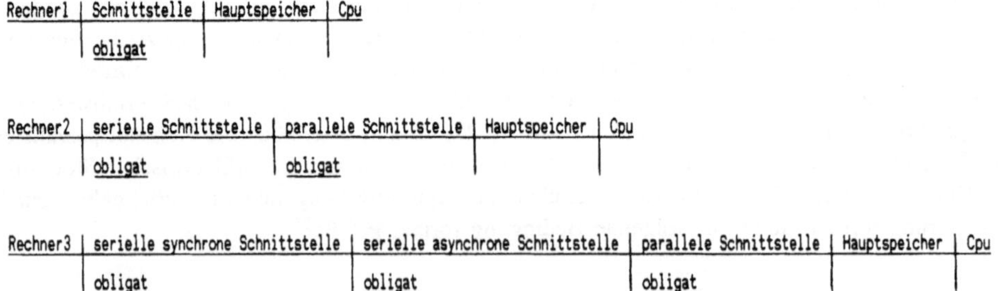

Der folgende Ausschnitt der Konzepthierarchie liegt dabei zugrunde:

---

26 Hier und in folgenden Beispielen sind Frames nicht immer in ihrer Slot-Struktur, sondern manchmal nur durch ihren Namen dargestellt.

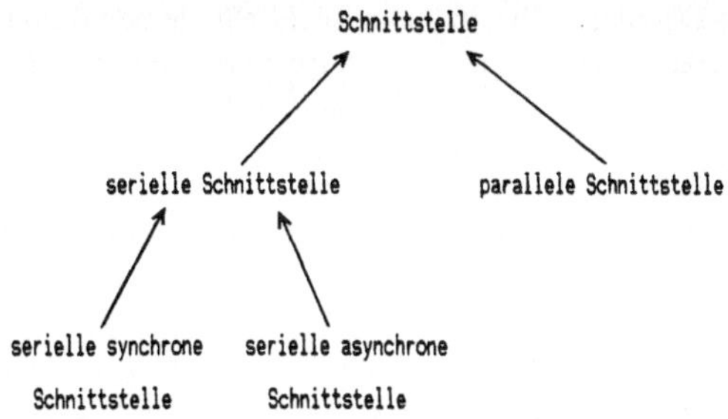

Die vollständige Auftrennung eines non-terminalen Slots in spezifischere Slots (wie in Bsp.23 dargestellt), die im folgenden **Unterslots** genannt werden (entsprechend heißt der aufgespaltene Slot **Oberslot**), bewirkt für obligate Slots keine wesentliche Änderung der für sie erlaubten Einträge. Lediglich Referenz-Frames, die direkt dem von dem aufgespaltenen Slot referenzierten Frame zugeordnet sind, können nicht länger als Eintrag zugewiesen werden (vgl. Bsp.24). Das ist als Nachteil zu werten, denn die Existenz von Referenz-Frames, die zu einem weiter oben in der Hierarchie stehenden Frame gehören, stellt einen Fall von unvollständigem Wissen bezüglich der genauen Klassenzugehörigkeit der durch sie repräsentierten individuellen Konzepte dar.[27] Solche Referenz-Frames übernehmen folglich eine sinnvolle Aufgabe und sollten deshalb als Slot-Einträge anderen Frames zuzuordnen sein. Die durch den Wegfall solcher Referenz-Frames entstehende Einschränkung erlaubter Einträge als Spezialisierungskriterium heranzuziehen, kommt wegen ihres Stellenwerts als unvollständiges Wissen deshalb klarerweise nicht in Betracht.

Der in Beispiel 23 dargestellte Frame 'Rechner2' wäre allerdings aus einem ganz anderen Grund spezifischer als der Frame 'Rechner1' (und 'Rechner3' spezifischer als 'Rechner2' und 'Rechner1'). Da aufgrund von (F3) ein Slot bei einem Referenz-Frame nicht leer sein darf (außer es liegt unvollständiges Wissen vor), bedeutet jede Hinzunahme eines Slots für einen Prototypen eine Forderung nach der Existenz eines weiteren Slot-Eintrags bei den zugehörigen Referenz-Frames. So besitzen in Beispiel 23 die Individuen, die zu der durch 'Rechner2' beschriebenen Konzeptklasse gehören, eine serielle Schnittstelle *und* eine parallele Schnittstelle, während die Individuen, die zu der durch 'Rechner1' beschriebenen Konzeptklasse gehören, nur mindestens eine (beliebige) Schnittstelle besitzen müssen. Eine solche Modellierung verwendet Prototyp-Frames, um indirekt Einträge eines bestimmten Typs bei den zugehörigen Referenz-Frames zu verlangen. Das ist aber nicht die Modellierungsaufgabe von Prototypen, die auf die Festlegung möglicher Eigenschaften von Konzepten ausgerichtet sind, sondern die Aufgabe von Instanz-Frames. Mit ihrer Hilfe ist eine Spezialisierung, wie sie in Beispiel 23 vorliegt, sehr viel eleganter, überschaubarer und ohne ein unnötiges Slot-Wachstum durchzuführen (vgl. Bsp.25). Es läßt sich somit zusammenfassend feststellen, daß die Aufspaltung eines non-terminalen Slots in Unterslots in keinem Fall angebracht und wünschenswert ist. Die folgende Integritätsbedingung (F5) verbietet deshalb die Modellierung von Frames, die zu allen Unterbegriffen eines anderen Frames namensgleiche non-terminale Slots besitzen. Die korrekte Modellierung müßte statt dieser vielen Slots einen gemeinsamen Oberslot vorsehen und gegebenenfalls die Forderung nach der Existenz von Slot-Einträgen bestimmten Typs bei zugehörigen Referenz-Frames durch Bereitstellung entsprechender Instanz-Frames realisieren (vgl. Bsp.25). Erlaubt bleibt die Modellierung eines Frames, der zwar mehrere Slots mit

[27] Vollständiges Wissen über die Klassenzugehörigkeit eines individuellen Konzepts besteht immer dann, wenn der ihn repräsentierende Referenz-Frame einer Konzeptklasse zugeordnet ist, für die es keine spezifischere Konzeptklasse mehr gibt. In jedem Fall kann sich jedoch das Problem ergeben, Referenz-Frames eines Prototyp- oder Instanz-Frames, der weiter oben in der Konzepthierarchie steht (z.B. ein Referenz-Frame der Konzeptklasse 'Hardware'), als Eintrag einem Frame zuzuweisen, der eine Slotstruktur besitzt, die zu spezifisch dafür ist. Zur Darstellung dieses Typs unvollständigen Wissens müssen in einer Erweiterung von FRM deshalb zusätzliche Vorkehrungen getroffen werden.

einem gemeinsamen, direkten Oberbegriff besitzt, aber nicht alle dessen direkten Unterbegriffe als Slots aufweist und damit eine Restriktion der erlaubten Einträge vornimmt (vgl. Bsp.26).

$$\forall f \in \operatorname{dom} kb : \neg\exists f' \in \operatorname{dom} kb : \qquad \text{(F5)}$$
$$\big(\mathit{dir\text{-}subord}\,(kb, f') \subseteq \operatorname{dom} kb(f) \wedge \forall s \in \mathit{dir\text{-}subord}\,(kb, f') : \mathit{is\text{-}obl}\,(kb, f, s)\big)$$

wobei

$$\mathit{dir\text{-}subord}\,(kb, f) := \{f' \mid \mathit{e\text{-}is\text{-}a}\,(kb, f', f) \wedge$$
$$\wedge \neg\exists f'' \in \operatorname{dom} kb : (\mathit{e\text{-}is\text{-}a}\,(kb, f', f'') \wedge \mathit{e\text{-}is\text{-}a}\,(kb, f'', f))\}$$

und wobei $e\text{-}is\text{-}a(kb, f, f')$ bedeutet, daß f Unterbegriff von f' ist (siehe Kap.3.3.4). Zu bemerken ist, daß eine Aufteilung in Unterslots durch (F5) nicht ausgeschlossen wird, wenn mindestens einer der Unterslots klassifikatorisch ist. Die (u.U. sogar vollständige) Aufsplittung eines klassifikatorischen Slots in seine Unterslots muß zugelassen werden, da es für klassifikatorische Slots nicht gleich ist, ob eine Menge von Einträgen auf einen oder mehrere Slots verteilt ist – anders als bei obligaten Slots. Ein Referenz-Frame, der ein zugehöriges Individuum beschreibt, braucht nur mindestens einen von vielen Einträgen eines klassifikatorischen Slots aufzuweisen (vgl. (S8)), so daß es weniger Möglichkeiten gibt, Einträge aus zwei klassifikatorischen Slots wegzulassen als für einen gemeinsamen Slot, der insgesamt die gleichen Einträge aufweist (vgl. Bsp.7 in Kap.3.1.2 sowie Bsp.27, unten). Folglich muß die Aufspaltung eines klassifikatorischen Slots auf Prototyp-Ebene möglich sein, damit Instanz-Frames, die eine solche Verteilung von Slot-Einträgen realisieren, überhaupt vorgesehen werden können (zu einem Instanz-Frame muß es nach (F2) einen strukturgleichen Prototypen geben!).

Beispiel 24:

Die Modellierung zweier Slots 'serielle Schnittstelle' und 'parallele Schnittstelle' statt eines Slots 'Schnittstelle' schließt die Möglichkeit der Zuweisung von Referenz-Frames, die ausschließlich zum Frame 'Schnittstelle' gehören, als Slot-Einträge aus und wird deshalb durch (F5) verboten:

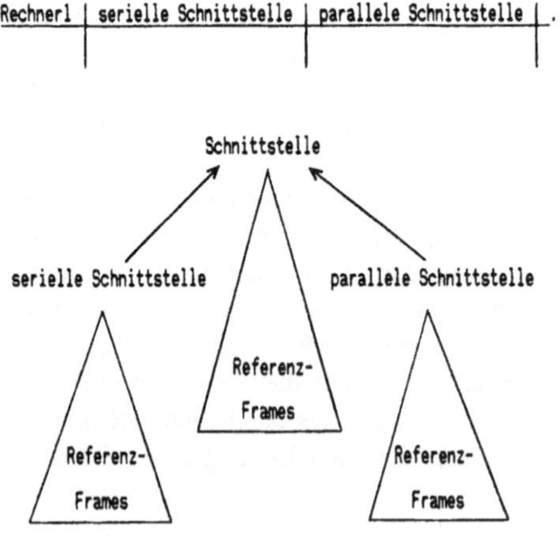

Beispiel 25:

Die folgenden Frames weisen nach (F5) eine unzulässige Slot-Struktur auf:

Rechner1	serielle Schnittstelle	parallele Schnittstelle	Hauptspeicher	Cpu
	obligat	obligat		

Rechner2	serielle synchrone Schnittstelle	serielle asynchrone Schnittstelle	parallele Schnittstelle	Hauptspeicher	Cpu
	obligat	obligat	obligat		

wobei folgender Ausschnitt der Konzepthierarchie zugrunde liegt:

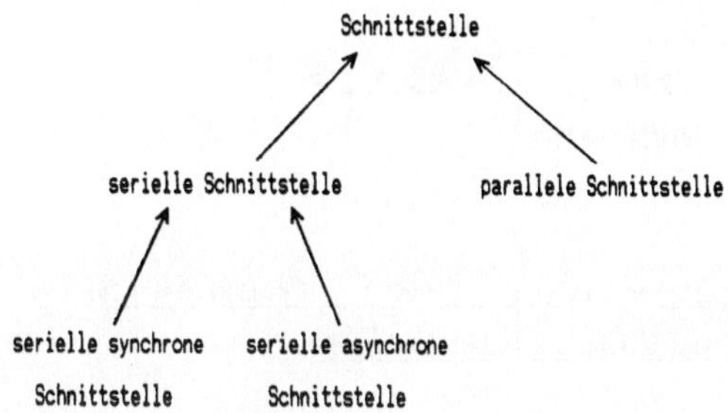

Stattdessen wäre folgender Prototyp-Frame zu modellieren sowie die Instanz-Frames 'Rechner1' und 'Rechner2', die das Vorhandensein von Schnittstellen bestimmten Typs direkt beschreiben, ohne daß weitere Slots eingeführt werden müssen:

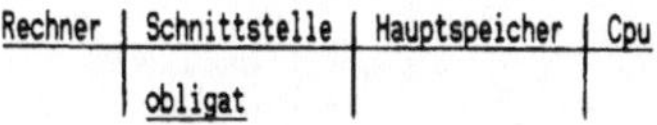

Rechner	Schnittstelle	Hauptspeicher	Cpu
	obligat		

Rechner1	Schnittstelle	Hauptspeicher	Cpu
	obligat serielle Schnittstelle parallele Schnittstelle		

Rechner2	Schnittstelle	Hauptspeicher	Cpu
	obligat serielle synchrone Schnittstelle serielle asynchrone Schnittstelle parallele Schnittstelle		

Beispiel 26:

Erlaubt ist die Modellierung des folgenden Frames, weil er nicht alle Unterbegriffe des Frames 'Schnittstelle' (siehe Bsp.25) in seiner Slot-Struktur erfaßt und Schnittstellen des Typs 'seriell und synchron' für diesen Rechnertyp ausschließt. Ein solcher Ausschluß ist mit Hilfe eines Instanz-Frames nicht zu erzielen:

Rechner1	serielle asynchrone Schnittstelle	parallele Schnittstelle	Hauptspeicher	Cpu
	obligat	obligat		

Beispiel 27:

Die Aufspaltung eines non-terminalen, klassifikatorischen Slots wird durch (F5) nicht ausgeschlossen und bewirkt eine Spezialisierung, weil dadurch ein Individuum, das zum spezielleren Prototypen gehört, mehr Einträge besitzen muß als eines, welches zum allgemeineren Prototypen gehört:

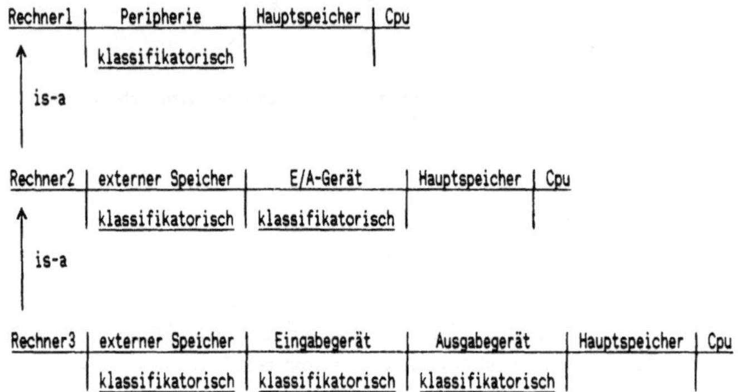

wobei folgender Ausschnitt der Konzepthierarchie zugrunde liegt:

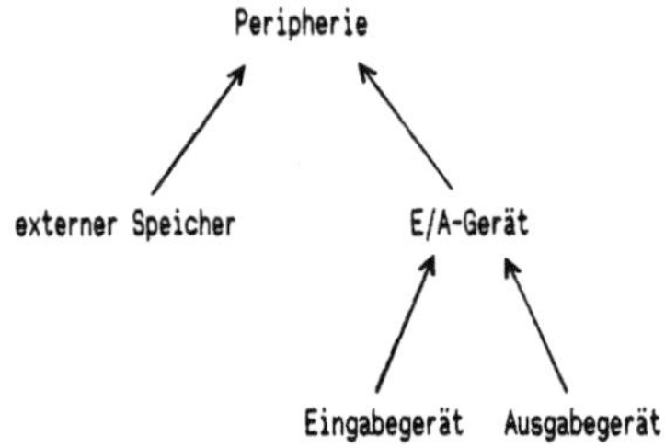

Insbesondere ist die Aufspaltung Voraussetzung für die Modellierung von Instanz-Frames, die in den klassifikatorischen Slots zwar Alternativen vorsehen, aber nicht die Existenz von Individuen zulassen, die nur eines der insgesamt durch die Slot-Einträge spezifizierten Peripherie-Geräte besitzen, wie das bei der Beschreibung aller Alternativen durch Slot-Einträge in dem einen klassifikatorischen Slot 'Peripherie' der Fall wäre. So verlangt z.B. die Instanz 'Rechner21' mindestens die Existenz eines der angegebenen externen Speicher *und* eines der angegebenen E/A-Geräte für ein zugehöriges Individuum:

Rechner21	externer Speicher	E/A-Gerät	Hauptspeicher	Cpu
	klassifikatorisch	klassifikatorisch		
	Festplattenlaufwerk	Scanner		
	Diskettenlaufwerk	Laser-Drucker		
		Plotter		

Eine weitere Klasse von pathologischen Modellierungen, die ebenfalls mit der bisherigen Is-a-Definition noch fälschlicherweise Spezialisierungen induzieren würden, wird im nächsten Beispiel vorgestellt.

Beispiel 28:

Zwischen den folgenden beiden Prototypen würde eine Spezialisierungsbeziehung bestehen, da durch den zusätzlichen Slot für 'Rechner2' eine parallele Schnittstelle gefordert wird. Dies ist für 'Rechner1' nicht der Fall:

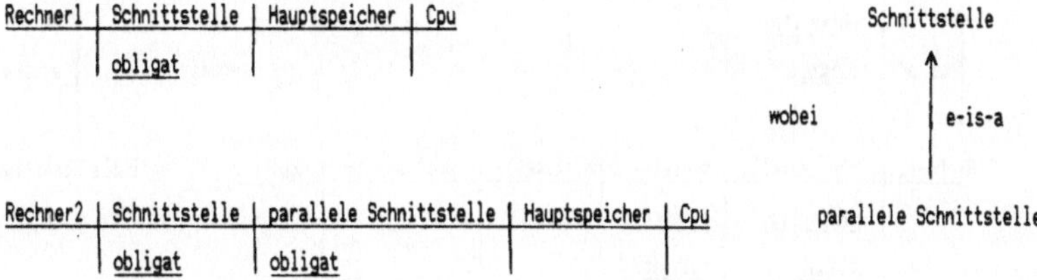

Die durch 'Rechner2' zusätzlich gegebene Bedingung, daß ein Individuum der zugehörigen Konzeptklasse eine parallele Schnittstelle besitzt, ist jedoch besser durch eine Instanz dargestellt (vgl. auch Bsp.25 und die zugehörige Diskussion):

Rechner2	Schnittstelle	Hauptspeicher	Cpu
	obligat		
	parallele Schnittstelle		

Die Modellierung eines Slots, der eine Spezialisierung eines anderen Slots des gleichen Frames ist, soll nur dann zulässig sein, wenn für einen Teilbereich des allgemeineren Slots eine Einschränkung zu setzen ist. So kann der speziellere Slot einwertig sein, während der allgemeinere mehrwertig ist (vgl. Bsp.29) oder er kann obligat sein, während der allgemeinere Slot klassifikatorisch ist (vgl. Bsp.30). In beiden Fällen gibt es keine Überschneidung mit den Modellierungsmöglichkeiten des Konstrukts der Instanz-Frames (vgl. die Diskussion zu (F5)). Alle anderen Kombinationen werden durch (F6) ausgeschlossen, da sie nicht sinnvoll sind und die durch sie intendierten Spezialisierungen besser durch die Bereitstellung eines geeigneten Instanz-Frames erzielt werden können.

$$\begin{aligned} &\forall f \in \operatorname{dom} kb : \forall s, s' \in \operatorname{dom} kb(f) : \\ &\quad (\textit{e-is-a}\,(kb, s, s') \Rightarrow (\textit{is-obl}\,(kb, f, s) \wedge \textit{is-classif}\,(kb, f, s') \vee \\ &\qquad \vee\, \textit{is-singleton}\,(kb, f, s) \wedge \neg \textit{is-singleton}(kb, f, s'))) \end{aligned} \tag{F6}$$

Die Hinzunahme eines Slots, der spezieller als ein anderer Slot des gleichen Frames ist (und nach (F6) erlaubt bleibt), bedeutet in jedem Fall eine Spezialisierung, da die Menge der für ein zugehöriges Individuum verlangten Eigenschaften erweitert wird (vgl. Bsp.29, Bsp.30). Spezialisierungen solcher Art sind nur auf der Ebene von Prototyp-Frames zu erreichen und können insbesondere nicht mehr für Instanz-Frames vorgenommen werden, da dort die vom zugehörigen Prototypen ererbten Slot-Typen nicht mehr modifiziert werden können (siehe Kap.3.3.2).

Beispiel 29:

Der Frame 'Rechner2' ist nach (F6) eine zulässige Modellierung und es besteht die dargestellte Spezialisierung, da die Elemente der durch 'Rechner2' beschriebenen Konzeptklasse in jedem Fall eine serielle Schnittstelle besitzen, was für die durch 'Rechner1' beschriebene Klasse nicht zutrifft. Wegen der Einwertigkeit des Slots 'serielle Schnittstelle' ist die durch 'Rechner2' definierte Konzeptklasse nicht durch einen Instanz-Frame darzustellen, da zum einen eine solche Einschränkung für einen Instanz-Frame nicht mehr eingeführt werden kann und zum anderen sich die Einwertigkeit nur auf einen Slot und nicht auf einen Eintrag innerhalb eines Slots beziehen kann.

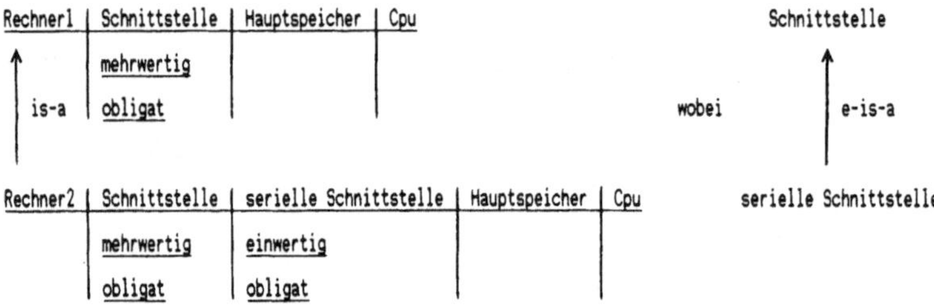

Beispiel 30:

Zwischen den folgenden beiden Frames besteht eine Is-a-Beziehung. Der zusätzliche Slot 'Tastatur' des Frames 'Personalcomputer' ist obligater Unterslot zu einem klassifikatorischen Slot und deshalb nach (F6) zugelassen.

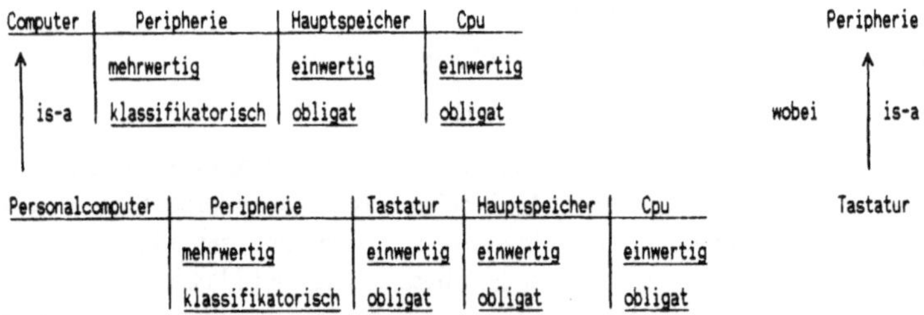

Da das in der Is-a-Definition benutzte Prädikat $e\text{-}is\text{-}a'$ auf die Is-a-Relation zurückgreift, ist (R1) eine rekursive Definition. Für bestimmte Wissensbasisstrukturen kann somit die Auswertung des Is-a-Prädikats zu einer unendlichen Rekursion führen (vgl. Bsp.31). Anders als die zyklischen Strukturen, die im Zusammenhang mit der Definition von Referenz-Frames diskutiert wurden (vgl. Kap.3.2.3), erscheint die Basierung mehrerer Is-a-Beziehungen durch ausschließlich gegenseitigen Bezug aufeinander als nicht sinnvoll und nicht notwendig und wird deshalb nicht zugelassen. Zyklische Spezialisierungsbeziehungen sind jedoch durchaus möglich, solange es ein Spezialisierungskriterium gibt, das nicht Teil der zyklischen Struktur ist (vgl. ebenfalls Bsp.31). Auf die gleiche Weise wie das bei der Definition von $is\text{-}ref$ (vgl. (F3)) geschehen ist, wird auch für das Is-a-Prädikat sichergestellt, daß es total ist, d.h. für alle

Argumentbelegungen definiert ist, selbst wenn dabei zyklische Beziehung auftreten. Dazu wird zunächst ein Hilfsprädikat $is\text{-}a'$ eingeführt (die Definition des dazu benutzten Prädikats $e\text{-}is\text{-}a'$ findet sich in Kap.3.3.4 und $no\_cycle_{is\text{-}a}$ ist anschließend definiert):

$$is\text{-}a'(kb, f, f', R) :\Leftrightarrow \langle f, f' \rangle \in R \vee is\text{-}prototype(kb, f) \wedge is\text{-}prototype(kb, f') \wedge \tag{R1'}$$

$$\wedge \forall s' \in \text{dom } kb(f') : \exists s \in \text{dom } kb(f) : \tag{2}$$

$$(s = s' \vee is\text{-}nonterminal(kb, s) \wedge is\text{-}nonterminal(kb, s') \wedge e\text{-}is\text{-}a'(kb, s, s', R \cup \{\langle f, f' \rangle\})) \wedge \tag{3}$$

$$\wedge \forall s \in \text{dom } kb(f) \cap \text{dom } kb(f') : kb(f)(s)(\text{perm}) \subseteq kb(f')(s)(\text{perm}) \wedge \tag{4}$$

$$\wedge \exists s \in \text{dom } kb(f) : (s \notin \text{dom } kb(f') \wedge (no\_cycle_{is\text{-}a}(kb, f, f', s, \{\langle f, f' \rangle\}) \vee R \neq \emptyset) \vee \tag{5}$$

$$\vee\ s \in \text{dom } kb(f') \wedge kb(f)(s)(\text{perm}) \subset kb(f')(s)(\text{perm})) \wedge \tag{6}$$

$$\wedge \forall s \in \text{dom } kb(f) : \tag{7}$$

$$((s \in \text{dom } kb(f') \Rightarrow \tag{8}$$

$$\Rightarrow \forall p \in \{\text{is-obl}, \text{is-singleton}\} : (p(kb, f', s) \Rightarrow p(kb, f, s))) \wedge \tag{9}$$

$$\wedge ((is\text{-}nonterminal(kb, s) \wedge \exists s' \in \text{dom } kb(f') : e\text{-}is\text{-}a'(kb, s, s', R \cup \{\langle f, f' \rangle\})) \Rightarrow \tag{10}$$

$$\Rightarrow \forall p \in \{\text{is-obl}, \text{is-singleton}\} : (p(kb, f', s') \Rightarrow p(kb, f, s)))) \tag{11}$$

Anmerkungen zur Definition:

Zeile 1: Um eine lediglich partielle Definition des Prädikats $is\text{-}a'$ aufgrund eines möglichen Auftretens unendlicher Rekursion durch eine zyklische Spezialisierungsbeziehung zu vermeiden, wird beim ersten Auftreten eines Zyklus $is\text{-}a'$ zu wahr ausgewertet. Zyklische Spezialisierungsstrukturen sind somit zugelassen.

Zeile 3, 10: Zur Erkennung von Zyklen wird die aktuelle Argumentbelegung von $is\text{-}a'$ an $e\text{-}is\text{-}a'$ als $\langle f, f' \rangle$ weitergegeben, da dieses auf $is\text{-}a'$ zurückgreift.

Zeile 5: Eine Spezialisierung darf sich nicht ausschließlich auf zyklische Spezialisierungsbeziehungen stützen (vgl. Bsp.31), sondern es muß in der zyklischen Struktur irgendwo ein explizites Spezialisierungskriterium geben, das nicht Teil dieser zyklischen Struktur ist (vgl. ebenfalls Bsp.31). Diese Bedingung wird durch das unten angegebene Prädikat $no\_cycle_{is\text{-}a}$ formuliert und braucht nur auf der obersten Rekursionsstufe von $is\text{-}a'$ (also $R = \emptyset$) herangezogen werden.

Das in der Definition (R1′) verwendete Prädikat $no\_cycle_{is\text{-}a}(kb, f, f', s, R)$ stellt für eine Wissensbasis kb sicher, daß entweder ein Spezialisierungskriterium auf der Basis eines terminalen Slots existiert oder daß ein zusätzlicher non-terminaler Slot, der in keiner Spezialisierungsbeziehung zu einem der Slots des Oberbegriffs steht, vorhanden ist. In beiden Fällen kann das Spezialisierungskriterium nicht Teil eines Zyklus sein. Liegt dagegen eine Slot-Spezialisierung als Spezialisierungskriterium vor, dann muß durch weitere Bedingungen sichergestellt werden, daß sie nicht an einem Zyklus beteiligt ist. Dazu werden im Falle einer Is-a-Spezialisierung zwischen einem Slot des Oberbegriffs und einem Slot des Unterbegriffs die in den Zeilen 5 und 6 von (R1′) formulierten Bedingungen für die den beiden Slots namensgleichen Frames geprüft. Im Falle einer Inst-Spezialisierung werden die in den Zeilen 6 bis 11 von (R2) formulierten Bedingungen (siehe Kap.3.3.2) getestet, es sei denn, es erfolgt eine Inst-Spezialisierung eines Prototypen. In diesem Fall muß sichergestellt werden, daß es beim Unterbegriff nicht nur solche Einträge in non-terminalen Slots gibt, deren Spezialisierungsbeziehung zu dem jeweiligen Slot einen Zyklus verursachen würde. Eine Ref-Spezialisierung (siehe Kap.3.3.3) braucht nicht berücksichtigt zu werden, da ein Slot nie namensgleich zu einem Referenz-Frame sein kann (vgl. (S14) in Kap.3.3.3). Durch Mitführen aller in früheren Rekursionsstufen schon zu testender Spezialisierungsbeziehungen im letzten Argument von $no\_cycle_{is\text{-}a}$ (bzw. no_cycle_{inst1} und no_cycle_{inst2}: siehe Kap.3.3.2) kann das Auftreten eines Zyklus festgestellt werden. Das Prädikat $no\_cycle_{is\text{-}a}$ fällt etwas umfänglich aus, da

Teile der Is-a- bzw. Inst-Definition wiederholt werden müssen – die grundlegende Idee ist jedoch recht einfach. Die im folgenden benutzten Prädikate no_cycle_{inst1} und no_cycle_{inst2} werden in Kapitel 3.3.2 definiert.

$$
\begin{array}{lr}
no\_cycle_{is\text{-}a}(kb,f,f',s,R) :\Leftrightarrow & \\
\quad is\text{-}terminal(kb,f,s)\vee & 2 \\
\quad \vee\neg\exists s' \in \mathrm{dom}\ kb(f') : e\text{-}is\text{-}a'(kb,s,s',R)\vee & 3 \\
\quad \vee\exists s' \in \mathrm{dom}\ kb(f') : & 4 \\
\qquad (\langle s,s'\rangle \notin R\wedge & 5 \\
\qquad\quad \wedge is\text{-}a'(kb,s,s',R)\wedge & 6 \\
\qquad\quad \wedge\exists\overline{s} \in \mathrm{dom}\ kb(s) : & 7 \\
\qquad\qquad (\overline{s} \notin \mathrm{dom}\ kb(s') \wedge no\_cycle_{is\text{-}a}(kb,s,s',\overline{s},R \cup \{\langle s,s'\rangle\})\vee & 8 \\
\qquad\qquad \vee\overline{s} \in \mathrm{dom}\ kb(s') \wedge kb(s)(\overline{s})(\mathrm{perm}) \subset kb(s')(\overline{s})(\mathrm{perm}))\vee & 9 \\
\qquad\quad \vee inst'(kb,s,s',R)\wedge & 10 \\
\qquad\quad \wedge(is\text{-}prototype(kb,s')\wedge & 11 \\
\qquad\qquad \wedge\exists\overline{s} \in \mathrm{dom}\ kb(s) : \exists e \in kb(s)(\overline{s})(\mathrm{act}) : (is\text{-}terminal(kb,\overline{s}) \vee \langle e,\overline{s}\rangle \notin R)\vee & 12 \\
\qquad\quad \vee\neg is\text{-}prototype(kb,s')\wedge & 13 \\
\qquad\quad \wedge\exists\overline{s} \in \mathrm{dom}\ kb(s) : & 14 \\
\qquad\qquad (is\text{-}obl(kb,s,\overline{s})\wedge & 15 \\
\qquad\qquad \wedge\exists e \in kb(s)(\overline{s})(\mathrm{act}) : (e \notin kb(s')(\overline{s})(\mathrm{act})\wedge & 16 \\
\qquad\qquad\qquad \wedge no\_cycle_{inst1}(kb,s,s',\overline{s},e,R \cup \{\langle s,s'\rangle\}))\vee & 17 \\
\qquad\qquad \vee is\text{-}classif(kb,s,\overline{s})\wedge & 18 \\
\qquad\qquad \wedge\exists e \in kb(s')(\overline{s})(\mathrm{act}) : (e \notin kb(s)(\overline{s})(\mathrm{act})\wedge & 19 \\
\qquad\qquad\qquad \wedge no\_cycle_{inst2}(kb,s,s',\overline{s},e,R \cup \{\langle s,s'\rangle\}))))) & 20
\end{array}
$$

Anmerkungen zur Definition:

Zeile 2: Ist der beim Unterbegriff, aber nicht beim Oberbegriff vorhandene Slot terminal, dann kann kein Zyklus vorliegen.

Zeile 3: Im Falle eines non-terminalen Slots liegt kein Zyklus vor, wenn der das Spezialisierungskriterium bildende Slot in keiner Ober-/Unterbegriffsbeziehung zu einem Slot beim Oberbegriff steht, somit also einfach zusätzlich ist.

Zeile 5: Die ausgewählte Slot-Spezialisierung darf in der Rekursionshierarchie noch nicht aufgetreten sein.

Zeile 6-9: Im Falle einer Is-a-Spezialisierung zwischen zwei Slots wird auf Einschränkung der Menge erlaubter Einträge geprüft, ansonsten in der Rekursion abgestiegen.

Zeile 10-20: Im Falle einer Inst-Spezialisierung zwischen zwei Slots werden die Bedingungen, die im Prädikat no_cycle_{inst} (siehe Kap.3.3.2) vorgesehen sind, abgeprüft.

Zur Verdeckung des letzten Arguments von $is\text{-}a'$, das lediglich eine Hilfsfunktion ausführt, wird dieses durch das Prädikat $is\text{-}a$ verdeckt:

$$is\text{-}a\,(kb,f,f') :\Leftrightarrow is\text{-}a'\,(kb,f,f',\emptyset) \qquad (\mathrm{R1}'')$$

Beispiel 31:

Die beiden folgenden, angedeuteten Spezialisierungen treffen nicht zu, da sie ausschließlich auf einem gegenseitigen Bezug aufeinander basieren, ohne daß einer der Frames explizit spezifischer modelliert ist.

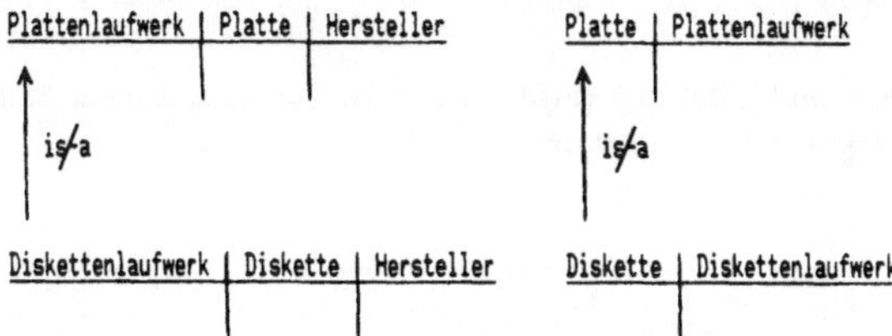

Solche, sich gegenseitig stützende Strukturen, die Zyklen über mehrere Ober-/Unterbegriffskanten sowohl auf Slot- als auch auf Slot-Eintragsebene bilden können (da in (R1′) das Prädikat *e-is-a′* verwendet wird, das die noch einzuführende Inst-Relation einschließt), werden von is-a, wie in (R1″) bzw. (R1′) definiert, nicht als Spezialisierungen zugelassen, solange nicht ein außerhalb eines Zyklus liegendes Spezialisierungskriterium vorliegt, wie in dem folgenden Beispiel:

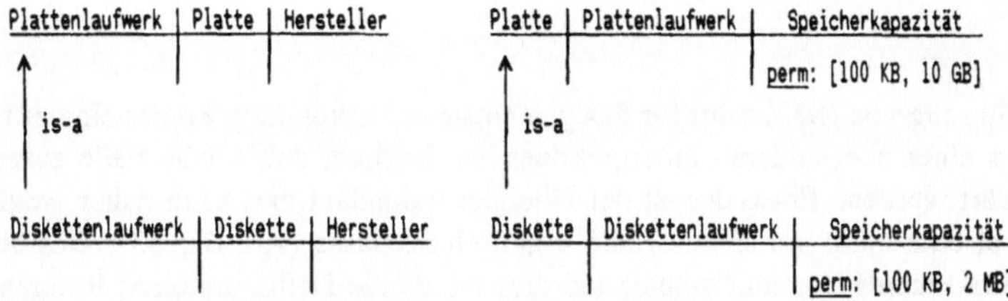

3.3.1.3 Gemeinsamkeit von Einträgen in Ober- und Unterslots

Die im letzten Abschnitt unter bestimmten Bedingungen erlaubte Modellierung von Slots, die einem anderen Slot des gleichen Frames untergeordnet sind, wirft ein Problem auf, auf das noch nicht eingegangen wurde. Mit mehreren, hierarchisch zueinander in Beziehung stehender Slots für einen Frame sind nämlich Slot-Operationen, wie einen Eintrag hinzufügen oder einen Eintrag löschen, nicht mehr für einen Slot lokal. Eine Slot-Eintragsoperation müßte in jedem Fall auch auf allen übergeordneten Slots sowie auf den in Frage kommenden Unterslots ausgeführt werden (vgl. Bsp.32). Alternativ könnten diese Slot-Abhängigkeiten natürlich auch in der Definition der Anfrageoperationen berücksichtigt werden, aber das sind implementierungsnahe Betrachtungen, die für die Definition von FRM ohne Belang sind. Die Bedingungen an die Gemeinsamkeit von Einträgen in verschiedenen Slots eines Frames werden deshalb auf einer implementierungsunabhängigen Ebene durch die folgende Integritätsbedingung festgelegt.[28] Zur Integritätserhaltung ist dann entweder die Wiederholung einer Eintragsoperation auf allen betroffenen Slots notwendig (wobei einwertige Slots höchstens einen von mehreren möglichen Einträgen aufweisen können – welcher, ist dabei nicht festgelegt), oder es müssen von einer Anfrageoperation die notwendigen Inferenzen gezogen werden.

$$\begin{aligned}
&\forall f \in \operatorname{dom} kb : \forall s \in \operatorname{dom} kb(f) : (\textit{is-nonterminal}(kb, s) \Rightarrow \qquad\qquad (S13)\\
&\quad \Rightarrow \forall s' \in \operatorname{dom} kb(f) : (\textit{is-nonterminal}(kb, s') \Rightarrow\\
&\qquad \Rightarrow ((\neg \textit{is-singleton}(kb, f, s') \Rightarrow\\
&\qquad\quad \Rightarrow kb(f)(s)(\text{act}) \cap kb(f)(s')(\text{perm}) \subseteq kb(f)(s')(\text{act})) \wedge\\
&\qquad \wedge ((\textit{is-singleton}(kb, f, s') \wedge kb(f)(s)(\text{act}) \cap kb(f)(s')(\text{perm}) \neq \emptyset) \Rightarrow\\
&\qquad\quad \Rightarrow kb(f)(s')(\text{act}) \neq \emptyset))))
\end{aligned}$$

[28] Eine ähnliche modellinhärente Integritätsbedingung kann unter bestimmten Voraussetzungen auch zwischen Slots verschiedener Frames sinnvoll sein, vgl. REIMER 85.

Beispiel 32:

Folgender Frame besitzt in dem Slot 'Tastatur' einen Eintrag, den er auch in dem Slot 'Peripherie' aufweisen muß, da 'Tastatur' ein Unterbegriff von 'Peripherie' ist:

Personalcomputer	Peripherie	Tastatur	Bildschirm	Cpu	Hauptspeicher
	Tastatur-1	Tastatur-1			

Verfügt umgekehrt der Slot 'Peripherie' über ein Eintrag, der auch in einem der anderen Slots ein erlaubter Eintrag ist, so ist er dort ebenfalls vorhanden:

Personalcomputer	Peripherie	Tastatur	Bildschirm	Cpu	Hauptspeicher
	Laserdrucker-1		Bildschirm-1		
	Bildschirm-1				

Nach der Einführung von (S13) wird für das gemeinsame Vorkommen zweier einwertiger Slots eines Frames, von denen einer dem anderen untergeordnet ist, deutlich, daß solche Fälle zurecht durch (F6) als unzulässig erklärt wurden. Entweder ist der Oberslot redundant und kann daher wegfallen oder der Unterslot beschreibt eine nicht immer relevante Eigenschaftsklasse (vgl. Bsp.33). Das bedeutet, daß er bei einigen Referenz-Frames leer sein müßte, und dies würde die Definition eines Referenz-Frames (F3) verletzen. Die gleiche Argumentation trifft für den Fall eines mehrwertigen Slots, der Unterslot zu einem einwertigen Slot ist, zu. Durch (S13) wird auch der Ausschluß von Ober-/Unterslots, die beide obligat oder beide klassifikatorisch sind, sowie eines klassifikatorischen Unterslots zu einem obligaten Oberslot durch (F6) plausibel, denn der Oberslot weist nach (S13) immer auch die Einträge des Unterslots auf, so daß der Unterslot redundant ist und wegfallen kann. Nur wenn der Unterslot obligat und der Oberslot klassifikatorisch ist, wird durch den Unterslot eine Einschränkung gesetzt, die durch den Oberslot allein nicht gegeben ist. Deshalb ist dieser Fall zugelassen.

Beispiel 33:

Die unten dargestellte Modellierung ist unzulässig, denn entweder ist immer der Slot 'deutsche Tastatur' relevant, dann ist der Slot 'Tastatur' redundant und kann wegfallen, oder der Slot 'deutsche Tastatur' beschreibt eine nicht immer zutreffende Eigenschaftsklasse, was ebenfalls nicht zulässig ist:

Personalcomputer	Tastatur	deutsche Tastatur	...
	einwertig	einwertig	
	klassifikatorisch	obligat	

Eine Konfliktsituation, die durch die obige Modellierung entstehen kann, ist durch den untenstehenden, durch (F6) als unzulässig erklärten Frame illustriert. Eine Füllung seines Slots 'deutsche Tastatur' ist nicht möglich, da sonst wegen der Integritätsbedingung (S13) der Slot 'Tastatur' unzulässigerweise mehr als einen Eintrag besäße. Der Slot 'deutsche Tastatur' muß folglich leer bleiben:

Personalcomputer-1	Tastatur	deutsche Tastatur	...
	einwertig	einwertig	
	klassifikatorisch	obligat	
	ASCII-Tastatur		

3.3.2 Zuordnung von Instanzen zu Prototypen und Spezialisierung zwischen Instanzen

Instanz-Frames beschreiben Konzeptklassen, die für ihre Mitglieder schon aktuelle Eigenschaften festlegen. Jeder Instanz-Frame spezialisiert eine durch einen Prototypen beschriebene Konzeptklasse und gleicht diesem Prototypen in seiner Slot-Struktur (vgl. (F2) sowie Bsp.34).[29] Diese Zuordnung von Instanzen zu Prototypen wird durch die **Inst-Relation** geregelt, die damit wie die Is-a-Relation eine Spezialisierung von Konzeptklassen realisiert (und somit ein Spezialfall des im Datenbankbereich als 'generalization' bekannten Abstraktionsmechanismus ist: vgl. MYLOPOULOS/LEVESQUE 84).

Beispiel 34:

Eine Instanz ist eine Spezialisierung eines Prototypen, wenn sie die gleichen Slots besitzt. Sie weist jedoch im Gegensatz zum Prototypen mindestens einen Slot-Eintrag auf:

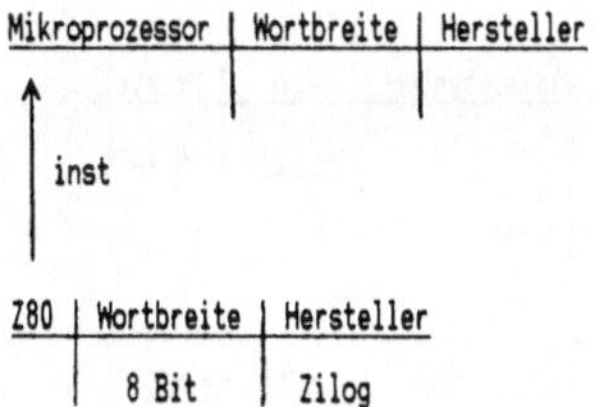

Instanzen können aber auch untereinander Spezialisierungen bilden, vorausgesetzt sie sind demselben Prototypen zugeordnet. Es sind dafür zwei Spezialisierungsmechanismen vorgesehen, die ebenfalls durch die Inst-Relation abgedeckt werden. Einmal entsteht durch **Hinzunahme eines Eintrags in einen obligaten Slot** eine spezifischere Instanz (vgl. Bsp.35), denn alle ihr zugeordneten Referenz-Frames müssen damit auch die Eigenschaften der Referenz-Frames der übergeordneten Instanz besitzen, aber nicht umgekehrt – die Extension der spezifischeren Instanz ist also kleiner. Zum zweiten kann durch die **Wegnahme eines Eintrags aus einem klassifikatorischen Slot** eine spezifischere Instanz gebildet werden (vgl. Bsp.36), weil dadurch für einen der Instanz zugehörigen Referenz-Frame die Möglichkeit aus Slot-Einträgen auszuwählen beschränkt wird (vgl. (S8)). Weiterhin entsteht ein Instanz-Unterbegriff durch **Spezialisierung eines Eintrags** in einem non-terminalen Slot (der obligat oder klassifikatorisch sein kann). Wie im Fall der Slot-Spezialisierung bei der Is-a-Relation wird damit Bezug genommen auf eine an anderer Stelle schon existierende Spezialisierung (vgl. Bsp.37). Vergleichbar mit dieser letzten Spezialisierungsmöglichkeit ist der in Units (STEFIK 79) durch den Slot-Typ "R" realisierte Mechanismus. Ein Unterbegriff kann einen Eintrag in einem solchen Slot spezialisieren, muß ihn aber mindestens übernehmen. Dagegen müssen Einträge in Slots vom Typ "S" unverändert übernommen werden. Für FRM ist eine solche Unterscheidung zwischen Slot-Typen nicht sinnvoll und entsprechend

[29] Der Übergang von einer Instanz zu dem zugehörigen Prototypen ist ein Spezialfall von Lambda-Abstraktion, die in logik-basierten Repräsentationssprachen wie z.B. OMEGA (ATTARDI/SIMI 81, ATTARDI/SIMI 87) oder KS (ZIFONUN 77, DILGER/ZIFONUN 78) vorgesehen ist.

nicht vorgesehen, da allein über die Konzepthierarchie festgelegt ist, ob ein Eintrag noch spezialisierbar ist oder nicht, und solange er noch spezialisierbar ist, bildet er auch ein Kriterium zur Unterbegriffsbildung.

Um die Spezialisierungsmechanismen, die mit Instanz-Frames möglich sind, orthogonal zur denen von Prototyp-Frames zu halten und eine Vermischung der Spezialisierungskriterien von is-a und inst zu verhindern, wird verlangt, daß zwei Instanzen, zwischen denen eine Spezialisierung existiert, die gleiche Slot-Struktur besitzen. Deshalb können nur Instanzen, die zum gleichen Prototypen gehören, spezialisiert werden.

Eine durch Setzen eines Slot-Eintrags vorgenommene Spezialisierung entspricht in KL-ONE einer durch einen 'Particular RoleSet' eingeführten Restriktion (BRACHMAN/SCHMOLZE 85), die ebenfalls für einen Slot (in KL-ONE 'role' genannt) einen Eintrag festschreibt. Im Unterschied zu KL-ONE ist in FRM das Setzen von Einträgen jedoch nicht auf Frames beschränkt, die Individuen beschreiben, sondern wird auch dazu benutzt, um auf Konzeptklassenebene (Inst-)Spezialisierungen einzuführen. Dadurch ergibt sich eine erheblich größere Modellierungsflexibilität.

Beispiel 35:

Spezialisierung von Instanzen eines Prototypen durch Hinzunahme eines Eintrags in einen obligaten Slot: Alle Referenz-Frames, die Individuen der Konzeptklasse 'CP/M 86' beschreiben, müssen im Slot 'Cpu' den Eintrag '8086' aufweisen. Für die Referenz-Frames zu 'CP/M' existiert diese Restriktion nicht.

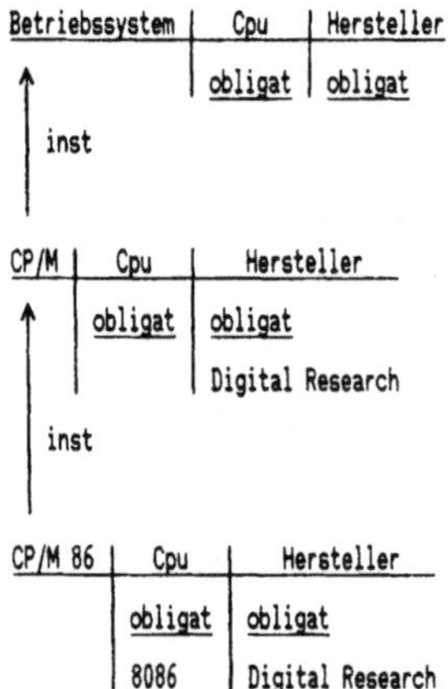

Beispiel 36:

Spezialisierung von Instanzen durch Wegnahme eines Eintrags aus einem klassifikatorischen Slot: Die Referenz-Frames, die Individuen der durch den Instanz-Frame 'Personalcomputer-2' (bzw. 'Personalcomputer-3') beschriebenen Konzeptklasse darstellen, können nur 'MS-DOS' (bzw. 'CP/M') als Eintrag im Slot 'Betriebssystem' besitzen. Dagegen können Referenz-Frames, die zu 'Personalcomputer-1' gehören, auch beide Einträge aufweisen.

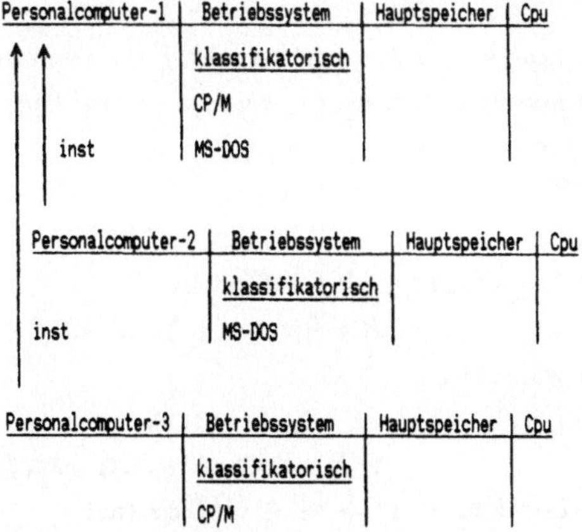

Beispiel 37:

Spezialisierung von Instanzen durch Bezugnahme auf eine schon existierende Spezialisierung:

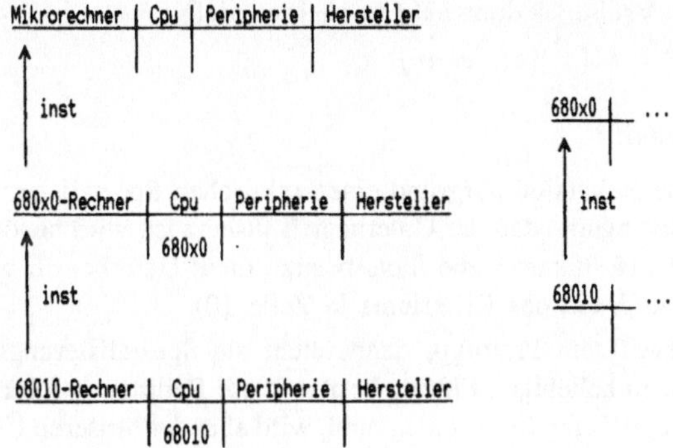

Formal ist die Inst-Relation für zwei Frames f und f' einer Wissensbasis kb folgendermaßen definiert:[30]

[30] Das dabei benutzte Prädikat $e\text{-}is\text{-}a'$ wird in Kap.3.3.4 definiert und steht für eine Spezialisierung beliebigen Typs.

$inst'(kb, f, f', R) :\Leftrightarrow$ (R2)

$\langle f, f'\rangle \in R \lor (\textit{is-prototype}(kb, f') \lor \textit{is-instance}(kb, f')) \land \textit{is-instance}(kb, f) \land$ 2

$\land\, (\textit{is-prototype}(kb, f') \Rightarrow \exists s \in \mathrm{dom}\; kb(f) : kb(f)(s)(\mathrm{act}) \neq \emptyset) \land$ 3

$\land\, (\textit{is-instance}(kb, f') \Rightarrow$ 4

$\Rightarrow \exists s \in \mathrm{dom}\; kb(f) :$ 5

$(\textit{is-obl}(kb, f, s) \land$ 6

$\land\, \exists e \in kb(f)(s)(\mathrm{act}) : (e \notin kb(f')(s)(\mathrm{act}) \land$ 7

$\land\, (R \neq \emptyset \lor \textit{no\_cycle}_{inst1}(kb, f, f', s, e, \{\langle f, f'\rangle\}))) \lor$ 8

$\lor\, \textit{is-classif}(kb, f, s) \land$ 9

$\land\, \exists e \in kb(f')(s)(\mathrm{act}) : (e \notin kb(f)(s)(\mathrm{act}) \land$ 10

$\land\, (R \neq \emptyset \lor \textit{no\_cycle}_{inst2}(kb, f, f', s, e, \{\langle f, f'\rangle\})))) \land$ 11

$\land\, \forall s \in \mathrm{dom}\; kb(f') : (\textit{is-obl}(kb, f', s) \Rightarrow \forall e' \in kb(f')(s)(\mathrm{act}) :$ 12

$(e' \in kb(f)(s)(\mathrm{act}) \lor \textit{is-nonterminal}(kb, s) \land$ 13

$\land\, \exists e \in kb(f)(s)(\mathrm{act}) : \textit{e-is-a}'(kb, e, e', R \cup \{\langle f, f'\rangle\}))) \land$ 14

$\land\, \forall s \in \mathrm{dom}\; kb(f) : (\textit{is-classif}(kb, f, s) \land \textit{is-instance}(kb, f') \Rightarrow \forall e \in kb(f)(s)(\mathrm{act}) :$ 15

$(e \in kb(f')(s)(\mathrm{act}) \lor \textit{is-nonterminal}(kb, s) \land$ 16

$\land\, \exists e' \in kb(f')(s)(\mathrm{act}) : \textit{e-is-a}'(kb, e, e', R \cup \{\langle f, f'\rangle\}))) \land$ 17

$\land\, \mathrm{dom}\; kb(f) = \mathrm{dom}\; kb(f') \land$ 18

$\land\, \forall s \in \mathrm{dom}\; kb(f) : \forall schar \in \mathrm{dom}\; kb(f)(s) \setminus \{\mathrm{act}, \mathrm{def}\} :$ 19

$kb(f)(s)(schar) = kb(f')(s)(schar)$ 20

Anmerkungen zur Definition:

Zeile 2: Eine unendliche Rekursion aufgrund einer zyklischen Spezialisierungsbeziehung wird vermieden. Die Bedingung, daß der Unterbegriff Instanz ist, wird benötigt, damit ein Prototyp-Frame, der nur klassifikatorische Slots besitzt, nicht Unterbegriff zu einem seiner Instanz-Frames wird (aufgrund des Kriteriums in Zeile 10).

Zeile 3: Ist der Oberbegriff ein Prototyp, dann reicht als Spezialisierungskriterium aus, daß der Unterbegriff einen beliebigen Eintrag besitzt (diese Bedingung folgt schon aus der Tatsache, daß der Unterbegriff eine Instanz sein muß, wird aber der besseren Übersicht wegen trotzdem aufgenommen). Befindet sich dieser Eintrag in einem non-terminalen Slot, dann darf die Spezialisierungsbeziehung zwischen dem Eintrag und dem Slot an keinem Zyklus beteiligt sein (vgl. Bsp.39, letzter Fall). Dies braucht in (R2) jedoch nicht abgeprüft zu werden, da aufgrund von (S4) zwischen einem Eintrag in einem non-terminalen Slot und dem Slot eine Spezialisierung bestehen muß. In (S4) wird somit über e-is-a auf die Definitionen von is-a und inst zurückgegriffen, wo die Zyklenfreiheit ja festgelegt ist.

Zeile 4-11: Ist der Oberbegriff Instanz, dann findet eine Spezialisierung innerhalb eines obligaten Slots statt, wenn der Unterbegriff in diesem Slot einen Eintrag besitzt, den der Oberbegriff nicht besitzt. Dies kann der Fall sein, weil der Eintrag zusätzlich ist oder weil er eine nicht an einem Zyklus beteiligte Spezialisierung eines Eintrags im gleichen Slot des Oberbegriffs ist (vgl. die Definition von $\textit{no\_cycle}_{inst1}$ unten). Findet dagegen eine Spezialisierung innerhalb eines klassifikatorischen Slots statt, dann enthält der Oberbegriff in einem klassifikatorischen Slot einen Eintrag, den der Unterbegriff in diesem Slot nicht besitzt. Auch hier gilt wieder, daß der Eintrag beim Unterbegriff entweder vollständig weggefallen ist oder daß eine Spezialisierung eines Eintrags im gleichen Slots des Oberbegriffs vorliegt, die nicht an einem Zyklus teilhat (vgl. die Definition von no_cycle_{inst2} unten). Die durch no_cycle_{inst1} bzw. no_cycle_{inst2} gegebenen Bedingungen brauchen nur auf der obersten Rekursionsstufe von $inst'$ (also $R = \emptyset$) berücksichtigt zu werden.

Zeile 12-14: Die Einträge in obligaten Slots des Oberbegriffs werden übernommen oder können im Falle non-terminaler Slots durch spezifischere Einträge ersetzt werden. Dadurch können im Unterbegriff auch weniger Einträge als im gleichen Slot des Oberbegriffs vorhanden sein (vgl. entsprechenden Fall für die Is-a-Relation in Bsp.21).

Zeile 15-17: Die Einträge in klassifikatorischen Slots des Unterbegriffs müssen aus dem entsprechenden Slot beim Oberbegriff stammen oder können im Falle non-terminaler Slots spezifischer sein als die des Oberbegriffs – es sei denn, die Slots des Oberbegriffs sind leer, weil dieser ein Prototyp ist. Werden die Slot-Einträge des Oberbegriffs spezialisiert, kann der Slot beim Unterbegriff auch mehr Einträge als der zugehörige Slot beim Oberbegriff aufweisen (vgl. Bsp.38).

Zeile 18-20: Die Slot-Strukturen von Ober- und Unterbegriff sind gleich. Der in Zeile 19 ausgeschlossene Eintragstyp 'def' ist schon im Vorgriff auf Kapitel 5.3 vorgesehen.

Die in (R2) benutzten Prädikate no_cycle_{inst1} und no_cycle_{inst2} sind analog zu dem in der Definition von is-a in (R1′) benutzten Prädikat $no\_cycle_{is\text{-}a}$ definiert. Sie stellen für einen obligaten bzw. einen klassifikatorischen Slot sicher, daß, falls das durch die Argumentbelegung angegebene Spezialisierungskriterium auf einer Spezialisierungsbeziehung zwischen Slot-Einträgen beruht, die beiden betroffenen Einträge nicht an einer zyklischen Spezialisierungsbeziehung teilhaben (siehe Bsp.39). Ref-Spezialisierungen (siehe Kap.3.3.3) brauchen dabei nicht berücksichtigt zu werden, da in einem Referenz-Frame kein Prototyp- oder Instanz-Frame als Slot-Eintrag auftreten kann (vgl. (F3)), so daß die Ref-Spezialisierung eines Eintrags nicht Bestandteil eines Zyklus sein kann.

$$
\begin{array}{l}
no\_cycle_{inst1}(kb, f, f', s, e, R) :\Leftrightarrow \\
\quad is\text{-}terminal(kb, s) \vee \\
\quad \vee \neg \exists e' \in kb(f')(s)(\mathrm{act}) : e\text{-}is\text{-}a'(kb, e, e', R) \wedge \langle e, s\rangle \notin R \vee \\
\quad \vee \exists e' \in kb(f')(s)(\mathrm{act}) : (e\text{-}is\text{-}a'(kb, e, e', R) \wedge no\_cycle_{inst}(kb, f, f', s, e, e', R))
\end{array}
$$

$$
\begin{array}{l}
no\_cycle_{inst2}(kb, f, f', s, e', R) :\Leftrightarrow \\
\quad is\text{-}terminal(kb, s) \vee \\
\quad \vee \neg \exists e \in kb(f)(s)(\mathrm{act}) : e\text{-}is\text{-}a'(kb, e, e', R) \wedge \langle e', s\rangle \notin R \vee \\
\quad \vee \exists e \in kb(f)(s)(\mathrm{act}) : (e\text{-}is\text{-}a'(kb, e, e', R) \wedge no\_cycle_{inst}(kb, f, f', s, e, e', R))
\end{array}
$$

$$
\begin{array}{l}
no\_cycle_{inst}(kb, f, f', s, e, e', R) :\Leftrightarrow \\
\quad \langle e, e'\rangle \notin R \wedge \\
\quad \wedge inst'(kb, e, e', R) \wedge \\
\quad \wedge (is\text{-}prototype(kb, e') \wedge \\
\qquad \wedge \exists \overline{s} \in \mathrm{dom}\ kb(e) : \exists \overline{e} \in kb(e)(\overline{s})(\mathrm{act}) : (is\text{-}terminal(kb, \overline{s}) \vee \langle \overline{e}, \overline{s}\rangle \notin R) \vee \\
\qquad \vee \neg is\text{-}prototype(kb, e') \wedge \\
\qquad \wedge \exists \overline{s} \in \mathrm{dom}\ kb(e) : \\
\qquad\quad (is\text{-}obl(kb, e, \overline{s}) \wedge \\
\qquad\quad \wedge \exists \overline{e} \in kb(e)(\overline{s})(\mathrm{act}) : (\overline{e} \notin kb(e')(\overline{s})(\mathrm{act}) \wedge \\
\qquad\qquad\qquad \wedge no\_cycle_{inst1}(kb, e, e', \overline{s}, \overline{e}, R \cup \{\langle e, e'\rangle\})) \vee \\
\qquad\quad \vee is\text{-}classif(kb, e, \overline{s}) \wedge \\
\qquad\quad \wedge \exists \overline{e} \in kb(e')(\overline{s})(\mathrm{act}) : (\overline{e} \notin kb(e)(\overline{s})(\mathrm{act}) \wedge \\
\qquad\qquad\qquad \wedge no\_cycle_{inst2}(kb, e, e', \overline{s}, \overline{e}, R \cup \{\langle e, e'\rangle\})))) \vee \\
\quad \vee is\text{-}a'(kb, e, e', R) \wedge \\
\quad \wedge \exists \overline{s} \in \mathrm{dom}\ kb(e) : \\
\qquad (\overline{s} \notin \mathrm{dom}\ kb(e') \wedge no\_cycle_{is\text{-}a}(kb, e, e', \overline{s}, R \cup \{\langle e, e'\rangle\}) \vee \\
\qquad \vee \overline{s} \in \mathrm{dom}\ kb(e') \wedge kb(e)(\overline{s})(\mathrm{perm}) \subset kb(e')(\overline{s})(\mathrm{perm}))
\end{array}
$$

Anmerkungen zur Definition:

Zeile 2: Die ausgewählte Eintragsspezialisierung darf in der Rekursionshierarchie noch nicht aufgetreten sein.

Zeile 4-5: Im Falle einer Inst-Spezialisierung liegt kein Zyklus vor, wenn der Oberbegriff ein Prototyp ist und der Unterbegriff einen Eintrag in einem terminalen Slot aufweist; ist letzteres nicht der Fall, dann muß es mindestens einen non-terminalen Slot beim Unterbegriff geben, der einen Eintrag besitzt, dessen Spezialisierungsbeziehung zu dem zugehörigen Slot keinen Zyklus verursacht.

Zeile 7-13: Ist der Oberbegriff kein Prototyp, muß ein obligater Slot beim Unterbegriff existieren, der nach no_cycle_{inst1} terminal ist oder der einen zusätzlichen Eintrag aufweist, der in keiner Spezialisierungsbeziehung zu einem Eintrag im gleichen Slot beim Oberbegriff steht. Im letzten Fall darf die Spezialisierungsbeziehung zwischen dem zusätzlichen Eintrag beim Unterbegriff und dem zugehörigen Slot keinen Zyklus verursachen. Ist keine dieser Bedingungen nachweisbar, wird in der Rekursion abgestiegen. Die analoge Bedingung wird für klassifikatorische Slots durch no_cycle_{inst2} festgelegt.

Zeile 14-17: Im Falle einer Is-a-Spezialisierung zwischen zwei Einträgen werden die Bedingungen, die im Prädikat $no\_cycle_{is\text{-}a}$ (siehe Kap.3.3.1.2) vorgesehen sind, abgeprüft.

Das Prädikat $inst$ basiert auf $inst'$, und verdeckt das letzte Argument, das reine Hilfsfunktion besitzt:

$$inst\left(kb, f, f'\right) :\Leftrightarrow inst'\left(kb, f, f', \emptyset\right) \tag{R2'}$$

Beispiel 38:

Durch die Spezialisierung von Einträgen kann der Fall auftreten, daß sich in einem klassifikatorischen Slot mehr Einträge befinden als im entsprechenden Slot eines Oberbegriffs:

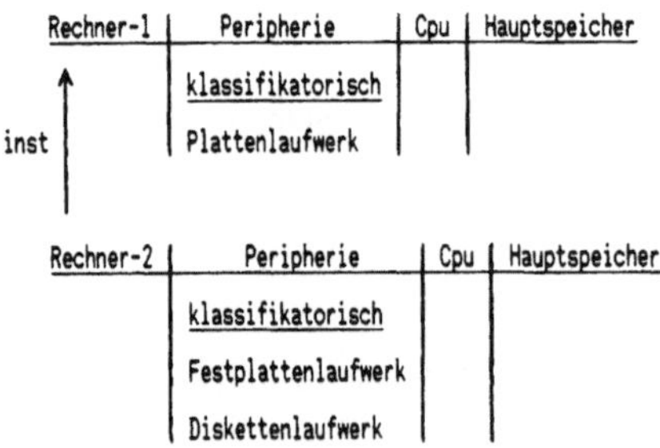

Beispiel 39:

Keine der drei untenstehenden, angedeuteten Spezialisierungspaare trifft zu, da sie ausschließlich auf einem gegenseitigen Bezug aufeinander basieren, also kein explizites Spezialisierungskriterium vorliegt:

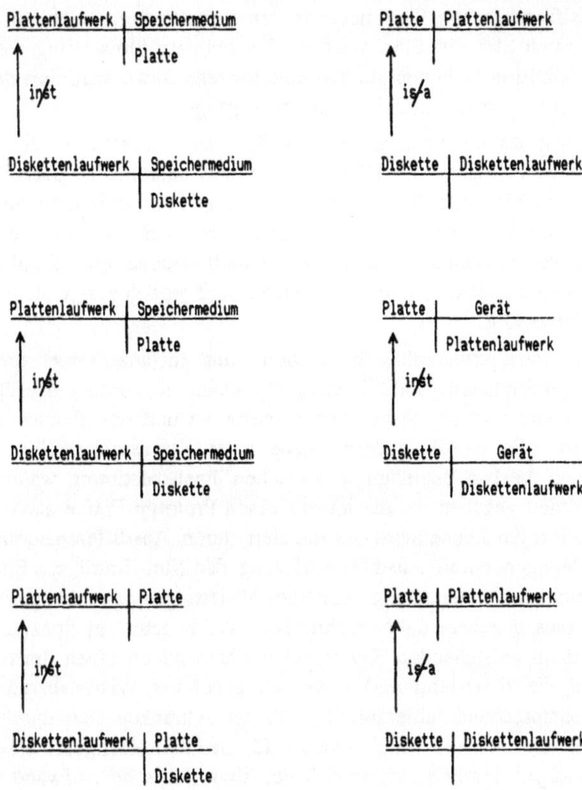

Wie die Is-a-Relation ist auch die Inst-Relation irreflexiv, antisymmetrisch und transitiv (siehe Anhang) und läßt Multi-Hierarchien zu. Aufgrund der Verwendung des Prädikats $e\text{-}is\text{-}a'$ in (R2) ist diese Definition ebenso rekursiv wie die der Is-a-Relation und es sind die gleichen Maßnahmen getroffen, damit das Prädikat *inst* total wird, d.h. für alle Argumentbelegungen definiert ist (vgl. Kap.3.3.1.2).

Die Spezifikation der Inst-Relation läßt als Extremfall zu, daß ein Instanz-Unterbegriff durch Wegnahme aller Einträge eines klassifikatorischen Slots seines Oberbegriffs entsteht. Durch die Semantik eines klassifikatorischen Slots ist festgelegt, daß ein Referenz-Frame in einem klassifikatorischen Slot nur Einträge aufweisen darf, die im gleichen Slot der zugehörigen Klassenbeschreibung vorhanden sind (oder Unterbegriffe davon sind). Ist dieser Slot leer, muß folglich auch der Slot beim Referenz-Frame unbelegt bleiben. Dies ist jedoch nicht erlaubt, da für Referenz-Frames vereinbart wurde, daß alle ihre Slots belegt sein müssen (vgl. (F3)). Ein leerer klassifikatorischer Slot einer Instanz hätte somit den Effekt, daß ihr kein Referenz-Frame zugeordnet werden kann, der nicht integritätsverletzend ist, d.h. die durch die Instanz beschriebene Konzeptklasse besäße keine Elemente. Das ist sicherlich keine sinnvolle Modellierung und wird deshalb durch die folgende Integritätsbedingung ausgeschlossen, die Instanzen mit leeren klassifikatorischen Slots als unzulässig erklärt.

$$\forall f \in \mathrm{dom}\, kb : (is\text{-}instance\,(kb, f) \Rightarrow \forall s \in \mathrm{dom}\, kb\,(f) : (is\text{-}classif\,(kb, f, s) \Rightarrow kb(f)\,(s)\,(\mathrm{act}) \neq \emptyset)) \qquad \text{(F7)}$$

Ein klassifikatorischer Slot, der nur einen Eintrag besitzt, ist einem obligaten Slot mit diesem Eintrag gleichbedeutend. Somit kann durch die zunehmende Spezialisierung einer Instanz durch Wegnahme von

Einträgen in einem klassifikatorischen Slot dieser in seiner Bedeutung (nicht in seiner syntaktischen Definition) in einen obligaten Slot überführt werden. Da obligate Slots stringentere Einschränkungen für eine Konzeptklassendefinition bedeuten als klassifikatorische Slots, kollidiert der Wechsel der Slot-Bedeutung nicht mit der Intention des Spezialisierungsvorganges.

Die Inst-Relation wurde darauf ausgerichtet, nur Spezialisierungsbeziehungen zwischen den Instanzen eines Prototypen zu erfassen. Es können prinzipiell aber auch Spezialisierungsbeziehungen zwischen Instanzen von verschiedenen Prototypen, die in einer Is-a-Beziehung zueinander stehen, vorliegen, z.B. wenn sie im gleichen Slot denselben Eintrag aufweisen und sonst keine Einträge besitzen (vgl. Bsp.40). Dieser Typ von Spezialisierungsbeziehung stellt offenbar eine Kombination von Is-a- und Inst-Beziehung dar und wird weiter unten definiert. Zuvor sind jedoch einige Bemerkungen zum Status dieses Beziehungstyps notwendig.

Die Zweiteilung der Konzepthierarchie in Prototyp- und Instanz-Frames und die strikte Orthogonalität der mit ihnen verbundenen Modellierungsmöglichkeiten wurde eingeführt, um den Aufbau von Konzepthierarchien klarer und übersichtlicher zu gestalten und um gleichzeitig ein methodisches Vorgehen zu unterstützen. So ist die äußere Ebene einer Konzepthierarchie in FRM vollständig durch Prototyp-Frames und die Is-a-Beziehungen zwischen ihnen bestimmt, während die innere Ebene durch die Instanz-Hierarchien gegeben ist, die jeweils einen Prototyp-Frame als Wurzelknoten besitzen (vgl. Abb.6). Auf der Prototyp-Ebene wird spezialisiert durch Ausdifferenzierung der Slot-Struktur, auf der Instanz-Ebene dagegen durch Ausdifferenzierung der Slot-Einträge. Eine Konstruktion von Unterbegriffen durch gleichzeitige Benutzung aller Spezialisierungsmöglichkeiten ist damit bewußt ausgeschlossen worden, da dies in einem unübersichtlichen "Wildwuchs" an Spezialisierungsbeziehungen resultieren würde. Die dann entstehenden Konzepthierarchien hätten einen drastisch geringeren Grad an Übersichtlichkeit und die Erstellung und Erweiterung solcher Wissensbasen durch eine(n) Wissensingenieur(in) wäre entsprechend fehleranfällig. Ferner schränken sich durch die vorgenommene Zweiteilung der Konzepthierarchie die Möglichkeiten für Spezialisierungsbeziehungen zwischen zwei Konzeptklassenbeschreibungen deutlich ein, so daß der algorithmische Aufwand zur Berechnung von Spezialisierungsbeziehungen erheblich reduziert wird.

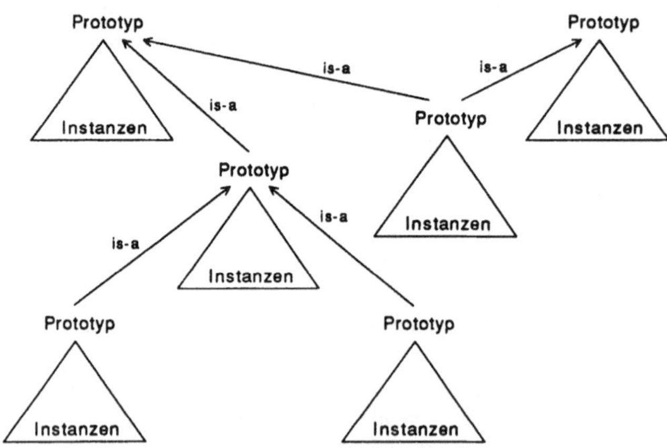

Abbildung 6: Schematischer Aufbau einer Konzepthierarchie in FRM

Beispiel 40:

Im untenstehenden Ausschnitt einer Konzepthierarchie liegt für das Individuum 'Rechner-r1' noch unvollständiges Wissen über seine Konzeptklassenzugehörigkeit vor. Es ist deshalb direkt der durch die Instanz '68000-Rechner' beschriebenen Konzeptklasse zugeordnet. Zu dieser Konzeptklasse gehört auch das der Konzeptklasse '68000-Workstation' zugeordnete Individuum 'Workstation-r2'. Diese Tatsache ist durch die Spezialisierungsbeziehung $\overline{\text{inst}}$ zwischen '68000-Workstation' und '68000-Rechner' dargestellt.

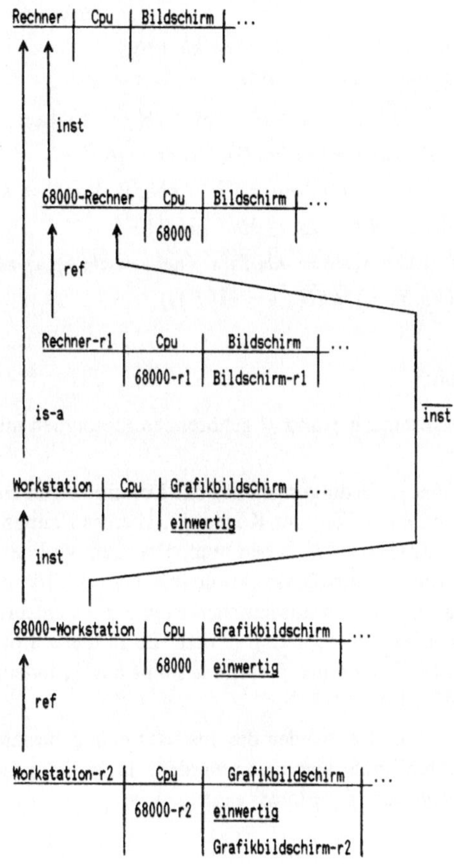

Obwohl eine FRM-Konzepthierarchie immer den in Abbildung 6 dargestellten Aufbau besitzt und somit auf is-a und inst basiert, ist es trotzdem notwendig, die durch eine solche Hierarchie implizit eingeführten Spezialisierungen zwischen Instanzen verschiedener Prototypen bei einer Abfrage von Spezialisierungsbeziehungen zu berücksichtigen. Die nachfolgende Definition dieses Beziehungstyps kollidiert nicht mit der Philosophie der auf is-a und inst basierenden Konzepthierarchie in FRM, da er keine Rolle beim Aufbau der Hierarchie spielt. Daß is-a und inst nach wie vor die für die Organisation einer Konzepthierarchie einzig relevanten Spezialisierungstypen sind, wird auch rein formal darin deutlich, daß die folgende Definition auf sie zurückgeht:

$$\overline{inst}(kb, f, f') :\Leftrightarrow \tag{1}$$

$$\exists p, p' \in \text{dom } kb : (is\text{-}prototype(kb, p) \wedge is\text{-}prototype(kb, p') \wedge \tag{2}$$

$$\wedge\, inst(kb, f, p) \wedge inst(kb, f', p') \wedge is\text{-}a(kb, p, p')) \wedge \tag{3}$$

$$\wedge\, \exists \widetilde{kb} \in FRAMES : \tag{4}$$

$$(\text{dom } \widetilde{kb} = \text{dom } kb \cup \{\widetilde{f}\} \wedge \widetilde{f} \notin \text{dom } kb \cup \bigcup_{f'' \in \text{dom } kb} \text{dom } kb(f'') \wedge \tag{5}$$

$$\wedge\, \forall f \in \text{dom } \widetilde{kb} \setminus \{\widetilde{f}\} : \widetilde{kb}(f) = kb(f) \wedge \tag{6}$$

$$\wedge\, \text{dom } \widetilde{kb}(\widetilde{f}) = \text{dom } \widetilde{kb}(f') \wedge \tag{7}$$

$$\wedge\, \forall s \in \text{dom } \widetilde{kb}(\widetilde{f}) : \forall schar \in \text{dom } \widetilde{kb}(\widetilde{f})(s) \setminus \{\text{act, def}\} : \tag{8}$$

$$\widetilde{kb}(\widetilde{f})(s)(schar) = \widetilde{kb}(f')(s)(schar) \wedge \tag{9}$$

$$\wedge\, \forall s \in \text{dom } \widetilde{kb}(f) \cap \text{dom } \widetilde{kb}(f') : \widetilde{kb}(\widetilde{f})(s)(\text{act}) = \widetilde{kb}(f)(s)(\text{act}) \wedge \tag{10}$$

$$\wedge\, \forall s \in \text{dom } \widetilde{kb}(f) : \forall s' \in \text{dom } \widetilde{kb}(f') : \tag{11}$$

$$(e\text{-}is\text{-}a(\widetilde{kb}, s, s') \Rightarrow \widetilde{kb}(\widetilde{f})(s')(\text{act}) = \widetilde{kb}(f)(s)(\text{act})) \wedge \tag{12}$$

$$\wedge\, (inst(\widetilde{kb}, \widetilde{f}, f') \vee \widetilde{kb}(\widetilde{f}) = \widetilde{kb}(f'))) \tag{13}$$

Anmerkungen zur Definition:

Zeile 2-3: Die zu den beiden Instanzen f und f' gehörenden Prototypen müssen in einer Is-a-Beziehung zueinander stehen.

Zeile 4-12: Statt die entsprechenden Bedingungen aus der Definition von $inst$ in die Definition von $\overline{inst}$ hineinzuziehen, wurde der Weg der Konstruktion eines Frames $\widetilde{f}$ gewählt, der in einer Inst- oder Gleichheitsbeziehung zu f' stehen muß. Dadurch wird deutlicher, in welchen Aspekten $\overline{inst}$ von $inst$ abweicht. Zur Konstruktion von $\widetilde{f}$ wird hilfsweise eine zweite Wissensbasis $\widetilde{kb}$ vorgesehen, die bis auf den zusätzlichen Frame $\widetilde{f}$ kb entspricht. Die Slot-Struktur von $\widetilde{f}$ gleicht der von f' (Zeile 7–9), und $\widetilde{f}$ besitzt alle in diese Slot-Struktur passenden Einträge aus f (Zeile 10–12). Der Frame $\widetilde{f}$ entsteht somit aus f, indem dieser auf die Slot-Struktur von f' "getrimmt" wird.

Zeile 13: Zwischen $\widetilde{f}$ und f' muß entweder die Inst-Beziehung bestehen, oder beide Frames sind gleich. Die Gleichheit muß zugelassen werden, da ja die spezifischere Slot-Struktur von f bei der Konstruktion von $\widetilde{f}$ verloren gegangen ist.

Exkurs:

Es besteht keine Möglichkeit, eine Instanz durch Änderung ihrer Slot-Struktur zu spezialisieren. Damit wird ein klarer, überschaubarer und kontrollierter Aufbau der Konzepthierarchie gewährleistet (weil nicht auf allen Ebenen alle Spezialisierungskriterien beliebig angewandt werden können), doch es sind dadurch bestimmte Spezialisierungsfälle nicht direkt darstellbar. Es soll im folgenden argumentiert werden daß dies keine Einschränkung bedeutet.

In der folgenden Darstellung besteht zwischen 'Scorpio' und 'Ford-Modell' keine Spezialisierungsbeziehung:

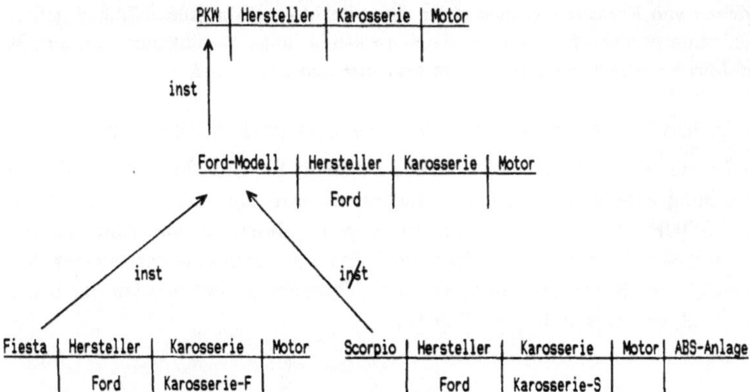

Statt solche Fälle durch ein beliebiges Ändern der Slot-Struktur auch bei Instanzen zu unterstützen (mit all den oben schon erwähnten Nachteilen), ist es angebracht, ein weiteres Repräsentationskonstrukt vorzusehen, das die Orthogonalität und Handhabbarkeit der bisherigen Spezialisierungsrelationen bewahrt[31] (vgl. REIMER 85). Dieses Konstrukt sieht einen Beziehungstyp 'may-be-a' vor, der für eine Konzeptklasse eine bestimmte, durch einen Prototypen beschriebene Rolle als möglich erklärt (vgl. auch Exkurs in Kap.3.5). Mit der tatsächlichen Zuordnung einer Rolle für ein Individuum oder eine Konzeptklasse wird für den entsprechenden Frame eine rollenspezifische Ergänzung der Slot-Struktur vorgenommen. Dies leistet die Beziehung vom Typ 'has-role', die eine Rolle jedoch nur für einen Unterbegriff der Konzeptklasse, von der die zu der Rolle gehörige May-be-a-Kante startet, zuweisen kann. Die nachstehende Abbildung ist als Skizzierung der Grundidee gedacht:

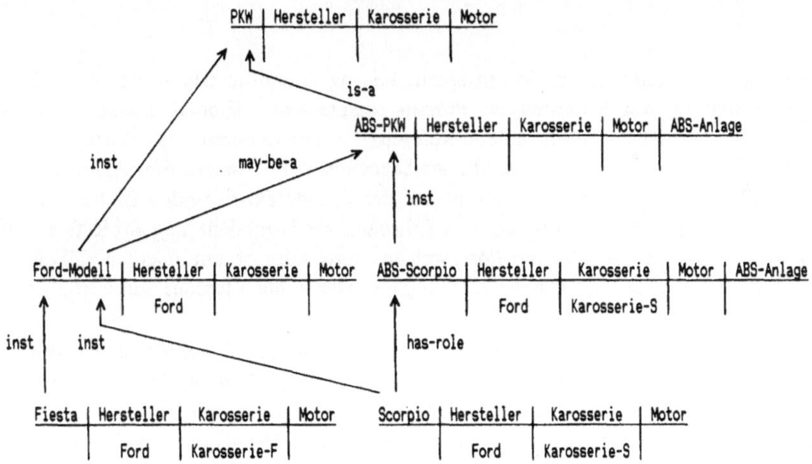

Die beiden Konzeptklassen 'ABS-Scorpio' und 'Scorpio' sind zur Verdeutlichung getrennt dargestellt, aber man kann sich vorstellen, daß beide zu einer Beschreibung zusammenfallen, in der lediglich bei Bedarf der zusätzliche, rollenbedingte Slot 'ABS-Anlage' ausgeblendet werden kann. Dieser Mechanismus ist Teil der Anfrageoperationen für Rollenrepräsentationen und nach außen hin transparent.

---

[31] In einem alternativen Modellierungsansatz könnte man für den Prototyp-Frame 'PKW' einen non-terminalen Slot 'Zusatzausstattung' vorsehen. Der Frame 'ABS-Anlage' wäre dann Unterbegriff zu dem Frame 'Zusatzausstattung' und somit erlaubter Eintrag in dem gleichnamigen Slot. Eine Darstellung dieser Art würde jedoch nicht garantieren, daß der Slot 'Zusatzausstattung' für jeden Referenz-Frame relevant ist, d.h. dort einen Eintrag besitzt, und ist deshalb nicht adäquat (vgl. (F3) in Kap.3.2.3).

Durch das Einbeziehen von Rollenrepräsentation ist die volle Modellierungsflexibilität gegeben, ohne daß beliebige, Ad-hoc-Änderungen zugelassen werden, da eine rollenbedingte Modifikation von Slot-Strukturen durch eine entsprechende May-be-a-Beziehung als erlaubt gekennzeichnet sein muß.

3.3.3 Zuordnung von Referenz-Frames zu Instanzen und Prototypen

Ein Referenz-Frame beschreibt ein individuelles Konzept. Er wird über die **Ref-Relation** einer Konzeptklassenbeschreibung zugeordnet (im Datenbankbereich wird dies 'classification' genannt, vgl. MYLOPOULOS/LEVESQUE 84), die durch einen Prototypen definiert ist, und kann zusätzlich auch einer (oder mehrerer) Teilklasse(n) davon zugeordnet sein, die dann durch eine Instanz des Prototypen spezifiziert ist. Der Bezug eines Referenz-Frames zu einem Prototypen wird wie bei der Inst-Relation durch Identität der Slot-Struktur hergestellt (vgl. Bsp.41).

Beispiel 41:

Zuordnung eines Referenz-Frames zu einem Prototypen:[32]

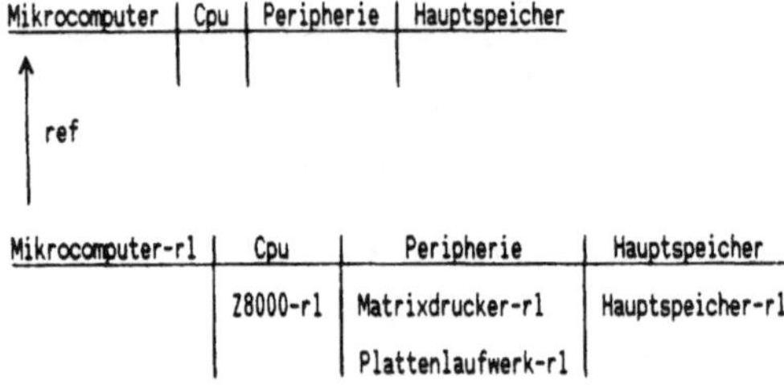

Die Zuordnung eines Referenz-Frames zu einem Instanz-Frame unterliegt mehreren Kriterien, die denen zur Spezialisierung von Instanzen im Prinzip entsprechen. Einmal müssen Slot-Einträge in obligaten, *terminalen Slots* der Instanz auch beim Referenz-Frame existieren. Das gleiche gilt für Einträge obligater, *non-terminaler Slots*, die Referenz-Frames bezeichnen. Für andere Einträge in obligaten, non-terminalen Slots gilt, daß der Referenz-Frame die bei der Instanz existierenden Einträge auf Referenz-Frames herunterspezialisieren muß.[33] Ein weiteres Kriterium zur Spezialisierung auf Referenz-Frames ist die Hinzunahme von *Einträgen in obligaten Slots*, welches notwendig ist, um in jedem Fall die Bedingung erfüllen zu können, daß alle (bei der Instanz z.T. möglicherweise noch leeren) non-terminalen Slots mit einem Referenz-Frame belegt sind (vgl. (F3)).

Einträge in klassifikatorischen Slots des Oberbegriffs können beim Referenz-Frame wegfallen, mindestens einer muß jedoch übernommen werden. Ist der Oberbegriff durch einen Prototypen gegeben, dann ist ein klassifikatorischer Slot dort natürlich leer und seine Belegung beim Referenz-Frame wird nur durch die Menge der erlaubten Einträge eingeschränkt. Ein zu übernehmender Eintrag, der noch kein Referenz-Frame ist, muß darauf spezialisiert werden (vgl. (F3)). Die folgenden Beispiele illustrieren die verschiedenen Spezialisierungsfälle.

Beispiel 42:

Ein Referenz-Frame übernimmt alle Einträge in den obligaten, terminalen Slots der Instanz, der er zugeordnet ist:

---

[32] Ein Postfix '-r', '-r1', '-r2', usw. eines Frame-Namens soll in den folgenden Beispielen andeuten, daß es sich um einen Referenz-Frame handelt.

[33] Die Restriktion, die durch einen Eintrag in einem obligaten Slot einer Instanz für einen zugehörigen Referenz-Frame entsteht, kann mit der Einschränkung durch einen 'Particular RoleSet' in KL-ONE (BRACHMAN/SCHMOLZE 85) verglichen werden.

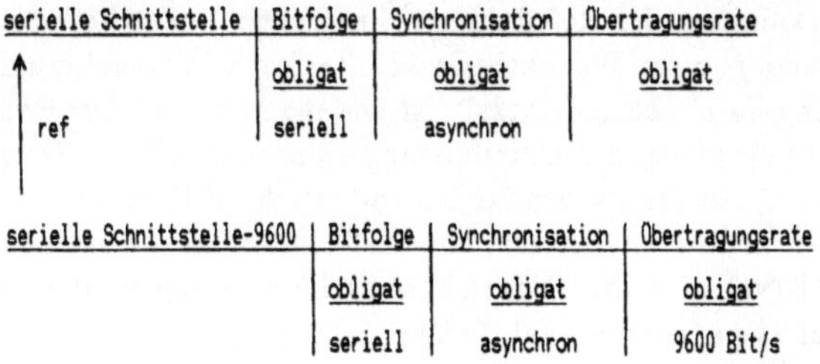

serielle Schnittstelle	Bitfolge	Synchronisation	Übertragungsrate
↑	obligat	obligat	obligat
ref	seriell	asynchron	

serielle Schnittstelle-9600	Bitfolge	Synchronisation	Übertragungsrate
	obligat	obligat	obligat
	seriell	asynchron	9600 Bit/s

Beispiel 43:

Referenz-Frames in obligaten Slots einer Instanz werden von einem ihr zugeordneten Referenz-Frame übernommen, während Einträge, die Instanzen oder Prototypen sind, zu Referenz-Frames spezialisiert werden. Die unten dargestellte Instanz 'PC-aus-Werk1' beschreibt die Klasse aller Z80-Personalcomputer, die in einem Produktionswerk 'Werk1' hergestellt wurden. 'Werk1' bezeichnet dabei einen Referenz-Frame:

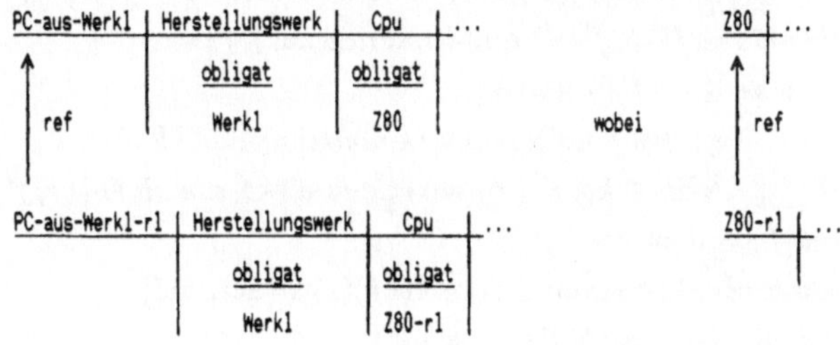

Beispiel 44:

Einträge in klassifikatorischen Slots einer Instanz können bei den zugeordneten Referenz-Frames bis auf einen wegfallen. Die übernommenen Einträge non-terminaler Slots werden zu Referenz-Frames spezialisiert, falls sie noch nicht von diesem Frame-Typ sind. Zusätzlich können in obligate Slots Einträge hinzugenommen werden:

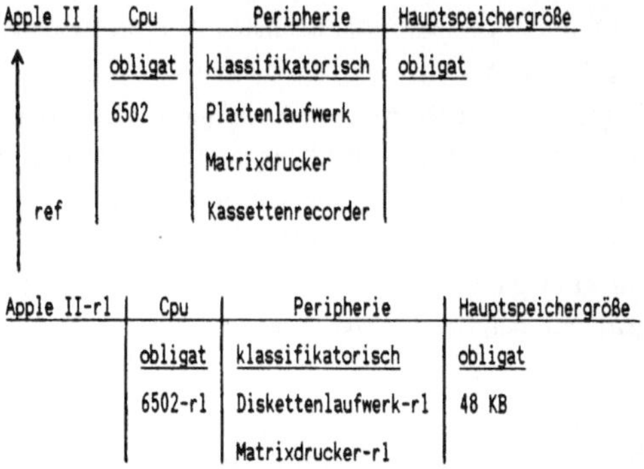

Apple II	Cpu	Peripherie	Hauptspeichergröße
↑	obligat	klassifikatorisch	obligat
	6502	Plattenlaufwerk	
		Matrixdrucker	
ref		Kassettenrecorder	

Apple II-r1	Cpu	Peripherie	Hauptspeichergröße
	obligat	klassifikatorisch	obligat
	6502-r1	Diskettenlaufwerk-r1	48 KB
		Matrixdrucker-r1	

Es folgt die formale Definition der Ref-Relation[34] zwischen einem Referenz-Frame f und einem Prototyp- oder Instanz-Frame f' einer Wissensbasis kb, die durch Verwendung des (in Kap.3.3.4 noch zu definierenden) Prädikats $e\text{-}is\text{-}a'$ ebenso rekursiv ist wie die Is-a- und Inst-Relationen. Entsprechend werden hier die gleichen Maßnahmen zur Unterbindung einer unendlichen Rekursion und damit einer partiellen Definition getroffen. Anders als dies für is-a und inst der Fall ist, kann sich eine Ref-Beziehung jedoch auf eine zyklische Spezialisierung stützen, ohne daß ein weiteres, von einem Zyklus unabhängiges Kriterium gegeben sein muß (vgl. Bsp.45). Dies steht somit im Einklang mit der Definition von Referenz-Frames durch das Prädikat $is\text{-}reference$ (vgl. (F3)).

$$
\begin{array}{ll}
ref'(kb,f,f',R) :\Leftrightarrow \langle f,f'\rangle \in R \vee & \text{(R3)} \\
\quad \vee\, is\text{-}reference(kb,f) \wedge (is\text{-}prototype(kb,f') \vee is\text{-}instance(kb,f')) \wedge & 2 \\
\quad \wedge\, \forall s' \in \operatorname{dom} kb(f') : & 3 \\
\qquad ((is\text{-}obl(kb,f',s') \Rightarrow & 4 \\
\qquad\quad \Rightarrow \forall e' \in kb(f')(s')(\mathrm{act}) : & 5 \\
\qquad\qquad (e' \in kb(f)(s')(\mathrm{act}) \vee is\text{-}nonterminal(kb,s') \wedge & 6 \\
\qquad\qquad\quad \wedge\, \exists e \in kb(f)(s')(\mathrm{act}) : e\text{-}is\text{-}a'(kb,e,e',R \cup \{\langle f,f'\rangle\}))) \wedge & 7 \\
\qquad \wedge\, (is\text{-}classif(kb,f',s') \wedge is\text{-}instance(kb,f') \Rightarrow & 8 \\
\qquad\quad \Rightarrow \forall e \in kb(f)(s')(\mathrm{act}) : & 9 \\
\qquad\qquad (e \in kb(f')(s')(\mathrm{act}) \vee is\text{-}nonterminal(kb,s') \wedge & 10 \\
\qquad\qquad\quad \wedge\, \exists e' \in kb(f')(s')(\mathrm{act}) : e\text{-}is\text{-}a'(kb,e,e',R \cup \{\langle f,f'\rangle\})))) \wedge & 11 \\
\quad \wedge \operatorname{dom} kb(f) = \operatorname{dom} kb(f') \wedge & 12 \\
\quad \wedge\, \forall s \in \operatorname{dom} kb(f) : \forall schar \in \operatorname{dom} kb(f)(s) \setminus \{\mathrm{act}, \mathrm{def}\} : & 13 \\
\qquad kb(f)(s)(schar) = kb(f')(s)(schar) & 14
\end{array}
$$

Anmerkungen:

Zeile 1: Zur Gewährleistung der Vollständigkeit des Prädikats werden Zyklen nicht weiter verfolgt.

Zeile 2: Der Unterbegriff ist ein Referenz-Frame, d.h. alle seine Slots sind belegt, und Einträge in seinen non-terminalen Slots sind Referenz-Frames.

Zeile 4-7: Einträge in obligaten, terminalen Slots des Instanz-Oberbegriffs werden in jedem Fall übernommen. Einträge non-terminaler, obligater Slots werden dagegen nur dann übernommen, wenn sie Referenz-Frames sind, ansonsten werden sie zu Referenz-Frames spezialisiert (vgl. Anmerkung zu Zeile 2).

Zeile 8-11: Falls der Oberbegriff Instanz ist, müssen Einträge in klassifikatorischen Slots des Referenz-Frames dort entweder direkt aufgeführt oder im Falle non-terminaler Slots Spezialisierungen dortiger Einträge sein (für Prototyp-Oberbegriffe ist diese Bedingung nicht anwendbar, da Prototypen keine Slot-Einträge aufweisen).

Zeile 12-14: Der Slot-Aufbau muß gleich sein. Der in Zeile 13 ausgeschlossene Eintragstyp 'def' ist schon im Vorgriff auf Kapitel 5.3 vorgesehen.

[34] In RUSSELL 08 ist der Klassenbegriff als äquivalent zu einer logischen Funktion definiert worden, d.h. ein Element x ist aus einer Klasse C genau dann, wenn $f(x)$ für eine geeignete Funktion f. Die Definition der Ref-Relation realisiert eine solche Funktion: für eine Konzeptklasse C ist $f(x)$ gegeben durch $\lambda x.ref(kb,x,C)$.

Auch für ref wird das in (R3) noch auftretende Hilfsargument durch eine zusätzliche Definition verdeckt:

$$ref\left(kb,f,f'\right) :\Leftrightarrow ref'\left(kb,f,f',\emptyset\right) \qquad \text{(R3')}$$

Beispiel 45:

Für Ref-Beziehungen muß im Falle einer zyklischen Struktur kein zusätzliches, vom Zyklus unabhängiges Spezialisierungskriterium vorhanden sein (vgl. auch Bsp.17):

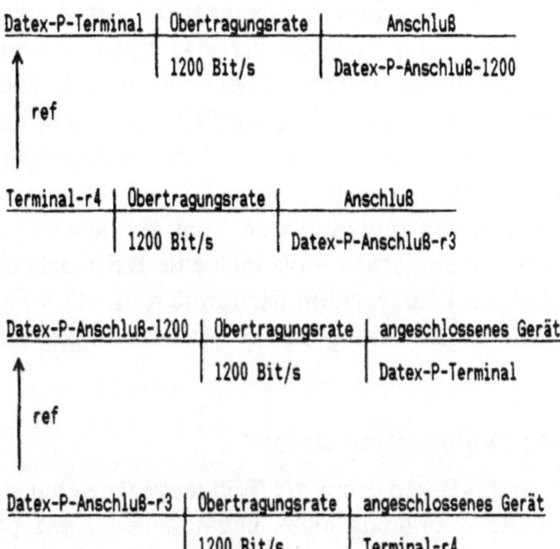

Die Ref-Relation stellt eine schärfere Version der Inst-Relation dar (vgl. (R2)). Sie verbindet immer einen Referenz-Frame mit dem strukturgleichen Prototypen (der existieren muß: siehe (F3)) sowie mit allen Instanzen dieses Prototypen. Daraus folgt, daß sie im Gegensatz zu den anderen beiden Spezialisierungsrelationen is-a und inst nur einstufig ist. Referenz-Frames können somit keinen Unterbegriff besitzen und bilden die letzte Stufe in der Konzepthierarchie (was plausibel ist, da sie ja für Individuen stehen). Aus dieser Tatsache kann eine weitere, slot-bezogene Integritätsbedingung abgeleitet werden. Ein non-terminaler Slot, der namensgleich zu einem Referenz-Frame ist, kann keine Einträge besitzen, weil ein Referenz-Frame nie Unterbegriffe besitzt (vgl. (S4)), und ist deshalb nicht zulässig:

$$\forall f \in \operatorname{dom} kb : \forall s \in \operatorname{dom} kb(f) \cap \operatorname{dom} kb : \neg is\text{-}reference(kb,s) \qquad \text{(S14)}$$

Die in Kapitel 3.1.2 aufgestellte, vorläufige Integritätsbedingung (S7) zu obligaten Slots ist – um die Spezialisierung von Einträgen erweitert – durch die Definitionen der Inst- und der Ref-Relation vollständig berücksichtigt worden und kann deshalb entfallen. Dagegen ist der ebenfalls dort formulierten Integritätsbedingung zu klassifikatorischen Slots (S8) nur insoweit Rechnung getragen worden, als daß ein Referenz-Frame höchstens die in einem Instanz-Oberbegriff vorkommenden Einträge besitzen darf (eventuell zu Referenz-Frames spezialisiert). Die Forderung nach der Relevanz eines Eintrags in einem klassifikatorischen Slot durch die Existenz mindestens eines Individuums, das ihn besitzt, kann mit Hilfe der Spezialisierungsrelationen nicht abgedeckt werden, da sie nur jeweils ein einzelnes Frame-Paar betrachten. Zur Festlegung der Semantik klassifikatorischer Slots wird deshalb weiterhin eine eigene Integritätsbedingung benötigt, die im folgenden als aktuellere Version von (S8) gegeben wird; der von der Ref-Relation schon erfaßte Teil braucht dabei nicht mehr berücksichtigt zu werden und entfällt.

$$\forall f \in \operatorname{dom} kb : (\textit{is-instance}\,(kb, f) \Rightarrow \qquad \text{(S8')}$$
$$\forall s \in \operatorname{dom} kb(f) : (\textit{is-classif}\,(kb, f, s) \Rightarrow$$
$$(\forall e \in kb(f)(s)(\text{act}) : \exists r \in \operatorname{dom} kb : (\textit{ref}\,(kb, r, f) \wedge$$
$$\wedge\,(e \in kb(r)(s)(\text{act}) \vee \exists e' \in kb(r)(s)(\text{act}) : \textit{ref}(kb, e', e))))))$$

Die obige Integritätsbedingung stellt eine sehr weitgehende Forderung dar. Wie in Kapitel 3.1.2 diskutiert wurde, bedeutet die Forderung der Existenz entsprechender Individuen nicht, daß sie in der realen Welt vorhanden sind, sondern daß es eine mögliche Welt gibt, in der sie existieren. Zur Vermeidung der Verletzung von (S8′) müssen (automatisch) vorläufige Referenz-Frames vorgesehen werden, die die von einem klassifikatorischen Slot eines Instanz-Oberbegriffs geforderten Einträge aufweisen, falls entsprechende Referenz-Frames nicht schon aufgrund der jeweiligen Anwendung in der Wissensbasis vorhanden sind. Die obligaten Slots dieser Referenz-Frames wären mit Null-Werten belegt. Die Bereitstellung solcher Referenz-Frames macht die Bedingung (S8′) nicht überflüssig (weil sie damit immer erfüllt ist), sondern sie erlaubt überhaupt erst, Aussagen zur (Möglichkeit der) Existenz von Individuen mit den jeweiligen Eigenschaften zu machen – die unvollständigen Referenz-Frames übernehmen dabei lediglich die Aufgabe, diese Aussagen zu repräsentieren. Ein Verzicht auf die Bedingung (S8′) hätte deshalb zur Folge, daß die den klassifikatorischen Slots inhärente Existenzbedingung nirgendwo in FRM niedergelegt wäre, so daß die korrekte Interpretation der Einträge in klassifikatorischen Slots bezüglich dieses Aspekts dann allein in der Verantwortung der Programme liegen würde, die auf eine Frame-Wissensbasis zugreifen.

3.3.4 Typübergreifende Spezialisierungsrelation

Die Spezialisierung von Konzeptklassen kann als Teilmengenbeziehung zwischen ihren Extensionen aufgefaßt werden, während die Zuordnung eines individuellen Konzepts zu einer Konzeptklasse der Beziehung eines Elements zu einer Menge gleichkommt (vgl. Bsp.46, REICHENBACH 47). Auf diese Weise ist ein Individuum i.a. nicht nur einer Konzeptklasse zugeordnet, sondern ebenso allen übergeordneten Klassen (vgl. ebenfalls Bsp.46). Das gleiche soll auch für die Konzeptspezialisierung in FRM gelten. Da die Definition einer Is-a-Beziehung zwischen zwei Prototypen auf der Spezialisisierung der Slot-Struktur basiert, dagegen die Definition von Inst- und Ref-Beziehungen die Gleichheit der Slot-Struktur der beteiligten Frames als Bedingung enthält (wodurch inst und ref orthogonal zu is-a werden), ist ein Referenz-Frame höchstens den ihm in seiner Slot-Struktur gleichenden Konzeptklassen zugeordnet, d.h. den Instanz-Unterbegriffen des zu ihm strukturgleichen Prototypen sowie diesem Prototypen selber. Die Zuordnung eines Referenz-Frames oder einer Instanz zu einem Prototypen, der Oberbegriff desjenigen Prototypen ist, dem sie durch Gleichheit der Slot-Struktur zugehören, wird durch die bisherigen Spezialisierungsrelationen nicht abgedeckt (vgl. Bsp.47). Deshalb wird die Relation e-is-a (für erweiterte is-a) eingeführt, die alle Spezialisierungen der bisherigen Typen umfaßt sowie zusätzlich die Instanzen und Referenz-Frames, die zu einem Prototypen gehören, mit allen ihm übergeordneten Prototypen relationiert:

$$\textit{e-is-a}'\left(kb, f, f', R\right) :\Leftrightarrow \qquad \text{(R4)}$$
$$\textit{is-a}'\left(kb, f, f', R\right) \vee \textit{inst}'\left(kb, f, f', R\right) \vee \textit{ref}'\left(kb, f, f', R\right) \vee$$
$$\vee\, \exists f'' \in \operatorname{dom} kb : \left(\textit{inst}'\left(kb, f, f'', R\right) \wedge \textit{is-a}'\left(kb, f'', f', R\right)\right) \vee$$
$$\vee\, \exists f'' \in \operatorname{dom} kb : \left(\textit{ref}'\left(kb, f, f'', R\right) \wedge \textit{is-a}'\left(kb, f'', f', R\right)\right)$$

Diese Version von e-is-a unterstützt die Erkennung von Zyklen, wie dies in den Definitionen für is-a (R1′), inst (R2) und ref (R3) vorgesehen ist. Die folgende Version verdeckt das dazu eingeführte letzte Argument:

$$e\text{-}is\text{-}a\left(kb, f, f'\right) :\Leftrightarrow e\text{-}is\text{-}a'\left(kb, f, f', \emptyset\right) \qquad \text{(R4')}$$

Beispiel 46:

Die Spezialisierung von Konzeptklassen in der Sicht einer Teilmengenbeziehung zwischen ihnen läßt sich für die Klasse aller Drucker-Konzepte wie folgt illustrieren:

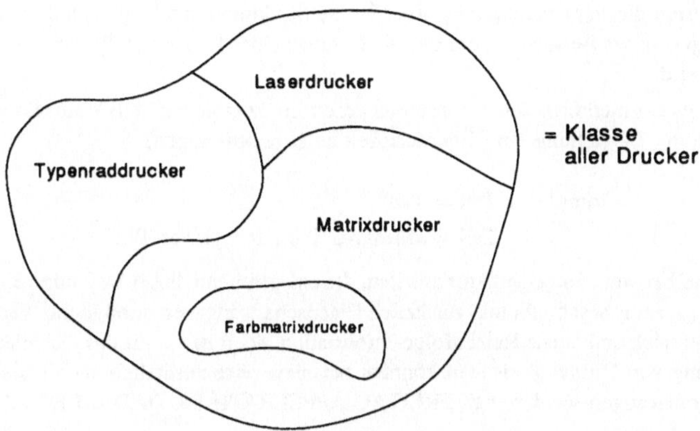

Es gilt dann z.B. Drucker $\supseteq$ Matrixdrucker $\supseteq$ Farbmatrixdrucker. Deshalb folgt aus Farbmatrixdrucker-1 $\in$ Farbmatrixdrucker die Beziehung Farbmatrixdrucker-1 $\in$ Drucker.

Beispiel 47:

Die Zuordnung von Referenz-Frames und Instanzen eines Prototyp-Frames zu den ihm übergeordneten Prototypen wird durch die Spezialisierungsrelationen is-a, inst und ref nicht geleistet (weshalb e-is-a eingeführt wird):

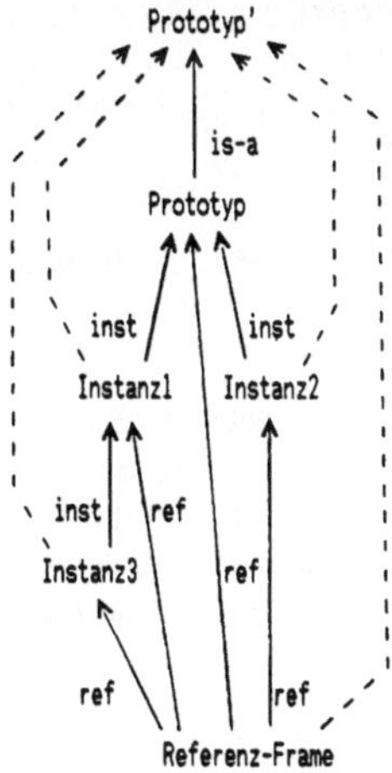

Exkurs:

Besitzt ein Frame einen non-terminalen Slot, der namensgleich zu einem seiner Oberbegriffe ist, so ist er nach der Integritätsbedingung (S4) selber erlaubter Eintrag in diesem Slot. Das ist sicherlich wenig sinnvoll. Eine zusätzliche Integritätsbedingung könnte die Modellierung solcher Slots von vornherein verbieten. Obwohl eine solche Integritätsbedingung für manche Anwendungsbereiche durchaus angebracht ist, erscheint sie als modellinhärente Bedingung zu restriktiv, weil dann keine **Modellierung rekursiver Strukturen** mehr möglich wäre (vgl. HOARE 75, LAMERSDORF/SCHMIDT 83, LAMERSDORF 85, BATORY/BUCHMANN 84). Die folgende Diskussion illustriert die Verwendung rekursiver Frame-Strukturen und lehnt sich dazu an ein in LAMERSDORF/SCHMIDT 83 gegebenes Beispiel an, das dort im Rahmen eines Datenmodells zur Unterstützung rekursiver Strukturen diskutiert wird.

Der allgemeine Fall eines aus mehreren Teilen zusammengesetzten, komplexen Teils kann rekursiv folgendermaßen definiert werden (ohne die Darstellung von Eigenschaften zu berücksichtigen):

$$\text{komplexes Teil} = \text{Teil}^n$$
$$\text{Teil} = \text{atomares Teil} \mid \text{komplexes Teil}$$

Daraus läßt sich unmittelbar eine Frame-Struktur ableiten, die entsprechend dieser Definition ein komplexes Teil als aus mehreren Teilen bestehend beschreibt und zusätzlich Eigenschaftsangaben ermöglicht. Verloren geht dabei die in der obigen Definition noch enthaltene Reihenfolge-Information, doch ist sie für das diskutierte Beispiel ohnehin irrelevant (zur Erfassung von Ordnungsangaben könnten beispielsweise zusätzlich auch Listen zur Beschreibung von Slot-Einträgen herangezogen werden, vgl. FREITAG/APPELRATH 85, DADAM ET AL. 86):

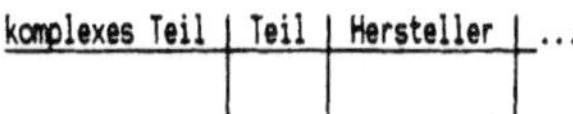

Ein Frame für ein atomares Teil ist analog aufgebaut, ihm fehlt jedoch der Slot zur Beschreibung ihm untergeordneter Teile. Damit wird ein komplexes Teil zum Unterbegriff eines Frames 'Teil', der noch nicht die Zuordnung von Unterteilen in seiner Slot-Struktur vorsieht, somit sowohl die Klasse aller atomaren Teile als auch die Klasse aller komplexen Teile umfaßt (entsprechend der obigen Definition von Teil):

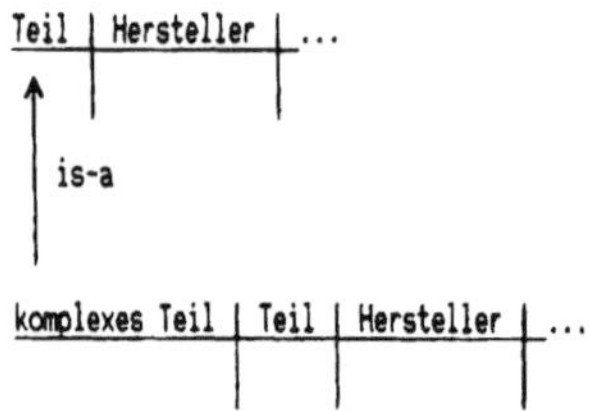

Nach Integritätsbedingung (S4) sind für diese Darstellung alle Unterbegriffe von 'Teil' erlaubte Einträge im gleichnamigen Slot von 'komplexes Teil', d.h. sowohl atomare als auch komplexe Teile. Somit ist der Frame 'komplexes Teil' in seiner Struktur rekursiv aufgebaut. In die bis jetzt noch allgemeine Darstellung können nun spezielle Typen von Teilen als Prototyp- oder Instanz-Unterbegriffe eingebracht und individuelle Teile als zugehörige Referenz-Frames dargestellt werden.[35] Die folgende Darstellung gibt hierfür ein Beispiel:[36]

[35] Womit die Adäquatheit der drei-typigen Konzepthierarchie dokumentiert wird.

[36] Es sind aus Platzgründen nicht für alle Einträge in non-terminalen Slots die zugehörigen Frame-Strukturen dargestellt.

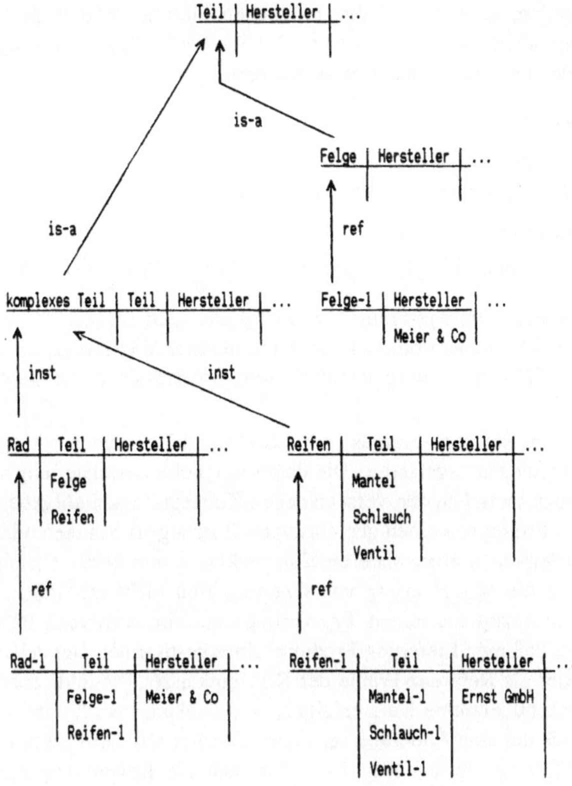

Die Nützlichkeit von rekursiven Frame-Strukturen ist durch das obige Beispiel deutlich geworden; ihre Modellierung sollte deshalb nicht durch zu restriktiv formulierte Integritätsbedingungen ausgeschlossen werden. Es wird jedoch die Integritätsbedingung (S4) erweitert, um ein Auftreten der in jedem Fall unerwünschten Situation, daß ein rekursiv aufgebauter Frame in einem seiner eigenen Slots Eintrag ist, zu unterbinden:

$$\forall f \in \operatorname{dom} kb : \forall s \in \operatorname{dom} kb(f) : (\textit{is-nonterminal}(kb, s) \Rightarrow \\ kb(f)(s)(\text{perm}) = \{f' \mid f' \in \operatorname{dom} kb \land f' \neq f \land \textit{e-is-a}(kb, f', s)\}) \qquad \text{(S4')}$$

3.3.5 Konzeptklassen als Datentypen

Die Definition eines Referenz-Frames (F3) legt fest, daß ein solcher Frame nur dann in einer Wissensbasis vorkommen darf, wenn es auch eine dazugehörige Konzeptklasse in der Wissensbasis gibt, d.h. die Existenz eines Referenz-Frames einer bestimmten Slot-Struktur muß a priori durch die Modellierung eines entsprechenden Prototypen erlaubt werden. Das durch den Referenz-Frame dargestellte Individuum kann zusätzlich Element einer Konzeptklasse sein, die durch einen Instanz-Frame beschrieben ist, und muß dann die dort festgelegten Eigenschaften aufweisen. Prototypen und Instanzen können deshalb als **Datentyp-Deklarationen** aufgefaßt werden[37] (vgl. SCHMIDT 78, BRODIE 80, SMITH/SMITH 80, HAYES/HENDRIX 81, BORGIDA 88). Da ein Datentyp nur einmal deklariert werden kann, macht die Existenz strukturgleicher Prototyp-Frames oder strukturgleicher Instanz-Frames keinen Sinn und wird durch die folgende Integritätsbedingung ausgeschlossen. Die Modellierung von Frames, die zwar in

[37] Es ist hier der "naive" Begriff eines Datentypen gemeint, also eine Menge gleichartiger Objekte, die mit vorgegebenen Operatoren manipuliert werden können.

ihrer Slot-Struktur verschieden, in bezug auf ihre möglichen Einträge jedoch gleich sind, wurde durch (F6) und in gewissem Sinne auch durch (F5) in Kapitel 3.3.1.2 schon als unzulässig erklärt und braucht im folgenden deshalb nicht mehr berücksichtigt zu werden.

$$\begin{aligned}
&\forall f \in \operatorname{dom} kb: \qquad\qquad\qquad\qquad\qquad\qquad\qquad\qquad \text{(F8)}\\
&\quad ((\textit{is-prototype}\,(kb, f) \Rightarrow\\
&\qquad \neg\exists f' \in \operatorname{dom} kb \setminus \{f\} : (\textit{is-prototype}\,(kb, f') \wedge kb(f) = kb(f')))\wedge\\
&\quad \wedge\, (\textit{is-instance}\,(kb, f) \Rightarrow\\
&\qquad \neg\exists f' \in \operatorname{dom} kb \setminus \{f\} : (\textit{is-instance}\,(kb, f') \wedge kb(f) = kb(f'))))
\end{aligned}$$

Die Existenz von zwei gleichen Referenz-Frames wird dagegen nicht ausgeschlossen, denn je nach Ausdifferenzierung der Slot-Struktur eines Frames können die in einer Wissensbasis erfaßten Eigenschaften verschiedener individueller Konzepte völlig identisch sein, so daß sie außer durch ihre Namen nicht unterscheidbar sind.

Neben der Zuordnung von Referenz-Frames zu Instanzen und Prototypen wurde eine Spezialisierung zwischen Prototypen und Instanzen zugelassen. Die damit mögliche Bereitstellung von Oberbegriffen ist wichtig, weil dadurch Bezüge zwischen den verschiedenen Konzeptklassen aufgebaut werden können, so z.B. die Tatsache, daß zwei Prototypen einen gemeinsamen Oberbegriff besitzen oder daß Elemente einer Konzeptklasse Teile von Elementen einer anderen Konzeptklasse sein können (siehe auch Kapitel 3.4). Zum anderen wäre es ohne die Modellierung von Oberbegriffen nicht möglich, ein Individuum, über das nur partielles Wissen in bezug auf seinen Typ vorliegt, zu repräsentieren. Ist in einer Anwendung beispielsweise nur bekannt, daß eine Lieferung Produkte eines bestimmten Herstellers umfaßt, sind diese immerhin als Instanzen oder als Referenz-Frame der Konzeptklasse 'Produkt' darstellbar. Ein späteres Hinunterziehen in der Konzepthierarchie kann erfolgen, wenn bekannt wird, daß es sich z.B. um Terminals gehandelt hat. Das bedeutet eine Änderung (genauer: eine Spezialisierung) des Typs des betroffenen Frames. Neben der Modifikation bestehender Typen ist auch die Erweiterung einer Wissensbasis um gänzlich neue Typen (Konzeptklassen) möglich. Solche Optionen zur Änderung einer Typ-Hierarchie (Konzepthierarchie) sind besonders wichtig für adaptive und lernende Systeme, die Änderungen vor allem auf den generalisierten Strukturen einer Wissensbasis vornehmen können müssen. Solche Systeme sind charakteristisch für den KI-Bereich, wo die Unterstützung von Typ- bzw. Konzeptklassen-Änderungen deshalb zur selbstverständlichen Funktionalität eines Repräsentationssystems gehört. Im Datenbankbereich sah das bis vor kurzem aufgrund der verschiedenen Anwendungen noch völlig anders aus.

Dem Verhältnis zwischen einem Datentyp und seinen Typ-Ausprägungen entspricht im Datenbankbereich die Beziehung zwischen einem konzeptuellem Schema und einer Datenbank (vgl. z.B. CHALLIS 82). Das Schema ist üblicherweise statisch und Änderungen werden nur auf der Datenbank ausgeführt. Bestimmte Typen von Schema-Änderungen sind in einigen der bestehenden Datenbanksystemen zwar möglich (z.B. DB2 (DATE 84)), doch nur als privilegierte Operationen. Charakteristisch für die Tatsache, daß Schemata weitgehend statisch sind, ist auch die Unterscheidung zwischen einer Datenmanipulationssprache und einer Datendefinitionssprache. Ein Vorschlag zur Überwindung dieser Trennung (die schon von Kent (KENT 78, Kap.2.2.3) gefordert wurde) und zur Integration von Datenmanipulations- und -definitionssprache wurde erst in jüngerer Zeit in MARK/ROUSSOPOULOS 83 (und ausführlicher in MARK 85) gemacht. Weitere Ansätze zur Unterstützung von Schema-Änderungen sind aus den Anforderungen neuerer Anwendungsgebiete für Datenbanksysteme erwachsen. So verlangt die häufige Änderung der Objektstrukturen in einer CAD/CAM-Datenbank Schema-Modifikationen, die durch ein änderbares Data Dictionary ermöglicht werden können (CAMMARATA/MELKANOFF 86). Im CAD-Datenmodell FLOREAL (FOISSEAU/VALETTE 82) ist neben dem statischen Konzepttyp 'Typ' ein dynamischer Konzepttyp 'Objekt' vorgesehen, der in seiner Struktur jederzeit geändert werden kann. Eine Unterstützung von Typänderungen in einem objektorientierten Modell wird in SKARRA/ZDONIK 86 beschrieben. Der besondere Schwerpunkt dieser Arbeit liegt darauf, die Auswirkungen einer Typänderung auf die zugehörigen Objektausprägungen und Sub-Typen sowie auf die Anwendungsprogramme, die auf die Datenbank zugreifen, durch Typanpassung (coercion) und Einführung von Versionen so zu gestalten, daß möglichst keine Fehlerzustände aufgrund inkompatibler Typen auftreten. NIRENBURG/ATTIYA 84 bechreibt die Grundzüge eines Datenmodells für KI-Anwendungen und behandelt die Typbeschreibungen als Teil der änderbaren Daten. Für den Bürobereich schließlich stellt RABITTI 85 ein Datenmodell zur Repräsentation von Dokumenten vor, in dem zwar nicht erlaubt ist, ein bestehendes Schema zu ändern, aber um den vielfältigen Strukturen verschiedener Dokumente Rechnung zu tragen, werden immerhin dynamische Erweiterungen der Struktur von Dokument-Objekten zugelassen.

Alle Vorschläge für dynamische Schemata behalten die Trennung in Schema und Datenbank bei. Durch diese Trennung wird die volle Flexibilität von Typdefinitionen, wie sie in FRM möglich ist, nicht erreicht. Es besteht in FRM nämlich die Möglichkeit, einen Typ unter Bezug auf Typausprägungen zu definieren.[38] Das ist z.B. nötig, damit ein Instanz-Frame (also eine Typbeschreibung), der eine Rechner-Familie repräsentiert, in seinem Hersteller-Slot den Referenz-Frame (eine Typausprägung) für den zugehörigen Hersteller aufweisen kann. Ein Ansatz zur Aufhebung der Trennung von Schema und Datenbank in bisherigen Datenmodellen könnte ein Meta-Schema vorsehen, das die verfügbaren Repräsentationsstrukturen beschreibt, mit deren Hilfe dann sowohl Typen als auch Typausprägungen dargestellt werden können. Beide wären Teil einer Datenbank, die damit auch die (frühere) Schema-Information enthalten würde.[39] Der Rolle eines solchen Meta-Schemas entsprechen in etwa die syntaktischen Grundstrukturen von FRM ((SY1) bis (SY3)), denn ebenso wie nur das Meta-Schema statisch ist, ist der einzige, fest vorgegebene Datentyp von FRM der generische Typ eines Frames. Man kann ihn als einen parametrisierten Datentyp auffassen, der aus Objekten (Slots und Slot-Einträge) zusammengesetzt ist, die in Typ und Anzahl noch variabel sind. Die zulässigen Operationen auf einem Frame sind für den generischen Frame-Typ schon festgelegt (siehe Kap.4). Auch eine Frame-Wissensbasis stellt sich als ein parametrisierter Datentyp dar, der nach (SY1) eine Menge von Frames ist.[40] Die Spezifikation von FRM läßt sich somit als die Spezifikation eines komplexen, **parametrisierten Datentyps** auffassen; das Typ-System von FRM ist damit **polymorph** (vgl. MILNER 78). Die Sichtweise auf ein Repräsentationsmodell als einen parametrisierten Datentyp ist auch für andere Modelle möglich und sinnvoll (BUNEMAN 83, BEVER/LOCKEMANN 85). Eine zweite Form von Typ-Polymorphie ist in FRM durch die Konzepthierarchie gegeben: Ein Referenz-Frame besitzt nicht nur einen Typ, sondern alle durch seine transitiven Oberbegriffe definierten Typen (einen Überblick über verschiedene Arten von Typ-Polymorphie gibt CARDELLI/WEGNER 85).

Die Arbeiten zu polymorphen Datentypen stammen aus dem Programmiersprachenbereich. Für Datenbanken wurden Typ-Systeme solcher Art deshalb vor allem im Kontext von Datenbank-Programmiersprachen untersucht (für einen Überblick siehe ATKINSON/BUNEMAN 87). Polymorphe Typen treten dort dann auf, wenn die Konzepthierarchie eines semantischen Datenmodells durch das Typ-System einer Programmiersprache unterstützt werden soll. Beispiele solcher Sprachen sind DIAL (HAMMER/BERKOWITZ 80), TAXIS (MYLOPOULOS/WONG 80), ADAPLEX (SMITH/FOX/LANDERS 81) und Galileo (ALBANO ET AL. 85, ALBANO ET AL. 88); einen Vergleich dieser Sprachen gibt BORGIDA 85. Ein polymorphes Typ-System ist ebenfalls in der funktionalen Anfragesprache FQL realisiert, die auch als eine funktionale (Datenbank-)Programmiersprache betrachtet werden kann (BUNEMAN/NIKHIL 84, NIKHIL 88). Eine Programmiersprache, die vollständig auf der Deklaration von Datentypen aufbaut, die in einer Typ-Hierarchie organisiert sind, ist in AIT-KACI 86 beschrieben. Die

---

[38] Eine Ausnahme unter den Datenmodellen bildet hier FLOREAL (FOISSEAU/VALETTE 82), dessen Objekte zur Definition einer Konzeptklasse herangezogen werden können. Da sie Teil der Datenbank und nicht Teil des Schemas sind, können in der Datenbank sowohl Typangaben als auch Objektausprägungen auftreten.

[39] Ein solches Vorgehen würde natürlich das Beschreiten völlig neuer Wege bei der Implementation eines Datenbanksystems bedeuten. So wird beispielsweise die Durchführung der Typkontrolle aufgrund der größeren Flexibilität möglicher Typmanipulationen sehr viel aufwendiger.

[40] Tatsächlich beziehen sich die meisten der in Kapitel 4 spezifizierten Operationen nicht nur lokal auf einen Frame, sondern beziehen zur Integritätserhaltung auch andere Frames mit ein, sind folglich Operationen auf einer Frame-Wissensbasis.

Ausführung eines Programms in dieser Sprache entspricht der Überprüfung des Typs eines Eingabeobjekts (vgl. auch MARTIN-LÖF 82). Insgesamt läßt sich der Trend feststellen, daß die Unterscheidung deklarativer und prozeduraler Elemente einer Programmiersprache immer mehr zu einer Frage des gerade angenommenen Standpunktes wird (vgl. hierzu die Sprache Prolog: CLOCKSIN/MELLISH 81). Auch für FRM läßt sich eine prozedurale Interpretation vorstellen.[41] Die Basis dazu ist durch die in Kapitel 3.5 noch einzuführenden anwendungsabhängigen Integritätsbedingungen gegeben. Die Überprüfung einer solchen Integritätsbedingung wird durch das Schreiben oder Löschen eines Eintrags für den Slot, dem sie zugeordnet ist, angestoßen. Sind zur Integritätserhaltung benutzerspezifische Folgeoperationen vorgesehen (was momentan nicht möglich ist), dann kann eine Integritätsverletzung eine Folge von Änderungsoperationen initiieren, deren Endresultat das gewünschte Berechnungsergebnis wäre.

3.3.6 Grundzüge eines Versionen-Konstrukts

Wie in Kapitel 3.1.3 schon besprochen wurde, stellt die Existenz eines klassifikatorischen, einwertigen Slots zunächst einen Modellierungskonflikt dar, weil die Aufgabe eines klassifikatorischen Slots, mehrere potentielle Einträge für einen Referenz-Frame darzustellen, nicht zu erfüllen ist, wenn er einwertig ist. Es wurde deshalb die Existenz klassifikatorischer und einwertiger Slots zwar nicht ausgeschlossen, aber in (S10′) festgelegt, daß die Einwertigkeit eines solchen Slots nur berücksichtigt wird, wenn er einem Referenz-Frame zugeordnet ist, denn dort kann es durchaus sinnvoll sein, daß ein klassifikatorischer Slot einwertig ist.

Die Existenz eines klassifikatorischen, einwertigen Slots, der mehrere Einträge enthält, kann für einen Instanz-Frame so interpretiert werden, daß er darstellt, welche verschiedenen Versionen für das beschriebene Konzept möglich sind. Bei einem Referenz-Frame wird aus dem Spektrum der bei der Instanz angegebenen Einträge der zutreffende Eintrag ausgewählt und die der Instanz zugehörigen Referenz-Frames auf diese Weise in verschiedene Versionen aufgeteilt (vgl. Bsp.48). Alle Referenz-Frames, die der gleichen Version angehören, können zu einer **Versionenklasse** zusammengefaßt werden. Besitzt ein Instanz-Frame mehrere klassifikatorische, einwertige Slots, dann ist für jeden dieser Slots und für jeden Eintrag darin eine Versionenklasse definiert (vgl. Bsp.49). Es können sich also mehrere, überlappende Versionenklassen ergeben (vgl. BERKEL ET AL. 87, wo ebenfalls ein Objekt gleichzeitig Version bzgl. unterschiedlicher Aspekte sein kann). Diese klassifizierende Eigenschaft gibt den klassifikatorischen Slots ihren Namen.

Beispiel 48:

Durch den Slot 'Betriebssystem' des Frames 'VAX', der klassifikatorisch und einwertig ist, werden auf der Menge der Referenz-Frames, die Individuen der Konzeptklasse 'VAX' beschreiben, zwei Versionen von VAX-Rechnern definiert: Solche, die unter UNIX, und solche, die unter VMS laufen. Zwei Referenz-Frames, die je zu einer Versionenklasse gehören, sind dargestellt:

[41] Ein Vorschlag für eine frame-basierte Programmiersprache, die jedoch noch unausgereift und vom Ansatz her wenig elegant wirkt, ist in YOUNG/PROCTOR 86 beschrieben. Einige Ideen in diese Richtung sind auch in ITO/UENO 86 zu finden.

VAX	Cpu	Peripherie	Hauptspeicher	Betriebssystem
	einwertig	klassifikatorisch	einwertig	einwertig
	obligat		obligat	klassifikatorisch
				UNIX
				VMS

ref

VAX-r1	Cpu	Peripherie	Hauptspeicher	Betriebssystem
	..	...	......	VMS

ref

VAX-r2	Cpu	Peripherie	Hauptspeicher	Betriebssystem
	..	...	......	UNIX

Gleiches gilt für den Slot 'Cpu' des Frames '9920', der ebenfalls klassifikatorisch und einwertig ist. Durch ihn werden gleich drei Klassen von Versionen mit jeweils verschiedener Cpu definiert (da der Slot 'Betriebssystem' nur einen Eintrag besitzt, verhält er sich in diesem Fall wie ein obligater Slot):

9920	Cpu	Peripherie	Hauptspeicher	Betriebssystem
	einwertig	klassifikatorisch	einwertig	einwertig
	klassifikatorisch		obligat	klassifikatorisch
	68000			UNIX
	68010			
	68020			

Beispiel 49:

Eine Instanz kann mehrere klassifikatorische, einwertige Slots besitzen, wodurch mehrere, sich überlappende Versionenklassen definiert sind. Terminale Slots, wie 'Netzfrequenz', sind per Definition einwertig, so daß sie immer Versionenklassen induzieren, wenn sie als klassifikatorisch deklariert sind:

CS-Terminal	Tastatur	Bildschirm	Netzfrequenz
	einwertig	einwertig	einwertig
	klassifikatorisch	klassifikatorisch	klassifikatorisch
	CS-Tastatur-1	CS-Bildschirm-1	50 Hz
	CS-Tastatur-2	CS-Bildschirm-2	60 Hz
	CS-Tastatur-3		

Es folgt die formale Definition einer Versionenklasse. Sei für eine Wissensbasis *kb* eine Instanz *i* gegeben, die einen einwertigen, klassifikatorischen Slot *s* mit dem Eintrag *e* besitzt, dann ist die durch diesen Eintrag induzierte Versionenklasse definiert als

$$\begin{aligned} &\mathit{version\text{-}class}(kb, i, s, e) := \\ &\quad \{r \mid r \in \mathrm{dom}\, kb \wedge \mathit{ref}(kb, r, i) \wedge \\ &\quad\quad \wedge (e \in kb(r)(s)(\mathrm{act}) \vee \\ &\quad\quad\quad \vee\, \mathit{is\text{-}nonterminal}(kb, s) \wedge \exists e' \in kb(r)(s)(\mathrm{act}) : \mathit{e\text{-}is\text{-}a}(kb, e', e))\} \end{aligned} \tag{V1}$$

Man kann nun von den Elementen einer Versionenklasse (ihrer Extension) abstrahieren[42] und die zugehörige Intension betrachten, wodurch es möglich wird, unabhängig von dem Wissen über die Existenz eines Klassenelements zu bestimmen, welche Konzeptversionen auftreten können. In diesem Punkt unterscheidet sich das hier vorgestellte Konstrukt grundsätzlich von anderen Ansätzen zur Repräsentation von Versionen, die eine Konzeptversion durch eine explizite Operation erzeugen, aber nicht für zwei vorgegebene Konzepte entscheiden können, ob sie Versionen voneinander sind.

Von den verschiedenen Bedeutungen, in denen in der Literatur Versionen behandelt werden (vgl. KINZINGER 83 für eine Übersicht), trifft für das Versionenkonstrukt von FRM die der (Konzept-)Alternativen bzw. (Konzept-)Varianten zu, wie sie z.B. auch in ZDONIK 84 und in BATORY/KIM 85 diskutiert werden. Es bildet die Grundlage zur Darstellung von Aussagen wie "Nur für die 68020-Version steht ein virtuelles Betriebssystem zur Verfügung". Zeitversionen oder verschiedene Sichten auf ein Konzept sind mit diesem Konstrukt nicht zu erfassen.

3.4 Aggregierungsrelationen

Unter Aggregierung versteht man die Zusammensetzung von Objekten zu einem neuen Objekt. Angewandt auf die Repräsentation von Konzepten bedeutet das die Beschreibung der Eigenschaften eines Konzepts unter Bezugnahme auf andere Konzepte. Es werden dadurch semantische Beziehungen zwischen den Konzepten, die an einer Aggregierung teilhaben, und dem Konzept, welches durch die Aggregierung beschrieben wird, induziert. Beziehungen dieser Art werden im folgenden Aggregierungsrelationen genannt.

Neben der Konzeptspezialisierung stellt die Aggregierung ein zweites zentrales Modellierungskonstrukt in semantischen Datenmodellen dar. So entsteht nach SMITH/SMITH 77b durch Aggregierung im relationalen Modell ein höheres Konzept, das durch eine eigene Relation repräsentiert wird und die Beziehung mehrerer Relationen (also Konzepte) zueinander erfaßt. Aggregierung ist somit ein Abstraktionsvorgang. Das Konstrukt des Grouping in SDM (HAMMER/McLEOD 81) ist ein spezieller Typ von Aggregierung, wo Konzeptklassen (Gruppen) zu einer Gruppenklasse zusammengefaßt werden, die damit eine Menge gleichartiger Konzeptklassen beschreibt (wie z.B. 'Tierart', 'Schiffstyp'). Die gleiche Form der Aggregierung ist in SANTOS ET AL. 80 als 'correspondence' beschrieben worden und tritt auch in RM/T, einer Erweiterung des relationalen Modells, als 'cover aggregation' auf (CODD 79). Aggregierungen sind auch einige der in SU/LO 80 vorgestellten Typen von Assoziationen. Die neuerdings im Datenbankbereich diskutierten molekularen (oder komplexen) Objekte stellen das Ergebnis über mehrere Stufen durchgeführter Aggregierungen dar. Auf der höchsten Abstraktionsebene ist ein molekulares Objekt durch ein (u.U. geschachteltes) Relationentupel repräsentiert, auf tieferen Abstraktionsebenen durch eine Menge von untereinander relationierten Tupeln, die jeweils wiederum molekulare Objekte beschreiben können (vgl. BATORY/BUCHMANN 84).

Das Prinzip der Aggregierung findet man in verschiedenen Disziplinen vertreten. So beschreibt CURRY ET AL. 82 für eine objektorientierte **Programmiersprache** einen Mechanismus, mit dessen

[42] Der für die Definition einer Versionenklasse benutzte Abstraktionsmechanismus entspricht dem 'Grouping' in SDM (HAMMER/McLEOD 81).

Hilfe Objekte durch Aggregierung mehrerer Primitiv-Objekte konstruiert werden können. In der **KI** sind frame-artige Strukturen Aggregierungen von Teilstrukturen (Slots), die selber wieder aus frame-artigen Strukturen zusammengesetzt sein können (Slot-Einträge). Sie sind deshalb strukturell mit den komplexen Objekten aus dem Datenbankbereich vergleichbar (vgl. REIMER/SCHEK 88). In der **Linguistik** schließlich bilden die Kasusrahmen einer Kasusgrammatik (FILLMORE 68) eine Aggregierung der Kasusrollen eines Verbs. Sie können als identisch mit den zugehörigen Frames der semantischen Repräsentation einer natürlichsprachlichen Äußerung betrachtet werden (CHARNIAK 81a).

In FRM entstehen Frames als Aggregierungen anderer Frames durch Modellierung non-terminaler Slots (vgl. Bsp.50).[43] Das in Beziehung Setzen eines Frames zu einem anderen Frame durch Zuordnung eines gleichnamigen non-terminalen Slots beschreibt eine assoziative, semantische Nähe zwischen beiden Frames, deren eigentliche Natur jedoch nicht näher erfaßt ist.[44] So verbirgt sich z.B. hinter der Zuordnung eines Slots 'Betriebssystem' zu einem Frame 'Rechner' eine andere semantische Beziehung als hinter der Zuordnung eines Slots 'Hersteller' zu dem gleichen Frame. Solche Beziehungen in ihrer Bedeutung zu erfassen, geht über die Darstellungsmächtigkeit der gegenwärtigen Version von FRM (und vieler anderer Sprachen) hinaus. Dazu wären Konstrukte für die Beschreibung von Vorgängen nötig, die diese in Teilereignisse untergliedern und Kausal- und Temporalzusammenhänge zwischen ihnen erfassen können. Folglich ist im Unterschied zu den in Kapitel 3.3 vorgestellten Spezialisierungsrelationen für eine Aggregierungsrelation, die durch die Modellierung eines non-terminalen Slots gegeben ist, das Wesen der Beziehung kaum erfaßt. Da jedoch die Zuordnung von Slots zu Frames nicht ohne Nebenwirkungen ist (vgl. (R1'), (R2), (R3), (S4')) und bestimmte Slot-Strukturen überhaupt nicht zugelassen sind (vgl. (F5), (F6), (F8), (S14)), sind auch die Aggregierungsrelationen zu einem gewissen Grad semantisch kontrolliert und nicht beliebig setzbar. Die durch die Zuordnung eines non-terminalen Slots zu einem Frame induzierte Aggregierungsrelation wird im folgenden **is-slot** genannt (s.u.). Sie entspricht der in SMITH/SMITH 77b beschriebenen Form der Aggregierung.

So wie ein Frame als Zusammensetzung von Slots betrachtet werden kann, kann ein Slot als Zusammensetzung von Einträgen aufgefaßt werden. Im Falle von non-terminalen Slots sind dies (Namen von) Frames. Auch durch diese Form der Aggregierung wird eine assoziative Beziehung zwischen einem Frame, der als Eintrag auftritt, und dem Frame, zu dem der betroffene Slot gehört, dargestellt (vgl. Bsp.51). Die diesem Typ von Aggregierungsrelation – die im folgenden **is-entry** genannt wird – zugrundeliegende Bedeutung ist ebenfalls nicht näher erfaßt. Aus den Relationen is-slot und is-entry wird weiter unten noch ein dritter Beziehungstyp **parts** abgeleitet, der semantisch etwas enger gefaßt ist. Zunächst sollen jedoch die ersten beiden Relationen formal definiert werden.

Die Is-slot-Relation ist genau dann zwischen zwei Frames f und f' einer Wissensbasis kb definiert, wenn f namensgleich zu einem Slot von f' ist:

$$is\text{-}slot\,(kb, f, f') :\Leftrightarrow is\text{-}nonterminal\,(kb, f) \wedge f \in \mathrm{dom}\,kb\,(f') \qquad \text{(R5)}$$

[43] Im Gegensatz zu FRM wird in RM/T (CODD 79) sowohl die Zuordnung von Eigenschaften (immediate properties) als auch die Zuordnung anderer Konzepte zu einem gegebenen Konzept (indirect properties) als Aggregierung aufgefaßt, die einmal einen 'property molecule type' und im zweiten Fall einen 'characteristic molecule type' ergibt.

[44] Diese Beziehungen entsprechen den Relationen im Entity-Relationship-Modell (CHEN 76), vgl. auch die Diskussion in Kapitel 3.1.1.

Beispiel 50:

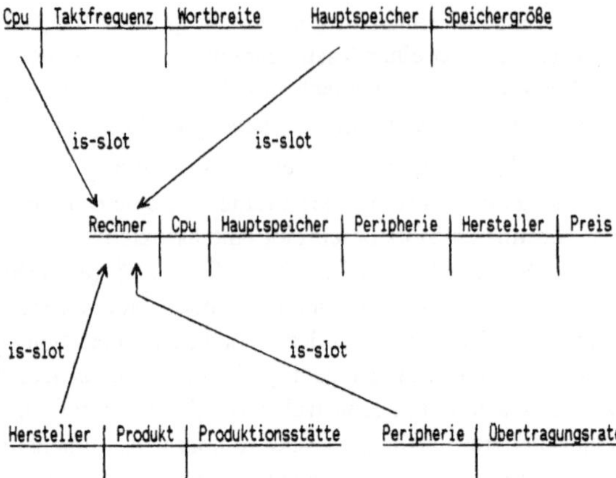

Die Is-entry-Relation ist genau dann zwischen zwei Frames f und f' einer Wissensbasis kb definiert, wenn f namensgleich zu einem Eintrag in einem non-terminalen Slot von f' ist:

$$is\text{-}entry\left(kb, f, f'\right) :\Leftrightarrow \exists s \in \operatorname{dom} kb\left(f'\right) : \left(is\text{-}nonterminal\left(kb, s\right) \wedge f \in kb\left(f'\right)(s)(\mathrm{act})\right) \qquad \text{(R6)}$$

Beispiel 51:

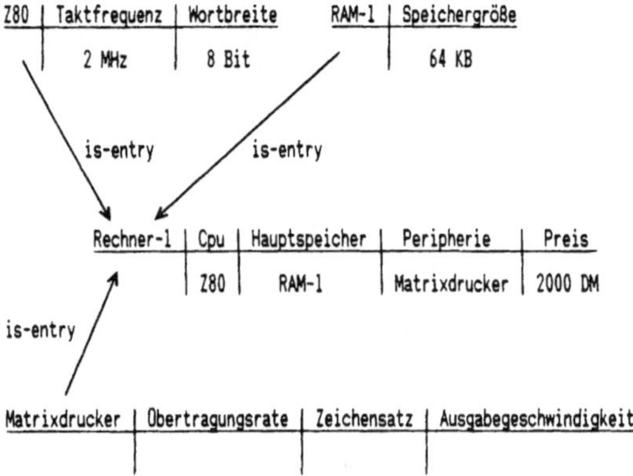

Die obigen Aggregierungsrelationen, die die Zusammensetzung verschiedener Konzepte zu einem komplexen Konzept als semantische Beziehung zwischen ihnen und diesem Konzept interpretieren, enthalten **Teil-von-Beziehungen**, wenn man davon ausgeht, daß in einer sinnvollen Modellierung von Teil-von-Beziehungen die Teile eines Konzepts (bzw. Typen möglicher Teile) durch Slots oder Slot-Einträge dieses Konzepts dargestellt sind. Teil-von-Beziehungen wurden besonders in der **kognitiven Psychologie** näher betrachtet, da sie eine wesentliche Rolle in der menschlichen Wahrnehmung spielen (vgl. MILLER/JOHNSON-LAIRD 76, Kap.2.2.2 und Kap.4.2.1). Auch in der **Linguistik** fand die Teil-von-Beziehung einige Beachtung. BIERWISCH 65 schlägt eine Erweiterung des Lexikons einer generativen Grammatik vor, so daß mit den getroffenen Einschränkungen die Erzeugung unzulässiger Sätze, die auf Teil-von-Beziehungen Bezug nehmen (z.B. "ein Schwanz hat eine Katze"), ausgeschlossen wird. In BUNT 78 wird eine mathematische Theorie zu Teil-von-Beziehungen für nicht zählbare Dinge (wie Wasser oder Käse) vorgeschlagen. Solche Konzepte zeichnen sich dadurch aus, daß es für sie kein kleinstes Teil gibt (zumindest in der alltäglichen Wahrnehmung), und müssen deshalb durch eine spezielle Axiomatik behandelt werden. In den Anfängen der **KI** übernimmt die Teil-von-Beziehung in Arbeiten zur Klassifizierung und Beschreibung von Bildern (oder Mustern) (CLOWES 69, BARROW ET AL. 72) sowie in ersten Arbeiten zu semantischen Netzen (RAPHAEL 68, RUMELHART ET AL. 72) eine wichtige Rolle. Als theoretischen Beitrag sind die Arbeiten von Schubert hervorzuheben, die die formale Beschreibung von Teil-von-Hierarchien in semantischen Netzen zum Gegenstand haben und Inferenzen darauf näher untersuchen (SCHUBERT 79, PAPALASKARIS/SCHUBERT 81).

In der Literatur wird Aggregierung gerne mit der Teil-von-Relation gleichgesetzt (z.B. WONG/MYLOPOULOS 77, TSICHRITZIS/LOCHOVSKY 82 (Kap.10), BRODIE 83). In der Diskussion am Anfang dieses Kapitels wurde jedoch schon deutlich, daß dies unzutreffend ist.[45] Es stehen hinter der Zuordnung von Frames als Slots und als Slot-Einträge zu anderen Frames semantische Beziehungen ganz verschiedener Bedeutung, von denen die Teil-von-Beziehung nur eine ist.[46] Beispielsweise verbirgt sich hinter der Zuordnung eines Slots 'Hersteller' zu einem Frame 'Rechner' der Herstellungsprozeß, hinter der Zuordnung des Slots 'Lieferant' zu dem gleichen Frame der Liefervorgang. Nur die Zuordnung von Slots wie 'Cpu', 'Hauptspeicher' und 'Peripherie' zu einem Rechner-Frame drückt eine Teil-von-Beziehung aus. Offensichtlich unterscheiden sich diese letzten drei Slots von den ersten beiden Slots dadurch, daß sie mit dem Frame, dem sie zugeordnet sind, kompatibel, d.h. von ähnlicher Art sind. Das bedeutet, es gibt einen gemeinsamen Oberbegriff für die Frames, denen sie namensgleich sind, und dem Frame, dem sie zugeordnet sind. Es scheint also, daß die Existenz eines solchen gemeinsamen Oberbegriffs als zusätzliches Kriterium herangezogen werden kann, um aus den Is-slot- und Is-entry-Beziehungen die Teil-von-Beziehungen herauszufiltern. Setzt man voraus, daß die Teile eines Ganzen als Slots bzw. als Slot-Einträge des zugehörigen Frames repräsentiert sind und daß die Konzepthierarchie die entsprechenden generischen Konzepte enthält, dann ist die Existenz eines gemeinsamen Oberbegriffs jedoch nur ein notwendiges, aber kein hinreichendes Kriterium für eine Teil-von-Beziehung. Beispiel 52 illustriert einen Fall, wo dieses Kriterium nicht ausreicht.

Beispiel 52:

Die unten angegebenen Teil-von-Beziehungen, die auf (nicht dargestellten) Is-slot-Beziehungen sowie der Existenz des gemeinsamen Oberbegriffs 'Person' basieren, sind inhaltlich nicht haltbar:

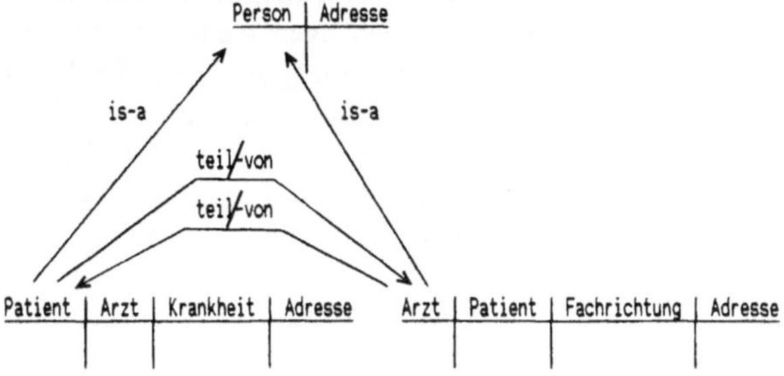

[45] Dies zeigt sich auch darin, daß die Teil-von-Beziehung transitiv ist, während einer transitiven Aggregierung i.a. keine inhaltlich sinnvolle Interpretation zugeordnet werden kann.

[46] Um hier unterscheiden zu können, wird in Units (STEFIK 79) die Bedeutung eines Slots durch Setzung von außen explizit angegeben. Die Slot-Typen 'PART-OF' und 'SUPER-UNIT' zeigen an, daß eine Teil-von-Beziehung vorliegt, während der Slot-Typ 'RELATION' andere semantische Beziehungen kennzeichnet. Ein Slot-Typ 'part-of' ist auch in der in TANAKA 82 beschriebenen Frame-Sprache vorgesehen.

Das letzte Beispiel macht auch deutlich, daß die Kantenrichtung einer Teil-von-Beziehung, die sich auf Aggregierung abstützt, nicht notwendigerweise vom Teil zum Ganzen führt. Zwar sind in der Regel die Slots, die Teile beschreiben, bei dem Frame definiert, der für das Ganze steht (zumindest könnte man dies zur Modellierungsrichtlinie machen), zusätzlich kann es jedoch durchaus sinnvoll sein, bei einem Frame, der ein Teil beschreibt, einen Slot aufzunehmen, der das Ganze beschreibt. Damit ist aus einer über Aggregierung definierten Teil-von-Beziehung prinzipiell nicht ableitbar, welches Ende einer Kante diesen Typs das Teil und welches das Ganze darstellt (vgl. Bsp.55).

Aus den diskutierten Gründen ist eine Teil-von-Beziehung nicht über hinreichende und notwendige Bedingungen definierbar, wenn nicht zusätzliches Wissen über die Art der semantischen Beziehung, die hinter der Zuordnung eines Frames als Slot oder als Slot-Eintrag zu einem anderen Frame steht, verfügbar ist. Dieses Wissen kann explizit gesetzt werden (wie das z.B. in Units (STEFIK 79) durch die Slot-Typen 'PART-OF' und 'SUPER-UNIT' ermöglicht wird) oder es könnte durch eine reichere und tiefere Modellierung verfügbar sein. Beispielsweise könnten in einer Wissensbasis, die Repräsentationen elektronischer Geräte und Bauteile enthält, aus dem Wissen, welche Bauteile welche Arten elektrischer und mechanischer Verbindungsmöglichkeiten aufweisen[47] und aus den Angaben über die Bauteil- und Baugruppengröße zumindest die überhaupt möglichen Teil-von-Beziehungen abgeleitet werden. Solch tiefgehendes Wissen ist stark abhängig von dem jeweiligen Anwendungsgebiet[48] und seine Darstellung benötigt entsprechend ausdifferenzierte Repräsentationskonstrukte, die insbesondere ein Schlußfolgern mit dem Wissen zu unterstützen haben. Da das Ziel für die gegenwärtige Ausbaustufe von FRM darin bestand, zunächst anwendungsunabhängige Repräsentationskonstrukte semantisch möglichst umfassend zu beschreiben, auf denen dann erst in einem zweiten Schritt spezialisiertere Konstrukte aufzusetzen sind, ist eine hinreichende und notwendige Definition einer Teil-von-Beziehung soweit nicht leistbar. Es soll im folgenden jedoch zumindest eine schwächere Form der Teil-von-Beziehung definiert werden, die einige notwendige Bedingungen erfaßt. Diese Relation, die **parts** genannt wird, ist definiert, wenn die Is-slot- oder die Is-entry-Beziehung zwischen zwei Frames gegeben ist, und wenn beide Frames einen gemeinsamen Oberbegriff besitzen (vgl. Beispiele 53 bis 55). Ihr Name 'parts' soll die Nähe zur Teil-von-Relation ausdrücken, aber gleichzeitig andeuten, daß sie mit ihr nicht identisch ist. Es gilt für zwei Frames f und f' einer Wissensbasis kb (man beachte, daß die E-is-a-Relation transitiv ist):

$$\begin{aligned} parts\,(kb,f,f') :\Leftrightarrow\; &(is\text{-}slot\,(kb,f,f') \vee is\text{-}entry\,(kb,f,f')) \wedge \\ &\wedge \exists f'' \in \operatorname{dom} kb : (e\text{-}is\text{-}a\,(kb,f,f'') \wedge e\text{-}is\text{-}a\,(kb,f',f'')) \end{aligned} \tag{R7}$$

Parts-Beziehungen, die durch die Existenz einer Is-slot-Beziehung gestützt sind, stehen für die Menge der potentiellen Parts-Relationen zwischen den Referenz-Frames, die als Einträge in dem betroffenen Slot auftreten können, und den Referenz-Frames, die Unterbegriff zu dem Frame sind, dem dieser Slot zugeordnet ist (vgl. Bsp.53). Ebenso stehen Parts-Beziehungen, die über eine Is-entry-Beziehung definiert sind und auf Prototyp- oder Instanz-Frames als Slot-Einträge basieren, für die Menge von potentiellen Parts-Beziehungen zwischen den jeweils zugehörigen Referenz-Frames. Steht eine Parts-Relation für eine tatsächliche Teil-von-Beziehung, dann basiert sie auf einer Is-entry-Beziehung und ist zwischen Referenz-Frames definiert (vgl. Bsp.54). Die Richtung einer Parts-Kante sagt allerdings nichts darüber aus, welcher Frame Teil und welcher Ganzes ist (vgl. Bsp.55).

[47] Der in DILGER/KIPPE 85 vorgestellten Repräsentationssprache liegt ein Ansatz zur Beschreibung solchen Wissens zugrunde.

[48] Durch ein Abstützen einer Teil-von-Beziehung auf anwendungsspezifische Kriterien kann ferner die Betrachtung von Teil-von-Beziehungen, die sich transitiv aus längeren Kantenfolgen ableiten, auf das sinnvolle Maß beschränkt werden. Semantisch korrekte, pragmatisch aber kaum haltbare Teil-von-Beziehungen wie von 'Silizium-Atom' zu 'Cpu' sind damit auszuschließen, weil sie aus den für eine Anwendung relevanten Kriterien herausfallen.

Beispiel 53:

Dieses Beispiel veranschaulicht aus der Is-slot-Relation abgeleitete Parts-Beziehungen:

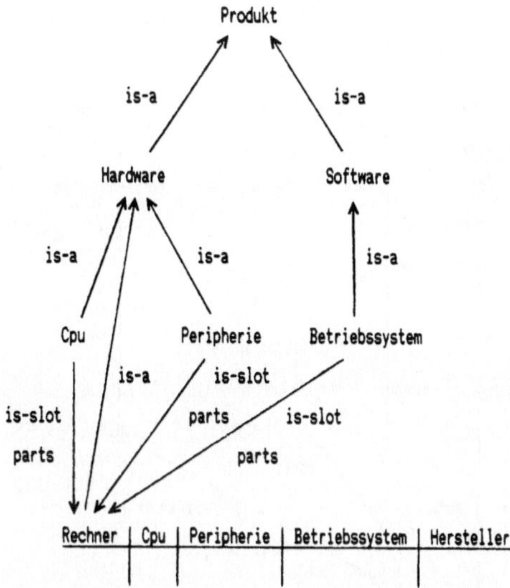

Beispiel 54:

Dieses Beispiel illustriert Parts-Beziehungen, die auf der Is-entry-Relation basieren. Zur größeren Übersicht sind Kanten vom Typ is-slot nicht eingezeichnet (siehe aber Bsp.53).

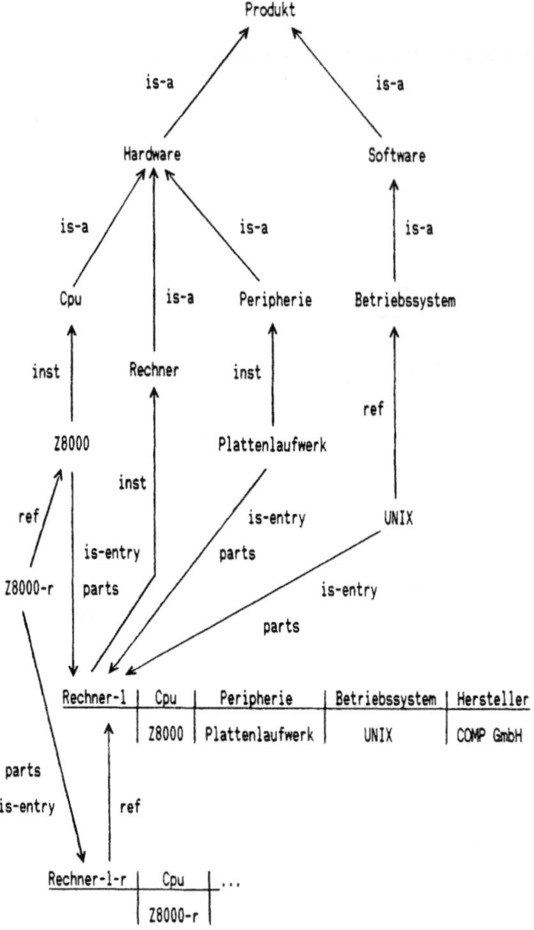

Beispiel 55:

Steht eine Parts-Relation für eine Teil-von-Beziehung, dann sagt die Richtung der Parts-Kante nichts darüber aus, welcher Frame Teil und welcher Ganzes ist:

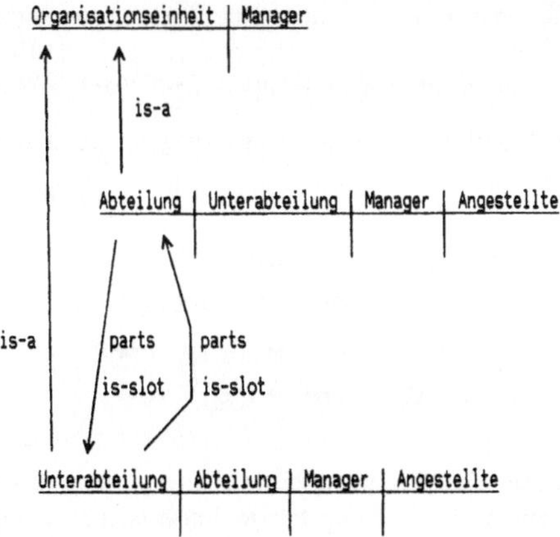

3.5 Anwendungsspezifische Integritätsbedingungen

Die bisher vorgestellten modellinhärenten Integritätsbedingungen übernehmen die wichtige Aufgabe, ein möglichst hohes Maß an Korrespondenz zwischen einer Wissensbasis und dem durch sie repräsentierten Weltausschnitt zu gewährleisten. Über diese generellen Wohlgeformtheitsbedingungen hinaus muß ein Weltausschnitt durch zusätzliche, für ihn spezifische Integritätsbedingungen beschrieben werden können. Konstrukte hierfür gibt es verschieden ausdifferenziert in allen Datenmodellen und Repräsentationssprachen (siehe die Diskussion weiter unten).

Für die in FRM vorgesehenen Konstrukte stellt die Kontrolle von Slot-Füllungen den wichtigsten Gegenstand anwendungsspezifischer Integritätsbedingungen dar. Die Möglichkeit, einen Slot als einwertig zu charakterisieren, die Angabe erlaubter Einträge für terminale Slots sowie das Setzen von Einträgen in Slots von Instanz-Frames sind schon vorgestellte Konstrukte zur Einbringung solcher Bedingungen in eine Wissensbasis. Keine Möglichkeit besteht bisher, für non-terminale Slots die Menge der durch die modellinhärente Integritätsbedingung (S4′) vordefinierten erlaubten Einträge zusätzlich durch anwendungsspezifische Angaben einzuschränken. Dieses Kapitel führt hierzu ein Konstrukt ein.

Im Gegensatz zu der Festsetzung erlaubter Einträge terminaler Slots, die durch explizite Aufzählung (bzw. Bereichsangaben) geschieht, werden die anwendungsspezifischen Integritätsbedingungen für non-terminale Slots durch logische Formeln mit ein oder zwei freien Variablen dargestellt. Eine Variable steht dabei immer für einen auf Zulässigkeit zu prüfenden Slot-Eintrag, und die zweite, falls vorhanden, steht für den Frame, dem die Formel zugeordnet ist (sozusagen zur Selbstreferenz). Die All-Quantifizierung über alle Einträge des Slots, dem eine solche Formel beigeordnet ist, ist implizit gegeben durch eine modellinhärente Integritätsbedingung, die das Erfülltsein aller anwendungsspezifischen Integritätsbedingungen für jeden Slot-Eintrag verlangt (siehe (S4″) unten). Zunächst werden einige Beispiele betrachtet.

Beispiel 56:

1. Für einen Instanz-Frame 'CP/M 86', der für alle Lizenzkopien dieses Betriebssystems steht, könnte die Tatsache, daß nur Rechner mit einer 8086-Cpu dieses System betreiben können, durch eine Slot-Füllungsrestriktion dargestellt sein:

CP/M 86	Personalcomputer	...
	kb(ve)('Cpu')(act) = '8086'	

Die Variable ve steht dabei für einen Eintrag in dem Slot 'Personalcomputer', so daß die Zuordnung von $kb(ve)(\text{'Cpu'})(\text{act}) = \text{'8086'}$ zu diesem Slot zu interpretieren ist als die Einschränkung
$\forall e \in kb(\text{'CP/M 86'})(\text{'Personalcomputer'})(\text{act}): kb(e)(\text{'Cpu'})(\text{act})=\text{'8086'}$.

2. Ein Referenz-Frame, der einen Händler beschreibt, kann festlegen, daß er nur Produkte bestimmter Firmen führt:

Meier & Co.	Produkt	...
	kb(ve)('Hersteller')(act) = 'Firma-1' v kb(ve)('Hersteller')(act) = 'Firma-2' v kb(ve)('Hersteller')(act) = 'Firma-3'	

3. Ein Prototyp, der für die Klasse aller Rechnungsbegleichungen steht, kann festlegen, daß die bezahlte Ware auch geliefert worden sein muß. Die zugehörige Integritätsbedingung enthält zwei Variablen: ve steht wiederum für einen Eintrag in dem betroffenen Slot, während vf dazu dient, den Frame, dem die Integritätsbedingung zugeordnet ist, zu referenzieren (d.h. die Variable vf wird zur Überprüfung der Integritätsbedingung mit 'Zahlung' belegt, vgl. (S4″) weiter unten):

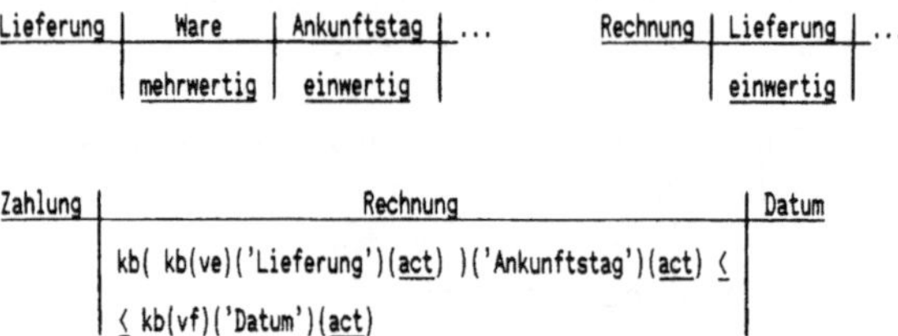

Für den gleichen Slot könnte eine weitere Bedingung verlangen, daß bezahlte Ware eine Funktionsprüfung bestanden hat:

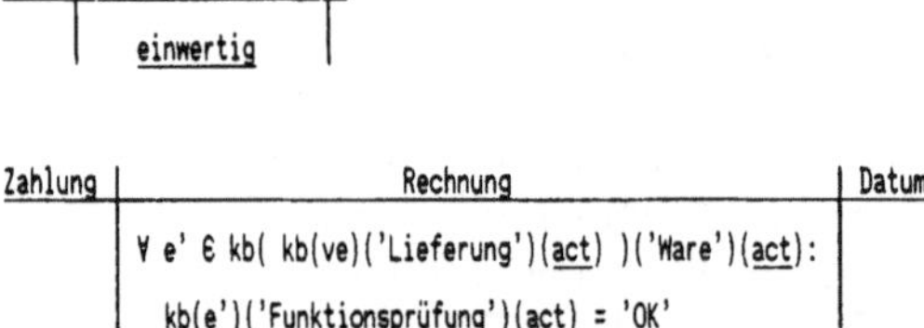

4. Der Sender einer wichtigen Nachricht ist Vorgesetzter der Person, an die die Nachricht adressiert ist (in Anlehnung an ein Beispiel in BRACHMAN/SCHMOLZE 85, das dort mit einer 'Role Value Map' realisiert ist; analog zu dem vorangegangenen Beispiel wird die Variable vf der Integritätsbedingung zu ihrer Überprüfung mit 'wichtige Nachricht' belegt):

wichtige Nachricht	Empfänger	Absender	Text
	kb(vf)('Absender')(act) = = kb(ve)('Vorgesetzter')(act)		

Für die Zuordnung von anwendungsspezifischen Integritätsbedingungen zu non-terminalen Slots eines Frames muß zunächst das hierfür noch fehlende syntaktische Konstrukt eingeführt werden. Dies geschieht durch Erweiterung der slotbeschreibenden Abbildungen aus der Typmenge *SCHAR*:

$$SCHAR := \left\{ f \mid f : \{\text{act, perm, is-obl, is-singleton, ic}\} \rightarrow 2^{Entries} \cup \{\text{true, false}\} \cup 2^{Formulae} \right\}$$

wobei $\forall schar \in SCHAR : schar(\text{ic}) \in 2^{Formulae}$ und wobei $Formulae$ die Menge aller prädikatenlogischen Formeln bezeichnet, in denen höchstens vf (zur Selbstreferenz des Frames) und ve (für einen Slot-Eintrag) als freie Variablen vorkommen. Während mit 'ic' die (anwendungsspezifische) intensionale Definition der erlaubten Einträge angesprochen wird, soll mit 'perm' nach wie vor die zugehörige Extension in bezug auf die betreffende Wissensbasis gemeint sein. Das wird durch eine entsprechende Änderung der modellinhärenten Integritätsbedingung (S4′) erreicht[49] ($a_x[t]$ bezeichnet die durch Substitution von x durch t in a entstehende Formel):

$$\begin{aligned} &\forall f \in \operatorname{dom} kb : \forall s \in \operatorname{dom} kb(f) : (is\text{-}nonterminal(kb, s) \Rightarrow \qquad \text{(S4}''\text{)} \\ &\quad kb(f)(s)(\text{perm}) = \{f' \mid f' \in \operatorname{dom} kb \wedge f' \neq f \wedge e\text{-}is\text{-}a(kb, f', s) \wedge \\ &\qquad \wedge \forall a \in kb(f)(s)(\text{ic}) : (a_{ve}[f'])_{vf}[f] \Leftrightarrow \text{true}\}) \end{aligned}$$

Da die Bestimmung des Wahrheitswertes von (S4″) für eine Integritätsbedingung ausschließlich durch direkten Abgleich mit der betreffenden (endlichen) Wissensbasis erfolgt und sie dazu nicht unter Einbeziehung anderer Integritätsbedingungen umgeformt werden muß, werden keine Verfahren des automatischen Beweisens benötigt. Die Auswertung von Integritätsbedingungen in FRM ist deshalb mit der Frageauswertung in Datenbanksystemen vergleichbar (JARKE ET AL. 85).

Dem in FRM vorgesehenen Konstrukt zur Formulierung anwendungsspezifischer Integritätsbedingungen entspricht das Konstrukt der 'Role Value Map' in KL-ONE (BRACHMAN/SCHMOLZE 85), mit dem beliebige Einschränkungen der Belegungen von Slots spezifiziert werden können, und das Konstrukt der 'consistency conditions' in AIMDS (SRIDHARAN 78), das einem Slot ('relation') eine logische Formel zuordnet, die als Integritätsbedingung an die Einträge des betroffenen Slots interpretiert wird. In SRL (FOX ET AL. 86) können Abhängigkeiten zwischen Einträgen verschiedener Slots über benutzerdefinierte Vererbungsrelationen (vgl. FOX 79) spezifiziert werden (laterale Vererbung). Viele Wissensrepräsentationssprachen unterstützen ein 'procedural attachment' (WINOGRAD 75). Das ist ein Konstrukt, mit dem Prozeduren zu Wissensstrukturen zugeordnet werden können, wobei festgelegt wird, welche Ereignisse ihr Anlaufen bewirken sollen (z.B. das Hinzufügen oder das Löschen eines Slot-Eintrags). In Abhängigkeit von dem Auslöseereignis führen die Prozeduren bestimmte Folgeänderungen durch. Damit stellt eine 'attached procedure' eine Integritätsbedingung dar und sorgt gleichzeitig für ihre Einhaltung.[50] Obwohl 'attached procedures' ein weit verbreitetes Verfahren zur Spezifikation von Integritätsbedingungen darstellen, sind sie in FRM nicht vorgesehen, weil sie Implementierungsstatus besitzen, somit völlig außerhalb eines Repräsentationsmodells stehen und damit ihre Einbindung in das Modell und eine entsprechende Kontrolle über sie nicht möglich ist. Beispielsweise besteht bei der Verwendung von 'attached procedures' keine Möglichkeit, die Integritätsbedingungen einer Wissensbasis auf Widerspruchsfreiheit zu prüfen oder automatisch Spezialisierungsbeziehungen, die auf der Einschränkung erlaubter Slot-Einträge basieren, zu erkennen.[51] Eine ähnliche Argumentation zum Stellenwert von 'attached procedures' ist in BRACHMAN/SCHMOLZE 85 zu finden, wo sie ebenfalls als

---

[49] Dadurch, daß die Interpretation einer anwendungsspezifischen Integritätsbedingung und die Bindung der Variablen in ihr erst auf der Ebene der modellinhärenten Integritätsbedingung (S4″) erfolgt, bewirkt ihre Vererbung an Unterbegriffe (vgl. (R1′), (R2), (R3)) keine Kollision in der Belegung der den Frame referenzierenden Variable vf.

[50] 'Attached procedures' sind zu den im Datenbankbereich bekannten Trigger-Prozeduren äquivalent, die ebenfalls zur Darstellung und Überwachung von Integritätsbedingungen herangezogen werden können (ESWARAN 76).

[51] Eine gewisse Kontrolle von 'attached procedures' ist in TAXIS (MYLOPOULOS/WONG 80) realisiert, wo sie, wie die deklarativen Repräsentationsstrukturen auch, durch Integritätsbedingungen eingeschränkt sind; vgl. die Diskussion zu Beginn von Kap.3.3.

auf der Implementierungsebene befindlich eingestuft werden. Aber auch ohne ihre Verwendung ist in FRM durch die Basierung der Integritätsbedingungen auf logische Formeln ('attached formulae') die gewünschte Ausdrucksfähigkeit gegeben. Es bleibt gleichzeitig die volle Kontrolle über den Inhalt einer Wissensbasis erhalten. So kann beispielsweise die Konsistenz neu hinzugefügter Integritätsbedingungen mit den schon existierenden automatisch überprüft werden.

Ein Widerspruch einer neuen Integritätsbedingung mit der Menge der schon existierenden liegt vor, wenn ihre Negation aus den bisherigen ableitbar ist. Dieser Fall kann z.B. mit einem Resolutionsbeweiser nachgewiesen werden (vgl. ROBINSON 65, LOVELAND 78 und GENESERETH/NILSSON 87 (Kap.4 und 5); einen Überblick über Verfahren, die nicht auf Resolution basieren, gibt BLEDSOE 77). Schwierig wird es jedoch, wenn kein Widerspruch und auch keine Redundanz (d.h. die neue Integritätsbedingung ist nicht aus den bisherigen ableitbar) vorliegt, sondern die neue Bedingung unabhängig von den schon existierenden ist. In diesem Fall, der den Normalfall darstellt, würde ein Beweisverfahren nicht terminieren. Da Prädikatenlogik erster Stufe nur semi-entscheidbar ist, läßt sich nicht feststellen, ob ein Beweisverfahren, das noch nicht angehalten hat, noch terminieren wird, weil ein Widerspruch (bzw. Redundanz – je nachdem, was getestet wird) vorliegt, oder ob es überhaupt nicht terminiert (vgl. HABEL 83). Eine Verbesserung dieser unbefriedigenden Situation stellt das in BRY/MANTHEY 86 und BRY ET AL. 88 beschriebene Verfahren dar, das nicht nur terminiert, wenn ein Widerspruch vorliegt, sondern auch wenn die Menge der gegebenen Integritätsbedingungen endlich erfüllbar ist, was für endliche Wissensbasen völlig ausreichend ist. Im Falle der unendlichen Erfüllbarkeit ist jedoch auch hier die Terminierung nicht gegeben. Eine Anwendung aus dem Datenbankbereich, wo mit Hilfe eines Theorembeweisers überprüft wird, ob zwei Transaktionen parallel ablaufen können, weil sie auf disjunkte Datenmengen zugreifen (d.h. die Konjunktion ihrer Auswahlprädikate unerfüllbar ist), beschreibt BÖTTCHER 85. Das Problem der Nichtentscheidbarkeit wird dort pragmatisch gelöst, indem in Zweifelsfällen, in denen das Entscheidungsverfahren noch nicht terminiert hat und es von der Anwendung her nicht sinnvoll erscheint, das Entscheidungsverfahren fortzusetzen (es soll ja schließlich zu einer Durchsatzsteigerung beitragen), davon ausgegangen wird, daß die Transaktionen nicht unabhängig voneinander sind und deshalb hintereinander ausgeführt werden müssen. Leider ist im Fall der Konsistenzüberprüfung von Integritätsbedingungen ein ähnlich pragmatisches Vorgehen, bei dem man auf der "sicheren Seite" bleibt, nicht so ohne weiteres möglich. Ein praktizierbares Vorgehen wäre vielleicht die Hinzunahme einer Integritätsbedingung – auch wenn keine Widerspruchsfreiheit nachgewiesen werden kann – falls die aktuelle Wissensbasis die neue Integritätsbedingung erfüllt. Dies erscheint als eine gegenüber dem allgemeinen Fall, wo aufgrund einer neuen Integritätsbedingung durchaus die aktuelle Wissensbasis ungültig werden kann, keine allzu gravierende Einschränkung.

Eine Erweiterung der Unterstützung von Integritätsbedingungen bieten Sprachen, die über eine allgemeine Inferenzkomponente verfügen (und damit einen Theorembeweiser enthalten). Neben den logik-basierten Sprachen (vgl. z.B. HABEL 86, DILGER/ZIFONUN 78, ATTARDI/SIMI 81) und den Sprachen, die auf einem Produktionssystem basieren (vgl. beispielsweise KRICKHAHN/RADIG 87), sind das die hybriden Repräsentationssprachen, die neben einer logik-basierten Repräsentationskomponente zusätzlich über eine konzeptorientierte Komponente zur Darstellung terminologischen Wissens verfügen und somit die Vorteile verschiedener Repräsentationsformate kombinieren (vgl. RICH 82, BRACHMAN/LEVESQUE 82). Hybride Frame-Sprachen solcher Art sind beispielsweise KRYPTON (BRACHMAN ET AL. 83, BRACHMAN ET AL. 85), KL-TWO (VILAIN 85), HSRL (ALLEN/WRIGHT 83), BACK (NEBEL/LUCK 87, LUCK ET AL. 87) und BABYLON (PRIMIO/BREWKA 85), das zusätzlich noch Produktionsregeln unterstützt. Eine Frame-Sprache mit einer rein produktionsregelbasierten Inferenzkomponente ist KEE (FIKES/KEHLER 85). ROSENBERG 83 zeigt, daß eine Inferenzkomponente auch ausschließlich unter Verwendung von Frame-Strukturen realisiert werden kann. Damit wird jedoch der Vorteil, der in der Ausnutzung der unterschiedlichen Stärken verschiedener Repräsentationsformate liegt, verschenkt.

Sprachen zur Formulierung anwendungsspezifischer Integritätsbedingungen sind auch im Datenbankbereich für diverse Datenmodelle vorgeschlagen worden. STONEBRAKER 75 und THEERACHETMONGKOL/MONTGOMERY 80 beschreiben Erweiterungen einer relationalen Anfragesprache (QUEL bzw. QBE), während HAMMER/McLEOD 75 eine eigenständige Sprache für das relationale Modell vorstellt und SU/RASCHID 85 sowie MARK ET AL. 86 die Formulierung von Integritätsbedingungen mit Hilfe von Produktionsregeln diskutieren. Letzteres wird auch durch das Datenbanksystem POSTGRES unterstützt (STONEBRAKER ET AL. 87). Ebenso sind für das Netzwerkmodell (PRAKASH ET AL. 84), das Entity-Relationship-Modell (TABOURIER/NANCI 83, MORGENSTERN 86) und für ein formularorientiertes Datenmodell für Anwendungen im Bürobereich (FERRANS 82) Erweiterungen zur Berücksichtigung von Integritätsbedingungen beschrieben worden. Eine datenmodellunabhängige, prozedurale Sprache beschreibt MACHGEELS 76. Schema-Spezifikationssprachen, die die Formulierung von Integritätsbedingungen erlauben, sind in BREUTMANN/MAUER 80 und in ROUSSOPOULOS 79 dargestellt.

Die anwendungsspezifischen Integritätsbedingungen schränken in FRM nach (S4″) die Menge der erlaubten Slot-Einträge non-terminaler Slots ein und können deshalb eine Is-a-Spezialisierung induzieren (vgl. (R1′) in Kap.3.3.1.2). Eine solche Spezialisierung erlaubter Slot-Einträge durch Integritätsbedingungen ist in der Is-a-Definition noch nicht berücksichtigt. Der nach (S4″) festgelegte Einfluß anwendungsspezifischer Integritätsbedingungen auf die (durch 'perm' zugreifbare) Menge erlaubter Slot-Einträge reicht als Spezialisierungskriterium nicht aus, da diese Menge zusätzlich eingeschränkt ist auf die in einer Wissensbasis vorkommenden Frames. Benötigt wird aber die Erkennung der Spezialisierung zweier Integritätsbedingungen auf der intensionalen Ebene, unabhängig von einer bestimmten Wissensbasis. So wäre eine Integritätsbedingung $I_1(x)$ spezifischer als $I_2(x)$ genau dann, wenn $\forall x : I_1(x) \Rightarrow I_2(x)$. Um den Test dieser Beziehung zwischen zwei Integritätsbedingungen in FRM entscheidbar und algorithmisch handhabbar zu machen, ist eine geeignete Einschränkung der Ausdruckskraft der zu ihrer Formulierung zur Verfügung stehenden Sprache vorzunehmen. Hierzu wurden für FRM noch keine näheren Betrachtungen vorgenommen (und es liegt für die anwendungsspezifischen Integritätsbedingungen noch keine Implementation vor). Die Annahme, daß eine solche Einschränkung zu finden ist, wird jedoch bestärkt durch den in LENZERINI 87 vorgestellten Algorithmus zum Testen von Spezialisierungsbeziehungen zwischen zwei Prädikaten, der nur polynomiale Komplexität besitzt. Die zugelassenen Sprachen sind erster Ordnung mit unären Prädikaten und Axiomen der Form $\forall x : p(x)$, wobei p eine quantorenfreie Formel mit x als einziger freien Variablen ist; auch Grundliterale können als Axiome auftreten.

Exkurs:

Um als erlaubte Einträge in den Slots 'Absender' und 'Empfänger' des folgenden Frames Elemente der Konzeptklasse 'Person' zu erhalten, könnte man geneigt sein, die untenstehende Konzepthierarchie vorzusehen (eine Modellierung von 'Absender' und 'Empfänger' als Unterbegriffe von 'Person' erzielt nicht den gewünschten Effekt):

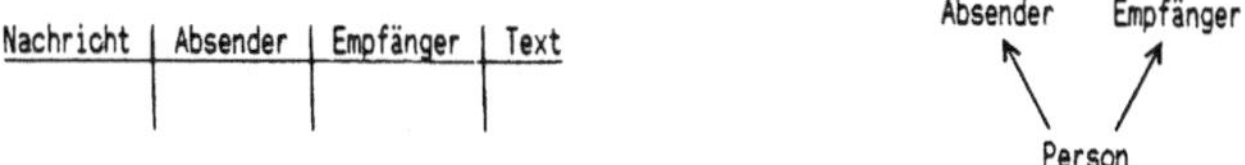

Die Darstellung des Frames 'Person' als Unterbegriff von 'Absender' ist inhaltlich jedoch nicht zutreffend, obwohl sie formal den gewünschten Effekt erzielt, denn diese Modellierung bedeutet, daß *jede* Person Absender einer Nachricht ist, und das ist nicht korrekt. Vielmehr *kann* eine Person Absender einer Nachricht sein (dargestellt durch die Relation 'may-be-a') und nur durch die Zuweisung eines Frames, der eine Person repräsentiert, in den Slot 'Absender' wird dargestellt, daß diese Person die Rolle eines Absenders übernimmt (dargestellt durch 'has-role'), und nur in diesem Fall darf der in den Slot eingetragene Frame die für einen Absender relevanten Eigenschaften (durch Vererbung) zugewiesen bekommen (die benutzten semantischen Beziehungen sind in REIMER 85 näher beschrieben; vgl. auch den Exkurs in Kap.3.3.2):

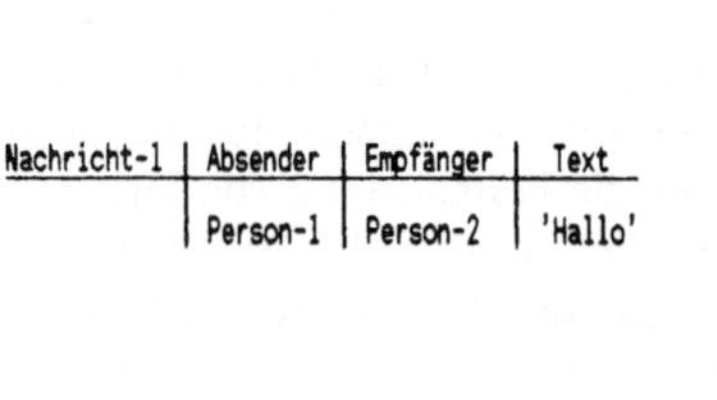

Nachricht-1	Absender	Empfänger	Text
	Person-1	Person-2	'Hallo'

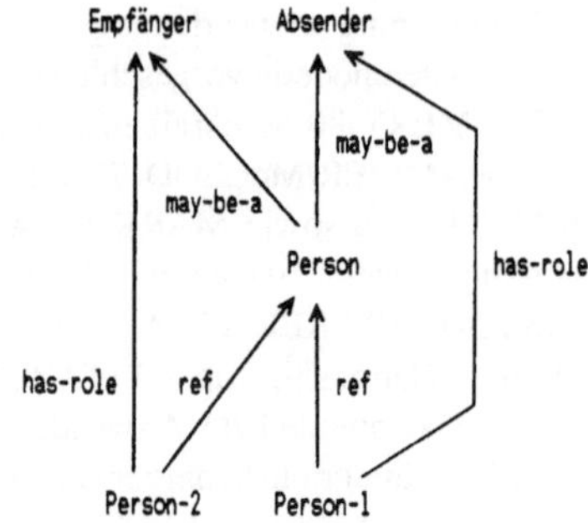

Die Verschiedenheit des Slot-Namens (im obigen Beispiel 'Absender') von dem Namen der Konzeptklasse, die die möglichen Einträge charakterisiert (im obigen Beispiel 'Person'), basiert folglich darauf, daß der Slot-Name eine Rolle angibt, die ein Konzept übernimmt, wenn es als Slot-Eintrag auftritt, während die erlaubten Slot-Einträge festgelegt sind als diejenigen Konzepte, die diese Rolle annehmen können. Zur Unterstützung solcher Modellierungen wird das in REIMER 85 beschriebene Rollenkonstrukt in FRM integriert werden. Dazu muß die Integritätsbedingung (S4) derart erweitert werden, daß auch solche Frames Eintrag in einem non-terminalen Slot sein können, die die durch den Slot angegebene Rolle annehmen können.

4. Operationen in FRM

In den vorangegangenen Kapiteln wurden verschiedene Repräsentationskonstrukte von FRM eingeführt. Zur vollständigen Definition von FRM sind zusätzlich die auf ihnen zulässigen Operationen zu spezifizieren. Zwei Gruppen sind dabei zu unterscheiden: die Anfrageoperationen und die Änderungsoperationen. Beide Typen werden in den folgenden Abschnitten behandelt.

4.1 Anfrageoperationen

Anfrageoperationen, die unmittelbar die Existenz von Repräsentationsstrukturen in einer Wissensbasis erfragen, sind durch den Formalismus, der für die Definition der syntaktischen Grundstrukturen herangezogen wurde, schon implizit miteingeführt und entsprechen funktionalen Ausdrücken, die entweder einen Funktionswert oder den Definitionsbereich einer Funktion angeben (s.u.). Durch Belegung des Arguments derjenigen Funktion aus *FRAMES*, die die betreffende Wissensbasis beschreibt, mit dem Namen eines Frames, durch eine eventuelle weitere Belegung des Arguments der so ausgewählten Funktion aus *SLOTS* (oder eben die Betrachtung des Definitionsbereichs dieser Funktion) sowie durch geeignete Argumentbelegung der dadurch selektierten Funktion aus *SCHAR* lassen sich alle Repräsentationsstrukturen in einer Wissensbasis identifizieren (auf dem mathematischen Konstrukt von Abbildungen basiert auch die funktionale Anfragesprache FQL; vgl. BUNEMAN/FRANKEL 79, BUNEMAN/NIKHIL 84). Die elementaren Anfrageoperationen auf einer Wissensbasis *kb* sind im folgenden aufgelistet.

Die Namen aller Frames in der Wissensbasis *kb*:
$get_{fn}(kb) := \text{dom } kb$

Die Namen aller Slots eines Frames *f*:
$get_{sn}(kb, f) := \text{dom } kb(f)$

Die Menge aller Einträge eines Slots *s* eines Frames *f*:
$get_{ae}(kb, f, s) := kb(f)(s)(\text{act})$

Die Menge aller erlaubten Einträge eines Slots *s* eines Frames *f*:
$get_{pe}(kb, f, s) := kb(f)(s)(\text{perm})$

In neueren, sogenannten Nicht-Standardanwendungen von Datenbanksystemen tritt vermehrt die Anforderung nach einer Unterstützung von komplexen oder molekularen Objekten auf (vgl. MITSCHANG 85, DITTRICH ET AL. 85, HÄRDER/REUTER 83). Der Vorteil, der sich aus einer solchen Unterstützung ergibt, nämlich die einfachere und direktere Repräsentation komplexer Sachverhalte durch einige wenige Repräsentationsstrukturen, kann nur genutzt werden, wenn gleichzeitig Anfrage- (und Änderungs-) Operationen zur Verfügung stehen, die das Manipulieren von komplexen Teilstrukturen direkt unterstützen, etwa in dem Sinne von JAESCHKE/SCHEK 82 und BANCILHON/KHOSHAFIAN 86. Andernfalls müßte ein komplexes Objekt durch aufwendige Mehrfachanwendung von Elementaroperationen erst schrittweise konstruiert werden. Dies ist aber genau der Grund, warum bisherige Datenmodelle, mit denen prinzipiell auch komplexe Strukturen darstellbar sind – aber eben durch eine entsprechend höhere Anzahl an einfacheren Strukturen – als unzureichend angesehen werden. Die Mächtigkeit eines Repräsentationsmodells wie FRM, das mit Frames komplexe Objekte unterstützt, ist folglich nicht zuletzt an den Operationen, die es zur Verfügung stellt, zu messen. Die oben dargestellten Elementaroperationen von FRM erfüllen den Anspruch, komplexe (Teil-)Strukturen aus einer Wissensbasis direkt durch eine komplexe Anfrageoperation zu ermitteln, noch nicht. Sie setzen unmittelbar auf den bestehenden Grundkonstrukten auf und liefern als Ergebnis lediglich eine Menge von Namen zurück. Die Definition der Repräsentationskonstrukte von FRM durch das Ineinandersetzen von drei Typen von Funktionen bietet jedoch einen günstigen Ausgangspunkt für eine einfache Formulierung von komplexen Anfrageoperationen, denn mit Funktionen, deren Werte wieder Funktionen sind, können komplexe Strukturen einfach und knapp beschrieben werden. So ist z.B. eine gesamte Frame-Wissensbasis durch nur eine Funktion aus der Typmenge *FRAMES* beschrieben. Die folgenden beiden Kapitel legen den Grundstein für die Definition einer komplexe Strukturen unterstützenden Anfragesprache für Frame-Wissensbasen. Verschiedene Typen von Operatoren zur Auswahl einer Menge von Frames mit vorgegebenen Eigenschaften werden in Kapitel 4.1.1 vorgestellt, während in Kapitel 4.1.2 die formalen Grundstrukturen von FRM um die Unterstützung ineinandergesetzter Frame-Strukturen erweitert und so die Voraussetzung für die Definition eines Operators zur Frame-Schachtelung geschaffen wird.

4.1.1 Selektion

Die bisher vorgestellten, elementaren Anfrageoperationen liefern für einen gegebenen Frame die ihm zugeordneten Eigenschaftsklassen (Slots) oder Eigenschaften (Slot-Einträge) zurück. Viel interessanter ist jedoch die umgekehrte Richtung, für eine gegebene Eigenschaftsbeschreibung alle Frames zu bestimmen, die dieser Beschreibung genügen. Die Operatoren, die solche Anfragetypen realisieren, werden im folgenden, wie in der Relationenalgebra auch (CODD 70, MAIER 83), Selektionsoperatoren genannt. Es lassen sich die folgenden Grundtypen definieren:

1. Bestimme diejenigen Frames, die ausschließlich Einträge aus der Menge E in ihrem Slot s besitzen:[52]
   $\sigma^a_{se}(kb, s, E) := \{f \in \text{dom } kb \mid kb(f)(s)(\text{act}) \neq \emptyset \wedge E \supseteq kb(f)(s)(\text{act})\}$
2. Bestimme diejenigen Frames, die ausschließlich Einträge aus der Menge E in einem ihrer Slots aufweisen:
   $\sigma^a_e(kb, E) := \{f \in \text{dom } kb \mid \exists s \in \text{dom } kb(f) : (kb(f)(s)(\text{act}) \neq \emptyset \wedge E \supseteq kb(f)(s)(\text{act}))\}$
3. Bestimme diejenigen Frames, die in ihrem Slot s mindestens einen der Einträge aus E aufweisen:
   $\sigma^e_{se}(kb, s, E) := \{f \in \text{dom } kb \mid E \cap kb(f)(s)(\text{act}) \neq \emptyset\}$
4. Bestimme diejenigen Frames, die in einem ihrer Slots mindestens einen der Einträge aus E aufweisen:
   $\sigma^e_e(kb, E) := \{f \in \text{dom } kb \mid \exists s \in \text{dom } kb(f) : E \cap kb(f)(s)(\text{act}) \neq \emptyset\}$
5. Statt über ihre Slot-Einträge können Frames auch über die Namen (einiger) ihrer Slots, gegeben durch S, bestimmt werden:
   $\sigma_s(kb, S) := \{f \in \text{dom } kb \mid \text{dom } kb(f) \supseteq S\}$
6. Ebenso wie aktuelle Slot-Einträge können auch erlaubte Einträge Selektionskriterium sein:
   $\sigma^e_p(kb, E) := \{f \in \text{dom } kb \mid \exists s \in \text{dom } kb(f) : E \cap kb(f)(s)(\text{perm}) \neq \emptyset\}$
7. Erlaubte Slot-Einträge sind auch mit einer Slot-Angabe kombinierbar:
   $\sigma^e_{sp}(kb, s, E) := \{f \in \text{dom } kb \mid E \cap kb(f)(s)(\text{perm}) \neq \emptyset\}$
8. Ein letzter Grundtyp berücksichtigt schließlich die Angabe von Slot-Typen:
   $$\begin{aligned}\sigma_{st}(kb, s, typ) := \{f \in \text{dom } kb \mid & (typ \in \{\text{is-singleton}, \text{is-obl}\} \Rightarrow kb(f)(s)(typ)) \wedge \\ & \wedge (typ = \neg\text{is-singleton} \Rightarrow \neg kb(f)(s)(\text{is-singleton})) \wedge \\ & \wedge (typ = \text{is-classif} \Rightarrow \neg kb(f)(s)(\text{is-obl}))\}\end{aligned}$$

Durch eine Einschränkung des Ergebnisses einer Selektion auf bestimmte Konzepttypen können weitere Operatoren definiert werden, z.B. für σ^a_{se} (der Operator get_{rel} wird in Kap.4.1.3 eingeführt und steht in der folgenden Argumentbelegung für die Menge aller Unterbegriffe von f):
$\sigma^a_{fse}(kb, f, s, E) := \sigma^a_{se}(kb, s, E) \cap get_{rel}(kb, f, \text{to}, e\text{-}is\text{-}a)$
und analog für die anderen Operatoren.

Da alle Selektionsoperatoren Namen von Frames als Ergebnis liefern, kann ein Operator direkt als Argument eines anderen Operators herangezogen werden. Dadurch sind die Selektionsoperatoren nicht nur "horizontal" durch Verknüpfung mit Mengenoperatoren, sondern durch Ineinandersetzen auch "vertikal" beliebig kombinierbar (vgl. Bsp.57).

52 Im Falle eines non-terminalen Slots enthält E Frame-Namen.

Beispiel 57:

"Bestimme die Namen aller Rechner, die eine 16-Bit-Cpu des Herstellers CM besitzen":
$\sigma^{a}_{fse}(kb, \text{'Rechner'}, \text{'Cpu'}, \sigma^{a}_{se}(kb, \text{'Wortlänge'}, \{\text{'16bit'}\}) \cap \sigma^{a}_{se}(kb, \text{'Hersteller'}, \{\text{'CM'}\}))$

"Bestimme die Namen aller Rechner, die ein Bandlaufwerk als Peripherie besitzen" (der Operator get_{rel} wird in Kap.4.1.3 eingeführt und steht in der folgenden Argumentbelegung für die Menge aller Bandlaufwerke):
$\sigma^{e}_{fse}(kb, \text{'Rechner'}, \text{'Peripherie'}, get_{rel}(kb, \text{'Bandlaufwerk'}, \text{to}, e\text{-}is\text{-}a))$

"Bestimme die Namen aller Konzepte, die mit dem Hersteller CM in Beziehung stehen":
$\sigma^{e}_{e}(kb, \{\text{'CM'}\})$

Weitere Selektionstypen, die auf Vergleichsoperatoren (wie $\neq, <, >, \leq, \geq$) basieren, lassen sich analog definieren. Die verschiedenen Selektionsoperatoren von FRM stellen eine formale Spezifikation (und im gegenwärtigen Stand noch vereinfachte Version) des in anderen Frame-Sprachen vorgesehenen Mechanismus zur Auswahl von Frames über die Vorgabe von (partiellen) Frame-Strukturen dar (vgl. ROBERTS/GOLDSTEIN 77, BOBROW/WINOGRAD 77a, BOBROW/WINOGRAD 77b, SRIDHARAN 81). Retrieval auf einer Frame-Wissensbasis unter Verwendung von Selektionsoperatoren läßt sich danach als ein 'pattern matching' umdeuten[53] (vgl. auch ROSENBERG/ROBERTS 79 und NISHIDA/DOSHITA 79).

Die beschriebenen Selektionsoperatoren bilden die ersten Bausteine einer Frame-Algebra, mit deren Hilfe beliebige Frame-Strukturen aus einer Wissensbasis selektiert und neu zusammengesetzt werden können. Ein weiterer Operator einer solchen Frame-Algebra ist der Schachtelungsoperator, der in non-terminalen Slots Frame-Namen durch die zugehörigen Frame-Strukturen ersetzt. Die Grundzüge dieser Frame-Schachtelung beschreibt der folgende Abschnitt.

4.1.2 Frame-Schachtelung

Die Elementaroperation zur Ermittlung aller Einträge eines Slots sowie die oben eingeführten Selektionsoperatoren liefern als Ergebnis eine Menge von Frame-Namen, wenn der Slot non-terminal ist. Um statt nur der Namen die Frame-Strukturen selber als Ergebnis zu erhalten, wird die Frame-Namensmenge als Argument in die Funktion *kb*, die die zugehörige Wissensbasis beschreibt, eingesetzt. Das Ergebnis ist eine Menge, die Beschreibungen der Slot-Strukturen dieser Frames enthält, d.h. eine Menge von Abbildungen aus der Typmenge *SLOTS*, z.B.:

$$kb(kb(f)(s)(\text{act})) \qquad \text{oder} \qquad kb(\sigma^{e}_{se}(kb, s, E))$$

Je nach Anwendung kann die Tatsache, daß in einer solchen Ergebnismenge die Namen der Frame-Strukturen nicht mehr zur Verfügung stehen, unerwünscht sein. Dies wird vermieden, wenn die Menge der ermittelten Frame-Namen nicht als Argument in die Abbildung *kb* eingesetzt werden, sondern zur Einschränkung ihres Definitionsbereichs herangezogen werden, z.B.:

$$kb|_{kb(f)(s)(\text{act})} \qquad \text{oder} \qquad kb|_{\sigma^{e}_{se}(kb,s,E)}$$

Wendet man dieses Verfahren auf die Einträge aller non-terminalen Slots eines Frames an und setzt das jeweilige Ergebnis statt der Frame-Namen als Slot-Eintragsmenge ein, dann erhält man eine komplexe Frame-Struktur, die als Einträge in non-terminalen Slots Frame-Strukturen besitzt. Die Konstruktion einer Abbildung zur Beschreibung einer solchen Struktur wird im folgenden vorgestellt.

Gegeben sei ein Frame f und dessen non-terminale Slots $s_1, s_2, \ldots, s_n$. Die Frame-Strukturen, die als Einträge in diesen Slots auftreten sollen, sind dann gegeben durch

[53] Eine Diskussion der Eigenschaften von Verfahren zum 'pattern matching' und ihrer Anwendungen in wissensbasierten Systemen ist in HAYES-ROTH 78 zu finden.

$$EF_1 = kb|_{kb(f)(s_1)(\text{act})}$$
$$\vdots$$
$$EF_n = kb|_{kb(f)(s_n)(\text{act})}$$

Für jeden dieser Slots ergeben sich die neuen Abbildungen, durch die sie jetzt zu beschreiben sind, aus den bisherigen Abbildungen vom Typ *SCHAR*, die noch Namen als Funktionswerte besitzen, indem die Wertemenge für das Argument 'act' entsprechend ersetzt wird:

$$schar_i\,(c) = \begin{cases} kb\,(f)\,(s_i)\,(c) & , c \neq \text{act} \\ EF_i & , c = \text{act} \end{cases}$$

Daraus läßt sich die neue Abbildung zur Beschreibung des geschachtelten Frames *f* konstruieren:

$$slots_f\,(s) = \begin{cases} kb\,(f)\,(s) & , s \notin \{s_1, \ldots, s_n\} \\ schar_i & , s = s_i \end{cases}$$

Sie beschreibt die neue Frame-Struktur vollständig. Soll der Frame-Name erhalten bleiben, so ist in der Funktionenschachtelung noch um eins aufzusteigen:

$$kb_f = \{f \mapsto slots_f\}$$

Bezeichnet man die Menge aller durch obiges Verfahren konstruierbaren Frame-Strukturen mit $SLOTS_c$ (wobei $SLOTS \subset SLOTS_c$), kann man einen Operator $\nu : SLOTS_c \times Snames \rightarrow SLOTS_c$ definieren, der für eine gegebene Frame-Struktur und einen gegebenen Slot-Namen eine Schachtelung nach obigem Schema durchführt. Durch seine mehrmalige Anwendung können in allen non-terminalen Slots eines Frames Frame-Namen durch Frame-Strukturen ersetzt werden. Eine erweiterte Version dieses Operators bliebe nicht darauf beschränkt, durch Mehrfachanwendung nur auf "horizontaler" Ebene mehrere Slots eines Frames zu bearbeiten, sondern könnte auch in "vertikaler" Richtung wirken und in den Slots der in einer Schachtelung jeweils am weitesten unten auftretenden Frame-Strukturen die Ersetzung von Frame-Namen durch die zugehörigen Frame-Strukturen unterstützen. Mit einem solcherart erweiterten Operator können beliebig tiefe Schachtelungen konstruiert werden, jedoch kann durch das mögliche Auftreten indirekter Rekursionen nicht garantiert werden, daß eine Schachtelung terminiert. Eine solche Rekursion entsteht immer dann, wenn ein Frame, der einen anderen als Slot-Eintrag besitzt, in diesem selber wieder als Eintrag auftritt (vgl. Bsp.58). Um in solchen Fällen die Terminierung zu garantieren, darf der Name eines Frames nicht mehr durch die zugehörige Frame-Struktur ersetzt werden, wenn er weiter oben in einer Schachtelung schon aufgetreten ist (vgl. Bsp.59 sowie die Diskussion zyklischer Strukturen in Kapitel 3.2.3).

Beispiel 58:

Wechselseitiger Bezug von Frames aufeinander:

PC GmbH	Produkt
	PC-X1
	PC-X100

PC-X1	Cpu	Hersteller	Peripherie	...
	Z8000	PC GmbH	PC-Laufwerk	

Beispiel 59:

Schachtelung von Frames mit indirekter Rekursion:

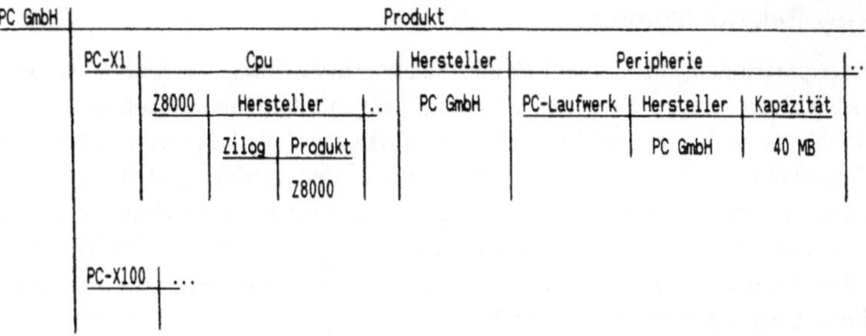

Ein Operator, der durch Hintereinanderausführung beliebig tiefe Frame-Schachtelungen erzeugen kann, sollte sorgfältig mit den anderen Operatoren einer Frame-Algebra abgestimmt sein, um z.B. zu betrachtende Slots oder zu betrachtende Slot-Einträge über die Angabe ihrer Eigenschaften auswählen zu können. Seine Definition ist deshalb nur im Rahmen der Gesamtdefinition einer Frame-Algebra sinnvoll zu leisten. Die Entwicklung einer Frame-Algebra ist jedoch ein umfangreicheres Unterfangen, das außerhalb des Rahmens der bisherigen Entwicklung von FRM stand. So wird auch die Spezifikation des erweiterten Schachtelungsoperators hier nicht gegeben.

Die durch Schachtelung entstehenden, komplexen Frame-Strukturen sind denen nicht normalisierter, relationaler Datenmodelle verwandt. Entsprechend lassen sich gewisse Parallelen ziehen zwischen der Relationenalgebra eines solchen nicht normalisierten Modells (im folgenden NF^2-Algebra; vgl. JAESCHKE/SCHEK 82, FISCHER/THOMAS 83, JAESCHKE 85, SCHEK/SCHOLL 83) und einer Frame-Algebra (siehe auch REIMER/SCHEK 88). Selektion und Schachtelung, über die beide zu verfügen haben, sind schon diskutiert worden. Darüber hinaus benötigt eine Frame-Algebra einen der Projektion ähnlichen Operator, mit dem auf Slot- und Slot-Eintragsebene Teilstrukturen ausgeblendet werden können. Es wären im Unterschied zur (NF^2-) Relationenalgebra dann aber, ähnlich wie für den Schachtelungsoperator, Selektionsangaben notwendig, um die auszublendenden Slots bzw. Slot-Einträge über ihre Eigenschaften bestimmen zu können. Eine Frame-Projektion wäre also eine Kombination von Selektion und reiner Projektion. Die Umkehrung einer Projektionsoperation auf Frames setzt aus gegebenen Slot-Strukturen einen neuen Frame zusammen. Eine Parallele hierzu ist der Verbundoperator der Relationenalgebra. Eventuell sind noch weitere Operatoren für eine Frame-Algebra sinnvoll, möglicherweise lassen sich aber alle in die vier Grundtypen Schachtelung, Selektion, Projektion und Verbund einordnen – dies muß eine eingehendere Beschäftigung mit dem Thema noch zeigen. Trotz vieler Parallelen zwischen einer Frame-Algebra und einer NF^2-Algebra gibt es einen wesentlichen Unterschied. Er besteht darin, daß die Frame-Algebra drei verschiedene Sorten von Objekten enthält, nämlich Frames, Slots und Slot-Einträge,[54] während die Relationenalgebra nur den Typ einer (geschachtelten) Relationen umfaßt. Daraus ergeben sich für die Frame-Algebra besondere Probleme, was die Abgeschlossenheit der Operatoren angeht.

Eine Frame-Algebra kann als ein funktionales Programmiersystem, wie es in BACKUS 78 vorgeschlagen wurde, aufgefaßt werden. Der Unterschied zu einer funktionalen Anfragesprache, wie FQL (BUNEMAN/FRANKEL 79, BUNEMAN/NIKHIL 84), die ebenfalls ein funktionales Programmiersystem darstellt, liegt darin, daß die Menge der Objekte einer Frame-Algebra auf Funktionen der in der syntaktischen Grundstruktur von FRM festgelegten Typen eingeschränkt ist (zuzüglich benötigter Konstanten), während die Objekte einer Anfragesprache wie FQL anwendungsspezifisch, also von Datenbank zu Datenbank verschieden sind.

[54] Dies sind die Teilstrukturen, die im allgemeinen Fall auftreten können. Möglicherweise ist es sinnvoll, eine abgeschlossene Teilalgebra auszugrenzen, die eine eingeschränkte Menge von Operatoren besitzt und nur Frames als Objekte zuläßt.

4.1.3 Testen von Relationskanten

Neben Anfrageoperationen, die sich auf Frame-Strukturen beziehen, werden auch Operationen benötigt, die semantische Beziehungen zwischen Frames abfragen. Alle semantischen Relationen von FRM sind rein intensional als logische Prädikate, die die Existenz einer Beziehung über hinreichende und notwendige Bedingungen auf der Menge der Frame-Strukturen festlegen, definiert worden. Dadurch, daß in der formalen Beschreibung für die Relationen keine expliziten Kantenmengen vorgesehen sind, ergibt sich insbesondere der Vorteil, daß die nach einer Änderung von Frame-Strukturen vorzunehmende Neuberechnung der Kantenmengen entfällt und für die Spezifikation der Änderungsoperationen (siehe Kap.4.2) nicht berücksichtigt werden braucht.[55]

Die folgende Operation liefert als Ergebnis eine Menge von Namen derjenigen Frames, die von einem Frame *f* aus über eine von dort abgehende (*dir*=from) oder eine dort ankommende (*dir*=to) Relationskante des angegebenen Typs erreichbar sind (ein Relationenprädikat $rel(kb, f, f')$ wird derart interpretiert, daß von f nach f' eine Relationskante des Typs *rel* geht):

$$\begin{aligned}&get\_rel : FRAMES \times Fnames \times \{\text{from}, \text{to}\}\times\\ &\quad \times\{is\text{-}a,\ inst,\ ref,\ e\text{-}is\text{-}a,\ is\text{-}slot,\ is\text{-}entry,\ parts\} \rightarrow 2^{Fnames}\end{aligned}$$

$$\begin{aligned}&f' \in get\_rel(kb, f, dir, rel) :\Leftrightarrow\\ &\quad f, f' \in \text{dom } kb \wedge (rel(kb, f, f') \wedge dir = \text{from} \vee rel(kb, f', f) \wedge dir = \text{to})\end{aligned}$$

Da die Spezialisierungsrelationen is-a, inst und e-is-a von ihrer Definition her transitive Beziehungen einbeziehen, umfaßt *get_rel* für sie ebenfalls alle transitiven Kanten. Deshalb ist eine weitere Anfrageoperation vorzusehen, die für diese Relationen nur "direkte" Kanten berücksichtigt:

$$get\_dir\_rel : FRAMES \times Fnames \times \{\text{from}, \text{to}\} \times \{is\text{-}a,\ inst,\ e\text{-}is\text{-}a\} \rightarrow 2^{Fnames}$$

$$\begin{aligned}&f' \in get\_dir\_rel(kb, f, dir, rel) :\Leftrightarrow\\ &\quad f' \in get\_rel(kb, f, dir, rel)\wedge\\ &\quad \wedge\neg\exists f'' \in \text{dom } kb : (rel(kb, f, f'') \wedge rel(kb, f'', f') \wedge dir = \text{from}\vee\\ &\qquad\qquad \vee rel(kb, f', f'') \wedge rel(kb, f'', f) \wedge dir = \text{to})\end{aligned}$$

Unter Verwendung der Relationenprädikate sind beliebig weitere Operationen definierbar, so z.B. zum Abfragen der spezifischsten gemeinsamen Oberbegriffe zweier Frames:

$$get\_mincommsup : FRAMES \times Fnames \times Fnames \rightarrow 2^{Fnames}$$

$$\begin{aligned}&f \in get\_mincommsup(kb, f_1, f_2) :\Leftrightarrow\\ &\quad f, f_1, f_2 \in \text{dom } kb \wedge e\text{-}is\text{-}a(kb, f_1, f) \wedge e\text{-}is\text{-}a(kb, f_2, f)\wedge\\ &\quad \wedge\neg\exists f' \in \text{dom } kb : (e\text{-}is\text{-}a(kb, f_1, f') \wedge e\text{-}is\text{-}a(kb, f_2, f') \wedge e\text{-}is\text{-}a(kb, f', f))\end{aligned}$$

[55] Dies ist eine taktische Betrachtung mit dem Ziel, den Spezifikationsaufwand möglichst klein zu halten. Eine Implementierung wird hier anders verfahren, wenn durch die Berechnung von Relationskanten nur bei Bedarf die Berechnungshäufigkeit höher ist als bei der Neuberechnung von Kanten als Folge einer Änderung, obgleich die erste Variante auf einfache Weise garantiert, daß keine ungültigen Kanten repräsentiert sind. Welche Implementationsvariante günstiger ist, hängt von dem als typische Last auf einer Wissensbasis auftretenden Operationenmix ab.

4.1.4 Hierarchischer Zugriff auf Slots

Die Angabe von Slot-Namen bei Anfrageoperationen ist bisher immer als exakt vorausgesetzt worden, d.h. daß genau der Name angegeben wird, der für einen Frame auch tatsächlich modelliert ist. Die Namen non-terminaler Slots entsprechen Frame-Namen und so ist es denkbar, daß auch aus der Konzepthierarchie abgeleitete Namen von Ober- oder Unterbegriffen des Frames, dem ein non-terminaler Slot namensgleich ist, als Argument einer Anfrageoperation auftreten können. Das folgende Beispiel zeigt, daß eine solche Option sogar extrem wünschenswert ist.

Beispiel 60:

Folgender Frame und Ausschnitt einer Konzepthierarchie seien Bestandteil einer Wissensbasis:

Rechner-1	Cpu	Peripherie	Hauptspeicher
	Z8000	Festplattenlaufwerk-1	RAM-1
		Diskettenlaufwerk-1	
		Maus-1	
		Tastatur-1	

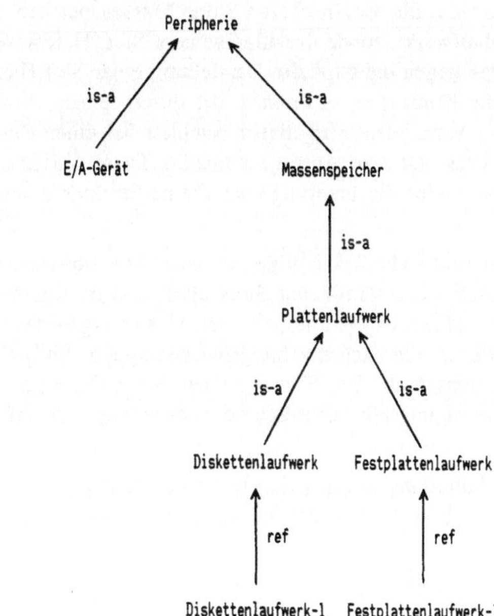

Folgende Anfragen an diese Wissensbasis sollten beantwortbar sein:
"Welche Massenspeicher besitzt Rechner-1 ?"
kb('Rechner-1')('Massenspeicher')(act) = ?

"Welche Plattenlaufwerke besitzt Rechner-1 ?"
kb('Rechner-1')('Plattenlaufwerk')(act) = ?

Der Frame 'Rechner-1' könnte auch folgendermaßen modelliert sein:

Rechner-1	Cpu	Massenspeicher	E/A-Gerät	Hauptspeicher
	Z8000	Festplattenlaufwerk-1	Maus-1	RAM-1
		Diskettenlaufwerk-1	Tastatur-1	

Die folgende Anfrage ist sinnvoll:

"Welche Peripherie besitzt Rechner-1 ?"

kb('Rechner-1')('Peripherie')(act) = ?

Alle im obigen Beispiel aufgeführten Anfragen sind sinnvoll und auch beantwortbar, doch durch die bisher vorgestellten Anfrageoperationen nicht bearbeitbar. Zwei grundsätzlich verschiedene Lösungsmöglichkeiten bieten sich hier an. Einmal kann durch Bereitstellung entsprechender Anfrageoperationen die nötige Umsetzung einer Frageformulierung über die Konzepthierarchie zum Anfragezeitpunkt erfolgen. Zum anderen wäre auch auch denkbar, daß ein Frame in bezug auf alle möglichen Ober- und Unterbegriffe eines non-terminalen Slots maximal modelliert ist, so daß alle Anfagen, die sich auf Slots beziehen, direkt beantwortbar sind.

Die explizite Modellierung aller Hierarchiestufen eines non-terminalen Slots ist wegen des damit verbundenen Aufwands sicherlich kein gangbarer Weg. Beim Wissensbasis-Aufbau würde daher nach wie vor eine bestimmte Menge von Slots einem Frame zugeordnet werden und die Erweiterung auf alle anderen, hierarchisch höher und tiefer stehenden Slots müßte automatisch erfolgen. Zu einem Slot 'Peripherie' würden so beispielsweise die spezifischeren Slots 'Massenspeicher' und 'E/A-Gerät' und deren Unterslots, wie z.B. 'Plattenlaufwerk', sowie der allgemeinere Slot 'Hardware' hinzukommen. Ein hierbei entstehendes Problem, das gegen die explizite Darstellung einer Slot-Hierarchie spricht, ist dadurch gegeben, daß der semantische Kontext eines Frames, der durch seinen Slot-Bestand charakterisiert ist, dabei völlig verloren ginge. Vermieden wird dieser Nachteil bei einer Berücksichtigung hierarchisch höher und tiefer stehender Slots erst zum Anfragezeitpunkt. Diese Variante ist auch definitorisch einfacher zu handhaben, und es bleibt die ursprüngliche Frame-Struktur erhalten, so daß sie bei Bedarf jederzeit greifbar ist.

Der in einer Anfrageoperation zu berücksichtigende, erweiterte Slot-Bestand ergibt sich durch Hinzunahme aller, schon existierenden non-terminalen Slots über- und untergeordneter Slots. Dabei enthält ein hinzukommender Slot, der einem explizit modellierten Slot untergeordnet ist, diejenigen Einträge des übergeordneten Slots zugewiesen, die nach der Integritätsbedingung (S4$''$) für ihn erlaubt sind. Analog leiten sich seine erlaubten Einträge ab. Die Einträge eines Slots, der einem anderen Slot übergeordnet ist, sind gegeben als die Vereinigung aller Einträge der ihm untergeordneten Slots. Das gleiche gilt für seine erlaubten Einträge.

Formal ergibt sich die Abbildung $slots^{+}(kb, f)$, die den durch eine Abbildung $kb(f)$ gegebenen, erweiterten Slot-Bestand eines Frames f in der Wissensbasis kb darstellt, wie folgt (Mengen von Abbildungstupeln sind in eckige Klammern eingeschlossen):[56]

$$\begin{aligned} slots^{+}(kb,f) := kb(f) \cup [&s_u \mapsto schar_u \mid \exists s \in \text{dom } kb(f) : \\ &(is\text{-}nonterminal(kb,s) \wedge e\text{-}is\text{-}a(kb,s_u,s) \wedge \\ &\wedge schar_u(\text{perm}) = \{e \mid e \in kb(f)(s)(\text{perm}) \wedge e\text{-}is\text{-}a(kb,e,s_u)\} \wedge \\ &\wedge schar_u(\text{act}) = kb(f)(s)(\text{act}) \cap schar_u(\text{perm})] \cup \\ \cup [&s_o \mapsto schar_o \mid \exists s \in \text{dom } kb(f) : \\ &(is\text{-}nonterminal(kb,s) \wedge e\text{-}is\text{-}a(kb,s,s_o) \wedge \\ &\wedge schar_o(\text{act}) = \bigcup_{s' \in \text{dom } kb(f) \wedge e\text{-}is\text{-}a(kb,s',s_o)} kb(f)(s')(\text{act}) \wedge \\ &\wedge schar_o(\text{perm}) = \bigcup_{s' \in \text{dom } kb(f) \wedge e\text{-}is\text{-}a(kb,s',s_o)} kb(f)(s')(\text{perm})] \end{aligned} \quad \text{(F9)}$$

In den schon beschriebenen Anfrageoperationen kann nun bei Bedarf auf den erweiterten Slot-Bestand Bezug genommen werden. Die Definitionen der Anfrageoperationen bleiben ansonsten unverändert.

Die Bereitstellung hierarchisch höher und tiefer stehender Slots ermöglicht jedem Benutzer eine unterschiedlich detaillierte Sicht auf einen Frame. Es besteht deshalb eine gewisse Parallele zwischen hierarchischen Slots und Benutzersichten im Datenbankbereich, die Ober-/Unterbegriffsbeziehungen ausnutzen (MOTRO/BUNEMAN 80, DAYAL/HWANG 82, KATZ/GOODMAN 83).

4.2 Änderungsoperationen

Durch den Formalismus, der die syntaktischen Grundstrukturen von FRM festlegt, ist schon implizit eingeführt, wie aus vorgegebenen Repräsentationsstrukturen durch Anwendung von Mengenoperatoren neue Strukturen zu bilden sind (siehe unten). Würde man die Änderungsoperationen von FRM ausschließlich unter Zuhilfenahme dieser Mengenoperatoren definieren, ergäbe sich jedoch das Problem, daß nicht alle Änderungen, die mit ihrer Hilfe durchgeführt werden können, als Ergebnis wieder Repräsentationsstrukturen liefern, also Strukturen, die nicht nur syntaktisch wohlgeformt sind, sondern auch den Integritätsbedingungen von FRM genügen. Das bedeutet, daß die Operationen auf den syntaktischen Gundstrukturen in geeigneter Weise zu erweitern sind, damit sie integritätsbewahrende Änderungsoperationen werden. Die Spezifikation solcher integritätserhaltender Operationen nimmt eine wichtige Rolle bei der Definition eines Repräsentationsmodells ein, denn stellen sie die einzige Möglichkeit dar, eine Wissensbasis zu modifizieren, können nie invalide Wissensbasen entstehen. Das zugehörige Repräsentationsmodell wird damit zu einem **abstrakten Datentyp.**

Die Möglichkeit, ein Datenmodell als einen (parametrisierten) abstrakten Datentyp zu beschreiben, wurde schon für das relationale Modell (BEVER/LOCKEMANN 85) und das Entity-Relationship-Modell (BLACKWELL ET AL. 83) diskutiert; eine formale Spezifikation eines binären Relationenmodells als abstrakter Datentyp wurde in COLOMBETTI ET AL. 78 durchgeführt. Auf dem Konzept abstrakter Datentypen basiert auch der Entwurf der Frame-Repräsentationssprache KRYPTON (BRACHMAN ET AL. 83). Es wird in diesem Ansatz, der in LEVESQUE 84 ausführlicher beschrieben ist,

[56] Es läßt sich in einigen Fällen auch der Typ eines hinzugenommenen Ober- oder Unterslots ableiten, was in die Definition von $slots^{+}$ nicht aufgenommen wurde, da dies nur von untergeordnetem Interesse ist. So liegt es in der Natur eines abgeleiteten Oberslots, daß er niemals einwertig ist, da er in der Lage sein muß, mehrere Einträge aus seinen Unterslots aufzunehmen. Für einen Oberslot gilt ferner, daß er obligat ist, genau dann wenn alle seine Unterslots obligat sind, ansonsten ist er klassifikatorisch.

Problematischer ist die Bestimmung des Typs eines hinzugenommenen Unterslots. Ist ein übergeordneter Slot einwertig, so ist dies klarerweise auch der untergeordnete Slot. Ist der übergeordnete Slot dagegen mehrwertig, sagt das gar nichts über den Typ des untergeordneten Slots aus, denn durch die Auswahl eines Teilbereichs kann der spezifischere Slot gerade einwertig werden (z.B. der Unterslot 'Tastatur' zu dem Slot 'Peripherie' eines Personalcomputer-Frames). Ähnliches gilt, wenn der Oberslot klassifikatorisch ist. Auch hier kann durch die Auswahl, die ein Unterslot darstellt, dieser obligat werden (als Beispiel wiederum der Unterslot 'Tastatur' zu einem Slot 'Peripherie' eines Personalcomputer-Frames). Ist dagegen der Oberslot obligat, ist dies auch ein ihm untergeordneter Slot.

strikt unterschieden zwischen der internen Ebene (der Symbolebene: vgl. NEWELL 82), auf der die Repräsentationsstrukturen angesiedelt sind, und der äußeren Zugriffsebene (der Wissensebene), wo in einer logik-basierten Sprache Anfragen oder hinzuzufügende Zusicherungen formuliert werden können. Die graphentheoretischen Grundstrukturen semantischer Netze werden in DILGER/WOMANN 83 als abstrakter Datentyp beschrieben, während CERNY/KELEMEN 80 einen frame-artigen Datentyp, der auch Konzeptspezialisierung und Defaults umfaßt, definiert. Neben den Ansätzen, die ein Daten- oder Repräsentationsmodell als (parametrisierten oder generischen) Datentyp auffassen, sind Arbeiten zu nennen, die eine Datenbank (bzw. Wissensbasis) als Ausprägung eines (oder auch mehrerer) anwendungsabhängigen (abstrakten) Datentyps beschreiben (LOCKEMANN ET AL. 79, GOLSHANI ET AL. 83, WEINER/PALMER 81). Der Schwerpunkt einiger Arbeiten aus diesem Umfeld liegt auf der Spezifikation anwendungsspezifischer Änderungsoperationen als integritätserhaltende Transaktionen. Als die einzige Zugriffsmöglichkeit auf eine Datenbank realisieren sie für das zugehörige Datenbankschema einen abstrakten Datentyp (EHRIG ET AL. 78, MYLOPOULOS ET AL. 80, BRODIE 81, SCHIEL ET AL. 84, STEMPLE/SHEARD 84, VELOSO/FURTADO 84). Dieser Ansatz kommt dem in der vorliegenden Arbeit gewählten Vorgehen nahe, jedoch mit dem wesentlichen Unterschied, daß hier die Transaktionen nicht anwendungsabhängig, sondern integraler Bestandteil von FRM sind.

Im folgenden werden zunächst die auf den syntaktischen Grundstrukturen von FRM definierten, elementaren Änderungsoperationen angegeben, die die Basis der später zu definierenden integritätserhaltenden Operationen bilden. Sie sind beschrieben als Abbildungen, die eine Wissensbasis in eine andere Wissensbasis überführen.

Auf den syntaktischen Grundstrukturen definierte, elementare Änderungsoperationen:[57]

Erzeugen eines Frames *f*, der noch keine Slots besitzt:

$$creat\_frame_{syn}(kb, f) := kb \cup [f \mapsto [\,]\,]$$

Löschen eines Frames *f*:

$$del\_frame_{syn}(kb, f) := kb \setminus [f \mapsto kb(f)]$$

Erzeugen eines Slots *s* für den Frame *f*:

$$\begin{aligned} creat\_slot_{syn}(kb, f, s, typ) := kb \setminus [f \mapsto kb(f)] \cup \\ \cup [f \mapsto (kb(f) \cup [s \mapsto [&\text{act} \mapsto \emptyset, \\ &\text{perm} \mapsto \emptyset, \\ &\text{ic} \mapsto \emptyset, \\ &\text{is-obl} \mapsto (typ = \text{oblsingl} \vee typ = \text{obl}), \\ &\text{is-singleton} \mapsto (typ = \text{oblsingl} \vee typ = \text{singl})]])] \end{aligned}$$

Löschen eines Slots *s* für den Frame *f*:

$$del\_slot_{syn}(kb, f, s) := kb \setminus [f \mapsto kb(f)] \cup [f \mapsto (kb(f) \setminus [s \mapsto kb(f)(s)])]$$

---

[57] Abbildungen werden als Mengen von Tupeln aufgefaßt und sind in eckige Mengenklammern eingeschlossen, wenn sie explizit angegeben werden. Entsprechend können sie unter Verwendung von Mengenoperatoren verknüpft werden. Der Index 'syn' der folgenden Operationen soll andeuten, daß sie noch keine Integritätsbedingungen berücksichtigen, sondern nur syntaktische Strukturen überführen.

Hinzufügen eines Slot-Eintrags *e* zum Slots *s* des Frames *f*:

$$
\begin{array}{lll}
put\_entry_{syn}(kb, f, s, e) := kb \setminus [f \mapsto kb(f)] \cup & & \\
\quad \cup\, [f \mapsto (kb(f) \setminus [s \mapsto kb(f)(s)] \cup & & \\
\quad\quad \cup\, [s \mapsto [\text{act} & \mapsto & kb(f)(s)(\text{act}) \cup \{e\}, \\
\quad\quad\quad \text{perm} & \mapsto & kb(f)(s)(\text{perm}), \\
\quad\quad\quad \text{is-obl} & \mapsto & kb(f)(s)(\text{is-obl}), \\
\quad\quad\quad \text{is-singleton} & \mapsto & kb(f)(s)(\text{is-singleton}), \\
\quad\quad\quad \text{ic} & \mapsto & kb(f)(s)(\text{ic})]])]
\end{array}
$$

Löschen eines Eintrags *e* des Slots *s* in Frame *f*:

$$
\begin{array}{lll}
del\_entry_{syn}(kb, f, s, e) := kb \setminus [f \mapsto kb(f)] \cup & & \\
\quad \cup\, [f \mapsto (kb(f) \setminus [s \mapsto kb(f)(s)] \cup & & \\
\quad\quad \cup\, [s \mapsto [\text{act} & \mapsto & kb(f)(s)(\text{act}) \setminus \{e\}, \\
\quad\quad\quad \text{perm} & \mapsto & kb(f)(s)(\text{perm}), \\
\quad\quad\quad \text{is-obl} & \mapsto & kb(f)(s)(\text{is-obl}), \\
\quad\quad\quad \text{is-singleton} & \mapsto & kb(f)(s)(\text{is-singleton}), \\
\quad\quad\quad \text{ic} & \mapsto & kb(f)(s)(\text{ic})]])]
\end{array}
$$

Im folgenden soll nun näher betrachtet werden, wie die obigen Elementaroperationen zu erweitern sind, damit aus ihnen integritätserhaltende Änderungsoperationen werden. Eine Möglichkeit stellt ihre Ergänzung um eine **Vorbedingung** dar. Sie muß zur Ausführung einer Operation erfüllt sein, so daß bei geeigneter Wahl der Vorbedingung sichergestellt ist, daß eine Operation immer eine valide Wissensbasis ergibt. Beispielsweise darf ein Slot-Eintrag nur geschrieben werden, wenn er erlaubter Eintrag in dem betroffenen Slot ist (vgl. (S3)), oder es darf nur dann ein neuer Slot zu einem Prototypen hinzugefügt werden, wenn dieser dadurch nicht strukturell identisch wird mit einem anderen Prototypen in der Wissensbasis (vgl. (F8)).

Durch die Erweiterung jeder Änderungsoperation um eine geeignete Vorbedingung kann prinzipiell sichergestellt werden, daß keine integritätsverletzenden Modifikationen mehr möglich sind. Es zeigt sich jedoch, daß dieser Ansatz zu restriktiv ist. Es existieren nämlich valide Wissensbasen, die von einer anderen validen Wissensbasis aus nur konstruierbar sind durch die Ausführung einer Folge von elementaren Änderungsoperationen, die über zwischenzeitlich invalide Wissensbasen führen (vgl. Bsp.61). Das ist der Fall, wenn man durch geeignete Ergänzung einer integritätsverletzenden Änderung um eine Folge weiterer Änderungen (die die erste nicht zurücknehmen) wieder eine valide Wissensbasis erhält. Um alle validen Wissensbasen konstruierbar zu machen, werden als Änderungsoperationen deshalb auch integritätserhaltende **Operationsfolgen** zugelassen.

Beispiel 61:

Ein zu einem Frame namensgleicher Slot ist ein non-terminaler Slot, dessen erlaubten Einträge die Unterbegriffe dieses Frames sind (sofern sie nicht noch zusätzlich durch eine anwendungsspezifische Integritätsbedingung eingeschränkt sind: vgl. (S4″)). Wird ein neuer Frame der Konzepthierarchie hinzugefügt, dann muß er überall dort, wo der betroffene Ausschnitt der Konzepthierarchie die erlaubten Einträge eines non-terminalen Slots festlegt, als erlaubter Eintrag auftreten, damit die resultierende Wissensbasis valide ist. Als Beispiel sei der folgende Ausschnitt einer Wissensbasis betrachtet:

Rechner	Schnittstelle	...
	perm: {serielle Schnittstelle, parallele Schnittstelle, synchrone Schnittstelle, asynchrone Schnittstelle}	

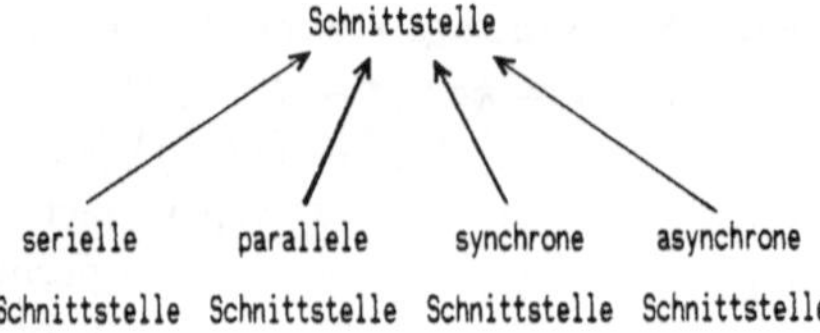

Die Hinzunahme des Frames 'RS-232' ist nur bei gleichzeitiger Änderung der Menge erlaubter Einträge des Slots 'Schnittstelle' integritätserhaltend:

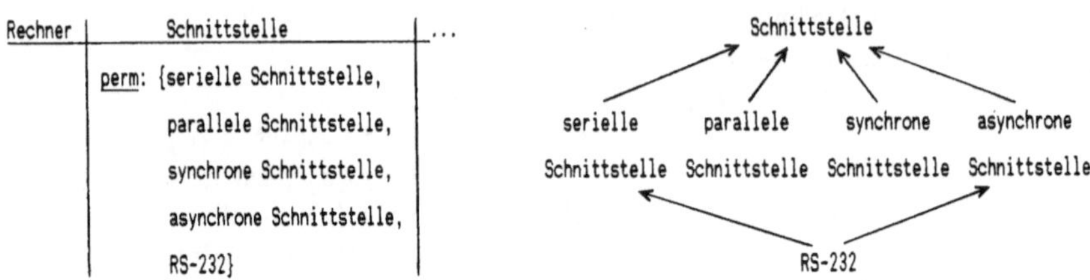

Die Zusammensetzung mehrerer elementarer Operationen, die für sich alleine integritätsverletzend, in ihrer Summe jedoch integritätserhaltend sind, ergibt eine komplexe Operation, die mit dem aus dem Datenbankbereich bekannten Konzept einer **Transaktion** verglichen werden kann (GRAY 81). Transaktionen werden dort jedoch nicht zur Definition von Operationen eines Datenmodells herangezogen, sondern definieren aus Elementaroperationen bestehende, anwendungsspezifische Operationen, die als integritätserhaltende Einheit erscheinen: entweder werden alle Teiloperationen einer Transaktion erfolgreich durchgeführt oder die gesamte Transaktion wird zurückgesetzt.

Die Operationen der meisten bisherigen Datenmodelle sind atomar und auf den syntaktischen Grundstrukturen definiert. Sie sind deshalb i.a. nicht integritätserhaltend. Zu den wenigen Datenmodellen, die ähnlich wie FRM unter Berücksichtigung *modellinhärenter* Integritätsbedingungen definiert sind und Operationen vorsehen, die diese berücksichtigen, gehören die in MYLOPOULOS/WONG 80, CERNY/KELEMEN 80, SCHIEL 83 und ABITEBOUL/HULL 87 beschriebenen. Besonders ausführlich wird in ABITEBOUL/HULL 88 auf die Notwendigkeit von Folgeänderungen zur Integritätserhaltung eingegangen.

Zur Formulierung *anwendungsspezifischer* Integritätsbedingungen und ihrer Berücksichtigung durch die Änderungsoperationen gibt es im Datenbankbereich prinzipiell zwei Gruppen von Ansätzen. Eine Möglichkeit besteht darin, vor der Ausführung einer Änderungsoperation die Konsistenz mit eventuell vorhandenen Integritätsbedingungen zu prüfen und die Änderung nicht auszuführen, wenn sie integritätsverletzend ist. Darunter fällt beispielsweise der Ansatz zur Frage-Modifikation in INGRES (STONEBRAKER 75) sowie der in GARDARIN/MELKANOFF 79 beschriebene Ansatz zur Konsistenzüberprüfung einer Transaktion mit Hilfe der Hoare'schen axiomatischen Methode und das in HENSCHEN ET AL. 84 beschriebene Verfahren, das aus den als Formeln einer Logik erster Ordnung gegebenen Integritätsbedingungen einer relationalen Datenbank automatisch Tests ableitet, mit deren Hilfe für eine Änderungsoperation überprüft werden kann, ob sie integritätserhaltend ist. Flexibler sind die Verfahren, die als Teil der Formulierung einer Integritätsbedingung die Angabe von Folgeänderungen zur Integritätserhaltung erlauben (basierend auf der Idee des Trigger-Konzepts: ESWARAN 76). So beschreibt MARK ET AL. 86 (vgl. auch ROUSSOPOULOS ET AL. 84) eine Erweiterung des relationalen Modells, in der (anwendungsspezifische) Integritätsbedingungen als Produktionsregeln formuliert werden, wodurch

Folgeänderungen zur Integritätserhaltung spezifiziert werden können. Vergleichbare Ansätze, die ebenfalls die Formulierung von Integritätsbedingungen als Produktionsregeln vorsehen, sind in SU/RASCHID 85 und MORGENSTERN 86 beschrieben. Auch das durch POSTGRES unterstützte, allgemeiner angelegte Regelsystem (STONEBRAKER ET AL. 87) kann zur Realisierung einer Integritätskontrolle herangezogen werden.

Eine Interpretation von Integritätsbedingungen, die im Falle einer Verletzung Folgeaktionen startet, um die Integrität wieder herzustellen, ist vergleichbar mit dem Konzept einer **Inferenzregel:**[58] nach Ausführung einer Änderungsoperation werden alle aus dem neuen Wissen aufgrund einer als Inferenzregel interpretierten Integritätsbedingung herleitbaren Wissensstrukturen der Wissensbasis hinzugefügt. Es können dabei aber auch bestehende Wissensstrukturen ungültig werden, die entsprechend zurückgenommen werden müssen, so daß sich die Parallele zu einem **Truth Maintenance System** ergibt (DOYLE 79, DeKLEER 86). Es ist natürlich nicht sinnvoll, alle Integritätsbedingungen als Inferenzregeln zu interpretieren (vgl. auch NICOLAS/GALLAIRE 78). So ist eine Operation zum Schreiben eines Eintrags in einem terminalen Slot, wo er kein erlaubter Eintrag ist, aufgrund der Bedingung (S3) zurückzuweisen. Die alternative Möglichkeit, den Eintrag zu schreiben und dafür die Menge der erlaubten Einträge anzupassen, ist nicht sinnvoll. Die Entscheidung, welche Integritätsverletzungen durch Vorbedingungen ausgeschlossen und welche durch Folgeaktionen beigelegt werden, ist also pragmatischer Art und damit zwangsläufig Teil der Spezifikation einer Änderungsoperation.

Der verbleibende Teil dieses Kapitels diskutiert für die wichtigsten Änderungsoperationen von FRM Aspekte der Integritätserhaltung. Mögliche Auswirkungen einer Modifikation auf die Konzepthierarchie werden dabei nicht betrachtet, da die Hierarchie in der Definition von FRM nicht extensional gegeben ist, sondern die Spezialisierungsbeziehungen intensional durch entsprechende Prädikate festgelegt sind. Berücksichtigt werden dagegen die sich aus einer Modifikation der Konzepthierarchie ergebenden Änderungen der erlaubten Einträge non-terminaler Slots, da diese in der FRM-Spezifikation als Extension behandelt werden. Gemäß der oben geführten Diskussion wird jede Operation durch eine Vorbedingung beschrieben, die festlegt, unter welcher Voraussetzung sie überhaupt ausgeführt werden darf, und es besteht eine Operation typischerweise aus mehreren Teiloperationen. Bei nicht erfüllter Vorbedingung ist das Operationsergebnis identisch mit der vorgegebenen Wissensbasis.

Änderungsoperationen werden definiert auf der Basis von Abbildungen aus *OPS*:

$$OPS := \{f \mid f : FRAMES \rightarrow FRAMES\} \qquad \text{(SY4)}$$

OPS enthält als Teilmenge die integritätserhaltenden Änderungsoperationen von FRM. Aus Gründen der einfacheren Notation einer intendierten Änderung werden zusätzlich Operationsparameter eingeführt und eine **parametrisierte Änderungsoperation** definiert als eine Funktion, deren Definitionsbereich durch die Operationsparameter gegeben ist und deren Bildbereich eine Menge von Abbildungen aus *OPS* ist. Durch eine Belegung der Operationsparameter erhält man eine Abbildung aus *OPS*, die für eine beliebige, gegebene Wissensbasis diese (entsprechend der Parameterbelegung) in eine andere Wissensbasis überführt. Eine Änderungsoperation ist damit ein Bündel gleichartiger Abbildungen aus *OPS*, aus denen durch geeignete Parameterangabe eine bestimmte Abbildung herausgegriffen werden kann. Als Beispiel sei die Struktur der Operation zum Schreiben eines Slot-Eintrags gegeben, die von der Menge aller möglichen Parameterbelegungen in die Menge *OPS* abbildet:

$put\_entry : Fnames \times Snames \times Entries \rightarrow OPS$

Die Menge *OPS* bildet die formale Syntax der (nicht parametrisierten) FRM-Änderungsoperationen und entspricht vom Status her den Abbildungen (SY1) bis (SY3), die die syntaktischen Grundstrukturen von

[58] Die funktionale Ähnlichkeit von Inferenzregeln, die bei einer Wissensbasisänderung angestoßen werden, und der Definition von Folgeänderungen, die bei einer Integritätsverletzung auszuführen sind, wird auch in NICOLAS/YAZDANIAN 78 diskutiert.

FRM-Wissensbasen festlegen. Die für eine valide Wissensbasis zu erfüllenden modellinhärenten Integritätsbedingungen fließen ein in die Formulierung der Integritätsbedingungen für die Änderungsoperationen, die die Eigenschaften einer resultierenden Wissensbasis in Abhängigkeit von einer vorgegebenen Wissensbasis beschreiben.[59] Dadurch wird erreicht, daß sich nur solche Abbildungen aus *OPS* in dem Bildbereich einer parametrisierten Änderungsoperation befinden, die als Ergebnis eine valide Wissensbasis liefern (vorausgesetzt, die ursprüngliche Wissensbasis ist valide). Eine parametrisierte Änderungsoperation kann somit als eine Menge von (parametrisierten) Abbildungstupeln zwischen validen Wissensbasen betrachtet werden[60] (vgl. Abb.7). Es werden im folgenden die wichtigsten Änderungsoperationen von FRM beschrieben.

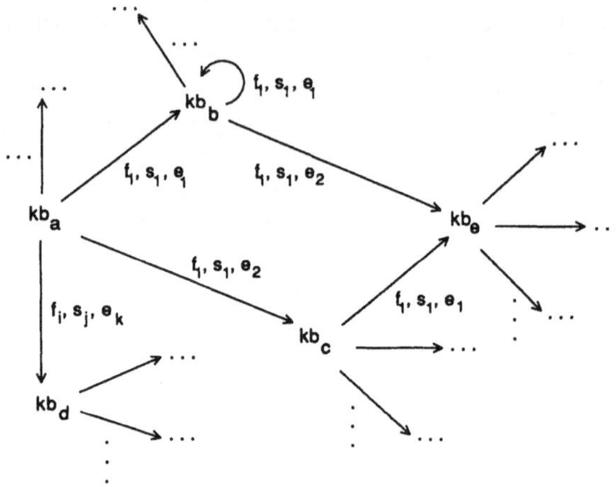

Abbildung 7: Die Änderungsoperation *put_entry* als eine Menge von parametrisierten Abbildungstupeln

Erzeugen eines Frames:

Die Spezifikation einer integritätserhaltenden Operation zum Erzeugen eines Frames, die direkt auf der weiter oben definierten, elementaren Operation $creat\_frame_{syn}$ basiert, die einen leeren Frames anlegt, ist problematisch, denn das Erzeugen eines neuen Frames, der (zunächst noch) keine Slots besitzt, führt in bestimmten Fällen zu einer Verletzung der Integritätsbedingung (F6). Ein Frame ohne Slots ist nämlich Oberbegriff zu allen anderen Frames, die Slots besitzen (vgl. (R1')), so daß Slots mit dem gleichen Namen wie der neue Frame (sie sind durch seine Erzeugung non-terminal geworden) anderen non-terminalen Slots im gleichen Frame, dem sie zugehören, übergeordnet wären. Im Falle zweier obligater Slots, die beide entweder ein- oder mehrwertig sind, wäre das eine Verletzung von (F6) (vgl. Abb.8).

Das Erzeugen eines Frames, dessen Existenz eine solche Konstellation verursacht, muß aus Gründen der Integritätserhaltung zurückgewiesen werden, da es keine sinnvolle Folgeänderungen zur Behebung der Integritätsverletzung gibt. Zur Vermeidung solcher nicht zu behebenden Konfliktsituationen wird die Operation zum Erzeugen eines Frames so definiert, daß gleichzeitig eine Menge vorgegebener Slots dem neuen Frame zugeordnet werden.[61] Weitere Folgeaktionen, die zur Integritätserhaltung notwendig sind, betreffen die Slots anderer Frames, die zu dem erzeugten Frame namensgleich sind und dadurch

---

[59] TROYER 86 beschreibt einen Ansatz zur Unterstützung des Entwurfsprozesses für integritätserhaltende Änderungsoperationen, der erlaubt, diese aus den in einer Produktionsregeln ähnlichen Form gegebenen Integritätsbedingungen zu einem großen Teil automatisch abzuleiten.

[60] Modelltheoretisch ist diese Menge Modell der Theorie, die durch die Integritätsbedingungen auf den Änderungsoperationen gegeben ist.

[61] Damit illustriert diese Operation die Notwendigkeit, als integritätserhaltende Elementaroperationen Transaktionen vorzusehen.

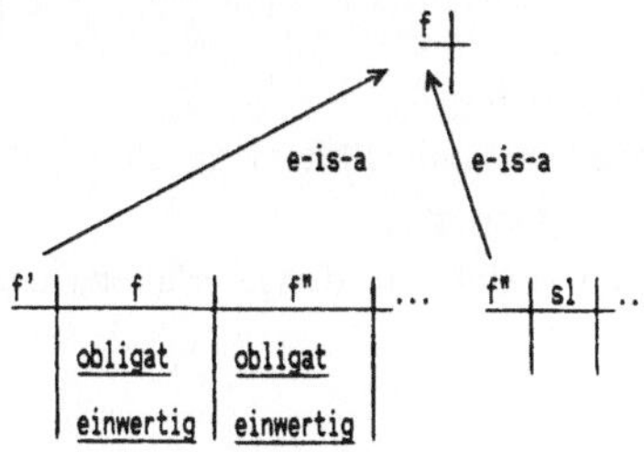

Abbildung 8: Verletzung von (F6) durch das Erzeugen eines Frames ohne Slots

non-terminal werden. Für sie ändert sich die Menge der erlaubten Einträge, wodurch bisherige Einträge ungültig werden können und dann wegfallen müssen.

Die Spezifikation der Vorbedingung, die zur Erzeugung eines Frames erfüllt sein muß, basiert auf einer vorläufigen Konstruktion der Ergebnis-Wissensbasis, die den neuen Frame mit seiner gesamten Slot-Struktur enthält. Sind in dieser vorläufigen Wissensbasis keine Integritätsbedingungen verletzt, stellt sie das Operationsergebnis dar. Andernfalls ist das Operationsergebnis mit der ursprünglichen Wissensbasis identisch. Der erzeugte Frame ist ein Prototyp, da seine Slots keine Einträge aufweisen, weshalb die Operation *creat_proto* genannt wird:

$$creat\_proto : Fnames \times 2^{Snames \times \{\text{obl}, \text{singl}, \text{oblsingl}\}} \rightarrow OPS$$

Bevor die Vorbedingung nun formuliert werden kann, müssen noch einige Vereinbarungen getroffen werden. Als erstes sei die Hilfsoperation *adj_nt* aus *OPS* so definiert, daß sie eine gegebene Wissensbasis überführt in eine, die sich von der ursprünglichen höchstens dadurch unterscheidet, daß in allen non-terminalen Slots die Menge der erlaubten Einträge der Bedingung (S4″) genügt und ihre aktuellen Einträge entsprechend angepaßt sind. *adj_nt* ist formal folgendermaßen definiert (es wird für die Argumentbelegung einer Abbildung o $o(kb)(f)$ statt $(o(kb))(f)$ geschrieben):

$$
\begin{array}{l}
\forall kb \in FRAMES : \\
\quad (\text{dom } adj\_nt(kb) = \text{dom } kb \wedge \\
\quad\ \wedge \forall f \in \text{dom } adj\_nt(kb) : \\
\qquad (\text{dom } adj\_nt(kb)(f) = \text{dom } kb(f) \wedge \\
\qquad \wedge \forall s \in \text{dom } adj\_nt(kb)(f) : \\
\qquad\quad ((is\text{-}terminal(kb, s) \Rightarrow \\
\qquad\qquad \Rightarrow adj\_nt(kb)(f)(s) = kb(f)(s)) \wedge \\
\qquad\quad \wedge (is\text{-}nonterminal(kb, s) \Rightarrow \\
\qquad\qquad \Rightarrow (adj\_nt(kb)(f)(s)(\text{is-obl}) = kb(f)(s)(\text{is-obl}) \wedge \\
\qquad\qquad\quad \wedge adj\_nt(kb)(f)(s)(\text{is-singleton}) = kb(f)(s)(\text{is-singleton}) \wedge \\
\qquad\qquad\quad \wedge adj\_nt(kb)(f)(s)(\text{ic}) = kb(f)(s)(\text{ic}) \wedge \\
\qquad\qquad\quad \wedge adj\_nt(kb)(f)(s)(\text{perm}) = \{f' \mid f' \in \text{dom } adj\_nt(kb) \wedge f' \neq f \wedge \\
\qquad\qquad\qquad\qquad \wedge e\text{-}is\text{-}a(adj\_nt(kb), f', s) \wedge \\
\qquad\qquad\qquad\qquad \wedge \forall a \in adj\_nt(kb)(f)(s)(\text{ic}) : \\
\qquad\qquad\qquad\qquad\quad (a_{ve}[f'])_{vf}[f] \Leftrightarrow \text{true}\} \wedge \\
\qquad\qquad\quad \wedge adj\_nt(kb)(f)(s)(\text{act}) = kb(f)(s)(\text{act}) \cap adj\_nt(kb)(f)(s)(\text{perm})))))
\end{array}
$$

Anmerkungen:

Zeile 2: Der Frame-Bestand bleibt gleich.

Zeile 3-4: Der Slot-Bestand der einzelnen Frames bleibt gleich.

Zeile 5-7: Terminale Slots bleiben unverändert.

Zeile 8-16: Für non-terminale Slots ändert sich die Menge erlaubter und aktueller Einträge.

Es steht weiterhin

$$c\_s_{prim}(kb, f, s, typ) := adj\_nt(creat\_slot_{syn}(kb, f, s, typ))$$

für das Hinzufügen eines Slots *s* des Typs *typ* zum Frame *f* der Wissensbasis *kb* und anschließender Neudefinition der aktuellen und erlaubten Einträge non-terminaler Slots. Sei nun folgende Liste von Angaben über neu anzulegende Slots gegeben:

$$\{\langle s_1, typ_1\rangle, \ldots, \langle s_n, typ_n\rangle\} \subseteq Snames \times \{\text{obl, singl, oblsingl}\}$$

dann läßt sich mit Hilfe von c_s_{prim} eine Funktion c_s_{rek} definieren, die entsprechend den Angaben dieser Liste Slots für den Frame *f* erzeugt:

$$c\_s_{rek}(kb, f, \{\langle s_1, typ_1\rangle, \ldots, \langle s_n, typ_n\rangle\}) := \begin{cases} c\_s_{rek}(c\_s_{prim}(kb, f, s_1, typ_1), f, \\ \qquad \{\langle s_2, typ_2\rangle, \ldots, \langle s_n, typ_n\rangle\}) & , n > 1 \\ c\_s_{prim}(kb, f, s_1, typ_1) & , n = 1 \end{cases}$$

Unter Benutzung dieser Hilfsoperationen kann die Operation c_f_{prim} definiert werden, die einen neuen Frame erzeugt, aber möglicherweise eine noch invalide Wissensbasis hinterläßt:

$$c\_f_{prim}(kb, f, slist) := c\_s_{rek}(creat\_frame_{syn}(kb, f), f, slist)$$

Es kann nun die Vorbedingung der eigentlich zu definierenden Operation *creat_proto* festgelegt werden:

$$\begin{aligned} & precond_{creat\_proto}(kb, f, slist) := \\ & \quad f \notin \text{dom } kb \wedge \\ & \quad \wedge \forall \langle s, typ\rangle \in slist : \\ & \qquad (\neg\exists\langle s', typ'\rangle \in slist \setminus \{\langle s, typ\rangle\} : s = s' \wedge \\ & \qquad \wedge(is\text{-}terminal(c\_f_{prim}(kb, f, slist), s) \Rightarrow typ \in \{\text{singl, oblsingl}\}) \wedge \\ & \qquad \wedge(is\text{-}nonterminal(c\_f_{prim}(kb, f, slist), s) \Rightarrow \neg is\text{-}reference(c\_f_{prim}(kb, f, slist), s))) \wedge \\ & \quad \wedge ir_{(\text{F5})}(c\_f_{prim}(kb, f, slist)) \wedge ir_{(\text{F6})}(c\_f_{prim}(kb, f, slist)) \wedge ir_{(\text{F8})}(c\_f_{prim}(kb, f, slist)) \end{aligned}$$

wobei sich $ir_{(\text{F5})}, ir_{(\text{F6})}$ und $ir_{(\text{F8})}$ auf die entsprechenden modellinhärenten Integritätsbedingungen beziehen und folgendermaßen definiert sind:

$$\begin{aligned} & ir_{(\text{F5})}(kb) := \\ & \quad \forall f \in \text{dom } kb : \neg\exists f' \in \text{dom } kb : \\ & \qquad (dir\_subord(kb, f') \subseteq \text{dom } kb(f) \wedge \forall s \in dir\_subord(kb, f') : is\text{-}obl(kb, f, s)) \end{aligned}$$

wobei $dir\_subord(kb, f) = \{f' \mid e\text{-}is\text{-}a(kb, f', f) \wedge \wedge\neg\exists f'' \in \text{dom } kb : (e\text{-}is\text{-}a(kb, f', f'') \wedge e\text{-}is\text{-}a(kb, f'', f))\}$

$$\begin{aligned} & ir_{(\text{F6})}(kb) := \\ & \quad \forall f \in \text{dom } kb : \forall s, s' \in \text{dom } kb(f) : \\ & \qquad (e\text{-}is\text{-}a(kb, s, s') \Rightarrow (is\text{-}obl(kb, f, s) \wedge is\text{-}classif(kb, f, s') \vee \\ & \qquad\qquad \vee is\text{-}singleton(kb, f, s) \wedge \neg is\text{-}singleton(kb, f, s'))) \end{aligned}$$

$$
\begin{aligned}
&ir_{(\mathrm{F8})}(kb) := \\
&\quad \forall f \in \mathrm{dom}\ kb : \\
&\quad\quad ((\textit{is-prototype}(kb,f) \Rightarrow \neg\exists f' \in \mathrm{dom}\ kb \setminus \{f\} : \\
&\quad\quad\quad\quad (\textit{is-prototype}(kb,f') \wedge kb(f) = kb(f')))\wedge \\
&\quad\quad \wedge(\textit{is-instance}(kb,f) \Rightarrow \neg\exists f' \in \mathrm{dom}\ kb \setminus \{f\} : \\
&\quad\quad\quad\quad (\textit{is-instance}(kb,f') \wedge kb(f) = kb(f'))))
\end{aligned}
$$

Die Operation *creat_proto* wird nun vollständig definiert durch die folgende Bedingung:

$$
\begin{aligned}
&\forall f \in Fnames : \forall slist \in 2^{Snames \times \{\mathrm{obl, singl, oblsingl}\}} : \forall kb \in FRAMES : \qquad \text{(O1)}\\
&\quad (\neg precond_{creat\_proto}(kb,f,slist) \wedge creat\_proto(f,slist)(kb) = kb \vee \\
&\quad\quad \vee\ precond_{creat\_proto}(kb,f,slist) \wedge creat\_proto(f,slist)(kb) = c\_f_{prim}(kb,f,slist))
\end{aligned}
$$

Löschen eines Frames:

Mögliche Folgeaktionen nach dem Löschen eines Frames betreffen Slots, die terminal werden. Für sie sind keine erlaubten Einträge mehr vordefiniert, so daß eigentlich alle ihre aktuellen Einträge gelöscht werden müßten. Das ist jedoch unnötig restriktiv. Stattdessen wird die Menge der erlaubten Einträge auf die Menge der tatsächlichen Einträge gesetzt. Es kann jedoch nur einer von mehreren aktuellen Einträgen erhalten bleiben, da terminale Slots nach (S11) einwertig sind (welcher dies ist, wird in der folgenden Spezifikation nicht festgelegt). Weiterhin wird der gelöschte Frame überall dort, wo er erlaubter oder aktueller Eintrag ist, als solcher gestrichen. Der hinter dieser Aktion stehende Typ von Integritätsbedingung ist im Datenbankbereich als referentielle Integrität bekannt (DATE 81).

Die Auswirkungen einer Löschoperation auf die Konzepthierarchie werden wiederum nicht betrachtet, da diese rein intensional definiert wurde. Es sollen jedoch ein paar Bemerkungen dazu gemacht werden. Ein Frame, der einen Slot mit dem gleichen Namen wie der gelöschte Frame besitzt, ist nicht länger Oberbegriff zu denjenigen Frames (falls es solche gibt), die einen Slot besitzen, der namensgleich zu einem Unterbegriff des gelöschten Frames ist. Der Wegfall einer Spezialisierungsbeziehung an einer solchen Stelle kann auf analoge Weise die Spezialisierung an anderer Stelle ungültig machen, usf. Jede Änderung der Konzepthierarchie kann weiterhin Auswirkungen auf erlaubte und damit auch auf aktuelle Einträge haben, was wiederum Änderungen der Spezialisierung zwischen Instanz-Frames zur Folge haben kann. Das Löschen eines Frames kann also im ungünstigen Fall eine Flut von Folgeänderungen nach sich ziehen, die nur schwer kontrollierbar und nachvollziehbar sind. Jedoch ist die Anwendung einer solchen Operation auf Konzeptklassen, also Prototyp- oder Instanz-Frames, selten, meistens werden für solche Frames nur Modifikationen oder Umbenennungen vorgenommen. Das Löschen von Referenz-Frames kommt dagegen häufiger vor, ist dafür aber auch nicht so kritisch, weil sie außer als Eintrag in einem Instanz-Frame nicht Bestandteil der Definition von Konzeptklassen sein können. Es verlieren dadurch zwar andere Referenz-Frames, die den gelöschten Frame als einzigen Eintrag in einem ihrer Slots besaßen, die Eigenschaft, Referenz-Frame zu sein, durch Ersetzung des wegfallenden Eintrags durch einen Null-Wert kann dieser Effekt jedoch leicht behoben werden.

Die Syntax der Operation zum Löschen eines Frames ist gegeben durch:

$$del\_frame : Fnames \rightarrow OPS$$

Als vorläufige Operation wird zunächst d_f_{prim} für die Tilgung des Frames *f* mit anschließender Neudefinition der aktuellen und erlaubten Einträge non-terminaler Slots beschrieben:

$$d\_f_{prim}(kb,f) := adj\_nt(del\_frame_{syn}(kb,f))$$

Die Vorbedingung für *del_frame* unterbindet die Ausführung der Operation, wenn dadurch eine der Integritätsbedingungen (F5), (F7), (F8) oder (S8′) verletzt werden würde (eine Verletzung von (S8′) sollte besser durch eine Folgeoperation abgefangen werden, die einen Stellvertreter-Frame erzeugt, der für das unbekannte individuelle Konzept mit der entsprechenden Eigenschaft steht: vgl. Kap.3.3.3):

$$precond_{del\_frame}(kb, f) :=$$
$$ir_{(\mathrm{F5})}(d\_f_{prim}(kb, f)) \wedge ir_{(\mathrm{F7})}(d\_f_{prim}(kb, f)) \wedge ir_{(\mathrm{F8})}(d\_f_{prim}(kb, f)) \wedge ir_{(\mathrm{S8'})}(d\_f_{prim}(kb, f))$$

Dabei wurden $ir_{(\mathrm{F5})}$ und $ir_{(\mathrm{F8})}$ oben schon festgelegt; $ir_{(F7)}$ und $ir_{(\mathrm{S8'})}$ entsprechen den modellinhärenten Integritätsbedingungen (F7) und (S8′) und sind auf analoge Weise definiert. Die Operation zum Frame Löschen kann nun folgendermaßen definiert werden:[62]

$$\forall f \in Fnames : \forall kb \in FRAMES : \qquad \text{(O2)}$$
$$(\neg precond_{del\_frame}(kb, f) \wedge del\_frame(f)(kb) = kb \vee \qquad 2$$
$$\vee\ precond_{del\_frame}(kb, f) \wedge \qquad 3$$
$$\wedge\ \mathrm{dom}\ del\_frame(f)(kb) = \mathrm{dom}\ d\_f_{prim}(kb, f) \wedge \qquad 4$$
$$\wedge\ \forall f' \in \mathrm{dom}\ del\_frame(f)(kb) : \qquad 5$$
$$(\mathrm{dom}\ del\_frame(f)(kb)(f') = \mathrm{dom}\ d\_f_{prim}(kb, f)(f') \wedge \qquad 6$$
$$\wedge\ \forall s \in \mathrm{dom}\ del\_frame(f)(kb)(f') : \qquad 7$$
$$((s \neq f \Rightarrow del\_frame(f)(kb)(f')(s) = d\_f_{prim}(kb, f)(f')(s)) \wedge \qquad 8$$
$$\wedge\ (s = f \Rightarrow (is\text{-}singleton(del\_frame(f)(kb), f', s) \wedge \qquad 9$$
$$\wedge\ del\_frame(f)(kb)(f')(s)(\text{is-obl}) = d\_f_{prim}(kb, f)(f')(s)(\text{is-obl}) \wedge \qquad 10$$
$$\wedge\ del\_frame(f)(kb)(f')(s)(\text{ic}) = d\_f_{prim}(kb, f)(f')(s)(\text{ic}) \wedge \qquad 11$$
$$\wedge\ del\_frame(f)(kb)(f')(s)(\text{perm}) = d\_f_{prim}(kb, f)(f')(s)(\text{act}) \wedge \qquad 12$$
$$\wedge\ del\_frame(f)(kb)(f')(s)(\text{act}) \subseteq d\_f_{prim}(kb, f)(f')(s)(\text{act}) \wedge \qquad 13$$
$$\wedge\ |del\_frame(f)(kb)(f')(s)(\text{act})| \leq 1))))) \qquad 14$$

Anmerkungen zu (O2):

Zeile 4: Der Frame-Bestand bleibt ansonsten erhalten.

Zeile 5-6: Der Slot-Bestand der einzelnen Frames bleibt erhalten.

Zeile 7-8: Vom Löschen des Frames nicht betroffene Slots bleiben unverändert.

Zeile 9-14: Durch das Löschen des Frames terminal gewordene Slots sind einwertig und es ändern sich ihre erlaubten und aktuellen Einträge.

Erzeugen eines Instanz-Frames:

Wird einem Prototypen ein Slot-Eintrag zugewiesen, hört er auf, Prototyp zu sein. Er wird jedoch auch nicht zum Instanz-Frame oder zum Referenz-Frame, weil dazu ein ihm strukturgleicher Prototyp existieren muß (vgl. (F2) bzw. (F3)). Dieser fällt durch das Schreiben des Slot-Eintrags gerade weg. Da nach (F8) zwei gleiche Prototypen nicht existieren dürfen, kann der benötigte Prototyp auch nicht vor dem Schreiben des Slot-Eintrags durch Kopieren bereitgestellt werden. Um zu verhindern, daß durch eine solche Operation ein Frame ensteht, der weder Prototyp- noch Instanz- noch Referenz-Frame ist, womit die zugehörige Wissensbasis nicht mehr valide wäre (vgl. (F4)), wird gefordert, daß ein Slot-Eintrag nur für eine Instanz oder für einen Referenz-Frame geschrieben werden darf. Eine Instanz

[62] Obwohl praktisch kaum relevant, können doch theoretisch als Ergebnis der Operation *del_frame* zwei Prototypen oder zwei Instanzen strukturgleich werden. Somit ist *del_frame* nicht in allen Fällen integritätserhaltend, so daß sie um eine entsprechende Vorbedingung zu erweitern wäre. Darauf wurde hier jedoch verzichtet, um die Darstellung nicht mit Randaspekten zu überfrachten.

kann erzeugt werden durch das Anlegen einer Kopie eines Prototypen und nachfolgender Slot-Füllung. Da die Wissensbasis, die direkt nach dem Kopieren des Prototypen entsteht, invalide ist (aufgrund der Existenz zwei strukturgleicher Prototypen: vgl. (F8)), müssen also die Operation zum Kopieren und die Operation zum Eintrag Schreiben zu einer Operation zusammengefaßt werden, um ausführbar zu sein. Die formale Spezifikation von Teilaspekten dieser Operation ist in Kapitel 5.3 zu finden (erweitert um die Behandlung von Default-Eigenschaften).

Erzeugen eines Slots:

Es wird nur der Fall betrachtet, daß für einen Prototypen ein Slot hinzuzufügen ist, da die Anwendung dieser Operation auf eine Instanz oder einen Referenz-Frame nicht sinnvoll ist, weil sie dann nicht mehr zu einem strukturgleichen Prototypen gehören würden. Lediglich der Wechsel zu einem anderen, schon vorhandenen Prototypen könnte in bestimmten Anwendungssituationen Sinn machen. Die formale Syntax dieser Operation ist gegeben durch

$creat\_slot : Fnames \times Snames \times \{\text{obl, singl, oblsingl}\} \rightarrow OPS$

Es steht

$c\_s_{prim}(kb, f, s, typ) := adj\_nt(creat\_slot_{syn}(kb, f, s, typ))$

für das Hinzufügen des Slots s mit anschließender Neudefinition der aktuellen und erlaubten Einträge non-terminaler Slots. Um die unter dem von der Operation betroffenen Prototypen hängende Konzepthierarchie in ihrer Struktur zu bewahren, wird die Operation auch auf allen seinen Unterbegriffen ausgeführt (inkl. der Instanz- und Referenz-Frames). Dazu wird auf der Basis von c_s_{prim} eine Operation c_s_{rek} eingeführt:

$$c\_s_{rek}(kb, \{f_1, f_2, \ldots, f_n\}, s, typ) := \begin{cases} c\_s_{rek}(c\_s_{prim}(kb, f_1, s, typ), \{f_2, \ldots, f_n\}, s, typ) & , n > 1 \\ c\_s_{prim}(kb, f_1, s, typ) & , n = 1 \end{cases}$$

Die Vorbedingung für das Erzeugen eines Slots ist dann gegeben durch:

$$\begin{aligned} & precond_{creat\_slot}(kb, f, s, typ) := \\ & \quad f \in \text{dom } kb \land is\text{-}prototype(kb, f) \land s \notin \text{dom } kb(f) \land \neg is\text{-}reference(kb, s) \land \\ & \quad \land (is\text{-}terminal(c\_s_{rek}(kb, \{f' \mid e\text{-}is\text{-}a(kb, f', f)\}, s, typ), s) \Rightarrow typ \in \{\text{singl, oblsingl}\}) \land \\ & \quad \land ir_{(F4)}(c\_s_{rek}(kb, \{f' \mid e\text{-}is\text{-}a(kb, f', f)\}, s, typ)) \land ir_{(F5)}(c\_s_{rek}(kb, \{f' \mid e\text{-}is\text{-}a(kb, f', f)\}, s, typ)) \land \\ & \quad \land ir_{(F6)}(c\_s_{rek}(kb, \{f' \mid e\text{-}is\text{-}a(kb, f', f)\}, s, typ)) \land ir_{(F8)}(c\_s_{rek}(kb, \{f' \mid e\text{-}is\text{-}a(kb, f', f)\}, s, typ)) \end{aligned}$$

wobei $ir_{(F4)}$ für die Integritätsbedingung (F4) steht. Die folgende Bedingung legt die Operation *creat_slot* fest:

$$\begin{aligned} & \forall f \in Fnames : \forall s \in Snames : \forall typ \in \{\text{obl, singl, oblsingl}\} : \forall kb \in FRAMES : \\ & \quad (\neg precond_{creat\_slot}(kb, f, s, typ) \land creat\_slot(f, s, typ)(kb) = kb \lor \\ & \quad \lor precond_{creat\_slot}(kb, f, s, typ) \land \\ & \quad \quad \land creat\_slot(f, s, typ)(kb) = c\_s_{rek}(kb, \{f' \mid e\text{-}is\text{-}a(kb, f', f)\}, s, typ)) \end{aligned} \tag{O3}$$

Löschen eines Slots:

Diese Operation läßt sich analog zu der vorangegangenen definieren. Da hierbei keine Aspekte auftreten, die nicht schon diskutiert wurden, wird auf ihre Definition nicht näher eingegangen.

Schreiben eines Slot-Eintrags:

Bei der Zuweisung eines Eintrags zu einem non-terminalen Slot muß berücksichtigt werden, daß der Eintrag auch in alle übergeordneten Slots und in alle diejenigen untergeordneten Slots, wo er erlaubter Eintrag ist, geschrieben wird (vgl. (S4″) und (S13)). Da die Ober- und Unterbegriffe des Frames, für den der Eintrag geschrieben wurde, i.a. erhalten bleiben soll, ist auch diese Operation für alle Unterbegriffe zu wiederholen, falls sie einen obligaten Slot betraf. Ist der betroffene Slot dagegen klassifikatorisch, ist die Operation für alle Oberbegriffe, die noch durch Instanz-Frames beschrieben sind, durchzuführen, um die Konzepthierarchie zu erhalten. Eine partielle Spezifikation dieser Operation wird in Kapitel 5.3 gegeben.

Löschen eines Slot-Eintrags:

Diese Operation ist analog zu der zum Schreiben eines Eintrags aufgebaut. Auch für sie ist eine formale Spezifikation von Teilaspekten in Kapitel 5.3 gegeben.

Alle hier vorgestellten Änderungsoperationen realisieren eine operationale Umsetzung der für FRM festgesetzten Integritätsbedingungen und sorgen dafür, daß die Modifikation einer validen Wissensbasis wieder eine valide Wissensbasis ergibt.[63] Sie sind rein pragmatischen Charakters und für die semantische Spezifikation der Repräsentationsstrukturen an sich irrelevant. Dagegen werden Operationen sehr wohl Teil einer semantischen Spezifikation,[64] wenn sie **dynamische Integritätsbedingungen** einbringen (vgl. ESWARAN/CHAMBERLIN 75, CASANOVA/FURTADO 84). Sie legen fest, wie sich ein Repräsentationskonstrukt bei bestimmten Änderungen verhält und bringen damit semantische Aspekte ein, die durch die **statischen Integritätsbedingungen**, die festlegen, welches die zulässigen FRM-Wissensbasen sind, nicht erfaßt werden können (ein besonders im Datenbankbereich beliebtes Beispiel für eine anwendungsspezifische, dynamische Integritätsbedingung besagt, daß das Gehalt eines Angestellten nicht fallen darf). Modellinhärente, dynamische Integritätsbedingungen werden in FRM zur Spezifikation des Default-Konstrukts benötigt und im nächsten Kapitel eingeführt.

---

[63] Ein formaler Korrektheitsbeweis für die Integritätserhaltung der Änderungsoperationen wird hier nicht geliefert. Vielmehr sollen die gegebenen Spezifikationen die wesentlichen Grundprinzipien des Entwurfs integritätserhaltender Elementaroperationen für FRM verdeutlichen.

[64] Auch Anfrageoperationen werden Teil einer semantischen Spezifikation, wenn sie Inferenzregeln beinhalten; in FRM z.B. der Zugriff auf Slot-Einträge über eine Slot-Hierarchie (vgl. Kap.4.1.4).

5. Semantische Spezifikation: Dynamische Integrität – Repräsentation und Behandlung von Default-Eigenschaften

5.1 Motivation und frühere Ansätze

In Kapitel 3.2.1 wurden Prototyp-Frames eingeführt als Deklarationen von Konzeptklassen. Ein Prototyp-Frame legt dabei fest, welche Typen von Eigenschaften für ein Individuum der beschriebenen Klasse relevant sind. Ein Referenz-Frame, der ein solches Individuum beschreibt, ist in seinem Aufbau durch die zugehörige Prototyp-Definition festgelegt und besitzt deshalb die gleiche Slot-Struktur.

Der Prototyp-Begriff im Kontext von Frame-Repräsentationssprachen wird üblicherweise jedoch nicht so eingeschränkt verstanden, wie er in FRM bisher interpretiert wurde. Statt unbedingt einzuhaltender Strukturvorgaben stellt ein Prototyp i.a. **stereotypisches Wissen** dar. Als Stellvertreter einer Klasse von individuellen Konzepten beschreibt er somit die Eigenschaften eines typischen Exemplars dieser Klasse.[65] Ein typischer Vertreter einer Konzeptklasse ist nach ROSCH 78 ein Konzept, das möglichst viele Eigenschaften mit anderen Konzepten derselben Klasse gemeinsam hat und möglichst wenig Eigenschaften aufweist, die auch Konzepte einer anderen Klasse besitzen. Sieht man Konzeptklassenbeschreibungen vor, die ein idealisiertes, typisches Element einer Klasse repräsentieren (das nicht unbedingt auch real existieren muß: vgl. ROSCH 78), folgt, daß nicht unbedingt alle Individuen einer Konzeptklasse vollständig mit den durch diese Konzeptklassendefinition vorgesehenen Eigenschaften übereinstimmen. Eine solche Art der Konzeptbeschreibung gehört zu den wesentlichen Charakteristika von Frame-Repräsentationen. Diejenigen Eigenschaften einer prototypischen Konzeptklassenbeschreibung, die nicht für alle Klassenelemente gelten, werden **Default-Eigenschaften** genannt (für eine frameorientierte Sicht siehe MINSKY 75; eine Übersicht über Default-Wissen im allgemeinen gibt REITER 78a).

Liegt für ein Konzept die Aussage vor, daß es zu einer bestimmten Konzeptklasse gehört, dann wird zunächst angenommen, daß es alle in der betreffenden Klassenbeschreibung festgelegten Eigenschaften besitzt. Im Falle von Default-Eigenschaften können sie sich aber später (durch hinzukommendes Wissen) als nicht zutreffend herausstellen und müssen dann zurückgenommen werden. Möchte man dieses, für Default-Eigenschaften typische Verhalten durch einen logik-basierten Ansatz formal beschreiben, stellt sich das Problem, daß dieses als nicht-monoton bezeichnete Verhalten durch konventionelle Logiken erster Ordnung nicht modelliert werden kann, weil die Hinzunahme neuer Formeln nicht die Ableitbarkeit bisher ableitbarer Formeln blockiert, d.h. aus $P \vdash q$ folgt immer $P \cup P' \vdash q$. Es wurden deshalb diverse Erweiterungen klassischer Logik entwickelt, die das für Default-Wissen typische nicht-monotone Verhalten formalisieren.[66] Die wichtigsten Ansätze zur formalen Behandlung von Default-Eigenschaften werden im folgenden kurz vorgestellt.

Der in McCARTHY 80 und McCARTHY 86 unter der Bezeichnung 'circumscription' beschriebene Ansatz basiert auf einem Axiomenschema. Eine Default-Aussage ist danach eine gültige Aussage, solange gegenteiliges Wissen nicht abgeleitet werden kann. Die Hinzunahme einer Aussage, die die Ableitbarkeit einer bisher herleitbaren Default-Aussage blockiert, bewirkt somit ein nicht-monotones Verhalten (ein ähnlicher Ansatz ist in BREWKA 86 beschrieben). Beispielsweise würde die Default-Aussage, daß ein Personalcomputer typischerweise eine 16-Bit-Cpu besitzt, in diesem Ansatz folgendermaßen darzustellen sein:

---

[65] Eine Diskussion des Prototypen- (Stereotypen-)Begriffs enthält PUTNAM 75, Kap.8; ROSCH 75 liefert eine experimentelle Bestätigung der kognitiven Plausibilität prototypischen Wissens.

[66] Einen Überblick zu nicht-monotonem Schließen gibt BIBEL 84, während einige mehr grundsätzliche Überlegungen zur formalen, logik-basierten Behandlung von Default-Wissen in HAYES 79 zu finden sind. Eine vehemente Kritik an dem Versuch, menschliches Schlußfolgern ausschließlich durch logische Inferenzregeln nachbilden zu wollen, ist in ISRAEL 80 nachzulesen. Der Kern der Kritik besteht in der Aussage, daß logische Ansätze nicht geeignet seien, die komplexen, nicht nach einfachen Schemata ablaufenden, menschlichen Schlußfolgerungen (die z.B. selbst auf widersprüchlichem Wissen noch Ergebnisse liefern) zu erfassen. Es wird argumentiert, daß eine rein beweistheoretische Behandlung von Schlußfolgerungsprozessen der Prolematik nicht gerecht wird, sondern vermehrt *inhaltliche* (oder epistemologische) Betrachtungen notwendig sind.

$\forall f \in \text{dom } kb : (e\text{-}is\text{-}a(kb, f, \text{'Personalcomputer'}) \wedge \neg exception(kb, f) \Rightarrow has\text{-}16\text{-}bit\text{-}cpu(kb, f))$

wobei

$has\text{-}16\text{-}bit\text{-}cpu(kb, f) :\Leftrightarrow kb(kb(f)(\text{'Cpu'})(\text{act}))(\text{'Wortbreite'})(\text{act})=\text{'16 Bit'}$

Ausnahmen von der Default-Annahme werden nach folgendem Prinzip angegeben:

$\forall f \in \text{dom } kb : (ref(kb, f, \text{'Apple II'}) \Rightarrow exception(kb, f))$

Es wird deutlich, daß für einen Frame f_i aus der Nicht-Ableitbarkeit von $exception(kb, f_i)$ die Gültigkeit von $\neg exception(kb, f_i)$ folgen muß, um ein nicht-monotones Verhalten zu erzielen. Dem Ansatz von McCarthy liegt folglich die Annahme einer abgeschlossenen Welt zugrunde (closed world assumption: REITER 78b), so daß in einer Wissensbasis nicht ableitbare Aussagen als nicht geltend angenommen werden ('negation as failure': CLARK 78).

In McDERMOTT/DOYLE 80 und McDERMOTT 82 wird vorgeschlagen, Default-Aussagen als Formeln in einer Modallogik darzustellen. Der dazu eingeführte Modaloperator M übernimmt im Prinzip die gleiche Aufgabe wie das Literal $\neg exception(kb, f_i)$ im Ansatz von McCarthy und bedeutet "es ist konsistent anzunehmen, daß":

$\forall f \in \text{dom } kb : (e\text{-}is\text{-}a(kb, f, \text{'Personalcomputer'}) \wedge M\ has\text{-}16\text{-}bit\text{-}cpu(kb, f) \Rightarrow has\text{-}16\text{-}bit\text{-}cpu(kb, f))$

Aus der Tatsache, daß der Slot 'Cpu' von 'Apple II' durch einen 8-Bit-Prozessor belegt und der Slot einwertig ist, ist $M\ has\text{-}16\text{-}bit\text{-}cpu(kb, f)$ nicht erfüllt und blockiert die Ableitung der Default-Aussage für 'Apple II'. Eine kritische Auseinandersetzung mit dem Ansatz von McDermott und Doyle ist in MOORE 83 zu finden.

Die in REITER 80 vorgestellte Default-Logik benutzt einen ähnlichen Operator M, der ebenfalls als "es ist konsistent anzunehmen, daß" zu verstehen ist, doch werden hier Default-Aussagen durch zusätzliche Inferenzregeln dargestellt. Im Unterschied zum Ansatz von McDermott und Doyle ist hier M also ein meta-sprachliches Konstrukt:

$$\frac{e\text{-}is\text{-}a(kb, f, \text{'Personalcomputer'})\ :\ M\ has\text{-}16\text{-}bit\text{-}cpu(kb, f)}{has\text{-}16\text{-}bit\text{-}cpu(kb, f)}$$

Der in DELGRANDE 87 und DELGRANDE 88 beschriebene Ansatz basiert schließlich auf einer Konditionallogik (conditional logic) und benutzt einen speziellen Implikationsoperator $\Longrightarrow$, der so zu interpretieren ist, daß "$a \Longrightarrow b$" bedeutet "wenn a, dann gilt normalerweise b". Angewandt auf unser Beispiel ergibt sich damit:

$\forall f \in \text{dom } kb : (e\text{-}is\text{-}a(kb, f, \text{'Personalcomputer'}) \Longrightarrow has\text{-}16\text{-}bit\text{-}cpu(kb, f))$

Davon abweichende Aussagen können direkt notiert werden, z.B.

$has\text{-}8\text{-}bit\text{-}cpu(kb, \text{'Apple II'})$

woraus aufgrund der Einwertigkeit des Cpu-Slots $\neg has\text{-}16\text{-}bit\text{-}cpu(kb, \text{'Apple II'})$ folgt. Dies bewirkt in einer Konditionallogik keinen Widerspruch (dort ist z.B. kein Modus Ponens im Zusammenhang mit $\Longrightarrow$ zugelassen). Die Mögliche-Welten-Semantik für den Operator $\Longrightarrow$ sieht vor, daß $a \Longrightarrow b$ wahr ist in den "am wenigsten außergewöhnlichen" Welten, in denen a wahr ist.

Neben diesen recht zentralen Ansätzen zur formalen Behandlung von Default-Wissen seien noch einige weitere kurz diskutiert. Die in NUTTER 83 beschriebene Logik verfügt ebenfalls über einen Modaloperator, ist aber im Gegensatz zu der von McDermott und Doyle diskutierten Logik dreiwertig und läßt zu, daß der Wahrheitswert einer Aussage auch wahr und falsch zugleich sein kann. Dadurch wird vermieden, daß ein Widerspruch, der sich aus der Verletzung einer Default-Aussage ergibt, Inkonsistenz bedeutet.

In RICH 83 wird vorgeschlagen, Default-Wissen als probabilistisches Wissen, mit hoher Wahrscheinlichkeit korrekt zu sein, darzustellen. Das Schlußfolgern mit Default-Annahmen kann dann als probabilistisches Inferieren reinterpretiert werden. Dieser Ansatz ist jedoch problematisch, weil einerseits die Zuordnung von Zutreffwahrscheinlichkeiten in weiten Grenzen beliebig erscheint, andererseits aber für das Systemverhalten höchst kritisch sein kann (ist die Wahrscheinlichkeit, daß ein Personalcomputer eine 16-Bit-Cpu besitzt 0.9 oder 0.75?).

Auch der in GINSBERG 85 formulierte Vorschlag, auf A-priori-Wahrscheinlichkeiten zu verzichten und diese stattdessen aus einer Folge von Beobachtungen abzuleiten, hebt die Kritik, daß Default-Wissen nicht durch Wahrscheinlichkeiten modelliert werden kann, nicht auf, denn eine Default-Annahme gilt beispielsweise selbst dann noch, wenn nur atypische Exemplare einer Konzeptklasse in einer Wissensbasis vertreten sind, wohingegen eine Wahrscheinlichkeitsbetrachtung in diesem Fall zu völlig falschen Ergebnissen führen würde.

Die Behandlung von Default-Eigenschaften in gegenwärtigen Repräsentationssprachen[67] ist dadurch gekennzeichnet, daß in der Beschreibung eines Individuums oder eines Unterbegriffs ererbte Eigenschaften (beliebig!) überschrieben werden können. Dies führt zu erheblichen semantischen Problemen, wie z.B. die Möglichkeit zur Repräsentation eines gelben Elefanten als Element der Konzeptklasse aller grauen Elefanten (vgl. BRACHMAN 85 sowie die Diskussion am Ende von Kap.5.3). Die Behandlung von Default-Eigenschaften in FRM schließt dies durch die Unterscheidung von default-basierten und bestätigten Einträgen sowie das automatische Blockieren von Default-Einträgen durch bestätigte Einträge aus (siehe die Diskussion am Ende von Kap.5.3). Lediglich in NADO/FIKES 87 und in SIMI/MOTTA 88 werden ebenfalls Default-Eigenschaften von unbedingt geltenden Eigenschaften unterschieden. Es wird in beiden Ansätzen jedoch keine Aussage darüber gemacht, wie sich das Setzen und Zurücknehmen als gesichert angenommener Eigenschaften auf Default-Eigenschaften auswirkt.

Im folgenden Kapitel 5.2 wird zunächst die syntaktische Grundstruktur für Frames in FRM (ein letztes Mal) erweitert, um Default-Einträge repräsentieren zu können. In Kapitel 5.3 wird dann deren Semantik festgelegt, indem ihr Verhalten beim Eintragen und Löschen von Slot-Einträgen durch dynamische Integritätsbedingungen beschrieben wird.

5.2 Einführung und syntaktische Darstellung

Es lassen sich prinzipiell zwei Möglichkeiten vorstellen, die Behandlung von Default-Eigenschaften in FRM zu integrieren. Zunächst einmal könnte ein Prototyp-Frame so modelliert werden, daß seine non-terminalen Slots solchen Frames namensgleich sind, die als Konzeptklassenbeschreibungen den Default-Typ der Einträge in den betreffenden Slots bestimmen (vgl. Bsp.62). Da es von diesen Default-Vorgaben Abweichungen geben kann, müssen die Slot-Strukturen der Instanz- und Referenz-Frames von denen des zugehörigen Prototyp-Frames (in Grenzen) abweichen können. Das verstößt jedoch gegen die bisherigen Definitionen und würde vor allem dem Datentypcharakter eines Prototyp-Frames widersprechen. Darüber hinaus sind Default-Eigenschaften, die sich auf terminale Slots beziehen, so nicht erfaßbar. Die zweite Möglichkeit zur Darstellung von Default-Eigenschaften handelt diese innerhalb der Slots ab (vgl. Bsp.63). Dieses Vorgehen bietet den Vorteil, daß Abweichungen von den Defaults nicht die Slot-Struktur eines Frames betreffen, sondern innerhalb eines Slots durch die aktuellen Einträge realisiert werden, und daß auf diese Weise terminale und non-terminale Slots gleicherart einbezogen werden können. Es wird

[67] Siehe FAHLMAN 79, FAHLMAN ET AL. 81, CERNY/KELEMEN 80, TOURETZKY 86 und BREWKA 87.

deshalb diese zweite Alternative gewählt. Die zulässigen Abweichungen von den Default-Eigenschaften sind dabei durch die Menge der erlaubten Einträge eines Slots festgelegt.

Ein Ansatz, der ebenfalls Datentypen und prototypische Konzeptklassendefinitionen zusammenbringt, ohne daß durch Abweichungen von einer Klassenbeschreibung Typverletzungen auftreten, wird in BORGIDA 88 vorgestellt. Im Unterschied zum Vorgehen in FRM werden dort jedoch keine Default-Eigenschaften unterstützt, sondern lediglich Abweichungen von in Typdeklarationen festgelegten Eigenschaften zugelassen, die allerdings explizit als Abweichungen gekennzeichnet werden müssen, damit sie vom System angenommen werden. Trotzdem ist die Möglichkeit zur semantischen Kontrolle in diesem Ansatz erheblich eingeschränkt, und es können (im Gegensatz zu FRM) dieselben unsinnigen Repräsentationen aufgebaut werden wie in den weiter oben diskutierten Ansätzen zur Unterstützung von Default-Eigenschaften in gegenwärtigen Frame-Sprachen (also z.B. gelbe Elefanten als Elemente der Klasse aller grauen Elefanten).

Beispiel 62:

Ein typisches Exemplar eines Heimcomputers umfaßt einen Bildschirm, eine Tastatur, einen Hauptspeicher in der Größenordnung zwischen 64KB und 256KB, Diskettenlaufwerke und einen 16-Bit-Mikroprozessor. Würde man Default-Eigenschaften über die Zuordnung von Slots zu einem Frame modellieren, sähe ein entsprechender Prototyp-Frame folgendermaßen aus:

Heimcomputer	Bildschirm	Tastatur	PC-Hauptspeicher	Diskettenlaufwerk	16-Bit-Mikroprozessor	Netzfrequenz

PC-Hauptspeicher	Speichergröße
	perm: [64KB, 256KB]

16-Bit-Mikroprozessor	Wortbreite
	16 Bit

Alle Instanzen oder Referenz-Frames des Prototypen 'Heimcomputer' haben dann "im wesentlichen" die gleiche Slot-Struktur. Abweichungen könnten z.B. folgendermaßen aussehen:

Heimcomputer-1	Bildschirm	Tastatur	PC-Hauptspeicher	Festplattenlaufwerk	16-Bit-Mikroprozessor	Netzfrequenz
	Bildschirm-1	Tastatur-1	Hauptspeicher-1	Festplattenlaufwerk-1	8086	50Hz

Heimcomputer-2	Bildschirm	Tastatur	PC-Hauptspeicher	Diskettenlaufwerk	8-Bit-Mikroprozessor	Netzfrequenz
	Bildschirm-2	Tastatur-2	Hauptspeicher-2	Diskettenlaufwerk-1	8088	60Hz

Beispiel 63:

Die Modellierung der Default-Eigenschaften eines Prototypen 'Heimcomputer' innerhalb seiner Slots bewahrt die Identität der Slot-Struktur zwischen ihm und seinen Instanzen und Referenz-Frames. Deshalb wird dieser Ansatz für FRM gewählt:

Heimcomputer	Peripherie	Hauptspeicher	Cpu	Netzfrequenz
	def: {Bildschirm, Tastatur, Diskettenlaufwerk}	def: {PC-Hauptspeicher}	def: {16-Bit-Mikroprozessor}	def: {50Hz} perm: {50Hz, 60Hz}

Die Abweichungen von den beim Prototypen angegebenen Default-Eigenschaften finden ausschließlich auf der Ebene von Slot-Einträgen statt:

Heimcomputer-1	Peripherie	Hauptspeicher	Cpu	Netzfrequenz
	Bildschirm-1, Tastatur-1, Festplattenlaufwerk-1	Hauptspeicher-1	8086	50Hz

Heimcomputer-2	Peripherie	Hauptspeicher	Cpu	Netzfrequenz
	Bildschirm-2, Tastatur-2, Diskettenlaufwerk-1	Hauptspeicher-2	8088	60Hz

Die Abweichung von vorgegebenen Default-Eigenschaften ist nicht nur für Referenz-Frames als Beschreibungen von individuellen Konzepten möglich, sondern kann auch schon auf Konzeptklassenebene erfolgen. So besitzt eine Konzeptklasse '8-Bit-Heimcomputer' als Spezialisierung von 'Heimcomputer' im Slot 'Cpu' den Eintrag '8-Bit-Cpu', der von dem bei dem Heimcomputer-Frame gegebenen Default-Eintrag '16-Bit-Cpu' abweicht.

Um in der in Beispiel 63 illustrierten Weise Default-Eigenschaften festlegen zu können, muß die Definition der syntaktischen Grundstrukturen von FRM erweitert werden. Die Abbildungsklasse *SCHAR* wird deshalb erneut ausgebaut:

$$SCHAR := \{f \mid f : \{\text{act, perm, is-obl, is-singleton, ic, def}\} \rightarrow 2^{Entries} \cup \{\text{true, false}\} \cup 2^{Formulae}\} \qquad \text{(SY3'')}$$

Für eine Wissensbasis kb gibt $kb(f)(s)(\text{def})$ die Menge aller Default-Einträge im Slot s des Frames f an.

Die Einrichtung eines eigenen Konstrukts zur Darstellung von Default-Eigenschaften ermöglicht, ihre Semantik über Integritätsbedingungen näher festzulegen. Besonderes Interesse gilt hier vor allem dem Verhalten der für einen Prototypen spezifizierten Default-Eigenschaften beim Löschen und Hinzufügen aktueller Eigenschaften bei zugehörigen Instanz- und Referenz-Frames. Die Integritätsbedingungen, die diese Aspekte behandeln, werden im folgenden Kapitel eingeführt.

5.3 Semantik von Default-Eigenschaften

Default-Eigenschaften sind Eigenschaften, die typischerweise für ein Element einer Konzeptklasse gelten. Falls eine explizite Aussage über eine Eigenschaft eines Konzepts fehlt, kann deshalb die zugehörige Default-Eigenschaft solange als tatsächliche Eigenschaft betrachtet werden, wie keine gegenteilige Angabe vorliegt. Eine Aussage über mögliche, nicht bekannte Eigenschaften eines Konzepts kann zwar auch unter Heranziehung der Menge erlaubter Einträge erfolgen, im Unterschied zu den Default-Einträgen sind diese jedoch recht weit gefaßt, um alle prinzipiell möglichen Eigenschaften zu erfassen, und erlauben deshalb nur sehr unspezifische Aussagen.

Das Heranziehen von Default-Eigenschaften, wenn die tatsächlichen Eigenschaften unbekannt sind, wird in FRM dadurch realisiert, daß jeder neu angelegte Instanz-Frame (oder Referenz-Frame) die beim Prototypen angegebenen Default-Eigenschaften zunächst übernimmt[68] (vgl. Bsp.64, weiter unten). Dies

[68] Falls für alle Slots Default-Eigenschaften angegeben sind und diese entweder terminal sind oder Referenz-Frames bezeichnen, entsteht auf diese Weise auch ein Referenz-Frame.

wird durch die Operation zum Erzeugen einer Instanz gewährleistet:[69]

$creat\_inst : Fnames \times Fnames \rightarrow OPS$

Die Vorbedingung ist gegeben durch:

$$
\begin{array}{ll}
precond_{creat\_inst}(kb, f_p, f_i) := & \\
\quad f_i \notin \text{dom } kb \wedge f_p \in \text{dom } kb \wedge \textit{is-prototype}(kb, f_p) \wedge & 2 \\
\quad \wedge \forall s \in \text{dom } kb(f_p) : (\textit{is-classif}(kb, f_p, s) \Rightarrow kb(f_p)(s)(\text{def}) \neq \emptyset) \wedge & 3 \\
\quad \wedge \exists s \in \text{dom } kb(f_p) : kb(f_p)(s)(\text{def}) \neq \emptyset & 4
\end{array}
$$

$$
\begin{array}{ll}
\forall f_p \in Fnames : \forall f_i \in Fnames : \forall kb \in FRAMES : & (O4) \\
\quad (\neg precond_{creat\_inst}(kb, f_p, f_i) \wedge creat\_inst(f_p, f_i)(kb) = kb \vee & 2 \\
\quad \vee\ precond_{creat\_inst}(kb, f_p, f_i) \wedge & 3 \\
\quad \wedge \text{ dom } creat\_inst(f_p, f_i)(kb) = \text{dom } kb \cup \{f_i\} \wedge & 4 \\
\quad \wedge \text{ dom } creat\_inst(f_p, f_i)(kb)(f_i) = \text{dom } kb(f_p) \wedge & 5 \\
\quad \wedge\ \forall s \in \text{dom } creat\_inst(f_p, f_i)(kb)(f_i) : & 6 \\
\qquad (\forall schar \in \text{dom } creat\_inst(f_p, f_i)(kb)(f_i)(s) \setminus \{\text{act}\} : & 7 \\
\qquad\quad creat\_inst(f_p, f_i)(kb)(f_i)(s)(schar) = kb(f_p)(s)(schar) \wedge & 8 \\
\qquad \wedge\ creat\_inst(f_p, f_i)(kb)(f_i)(s)(\text{act}) = kb(f_p)(s)(\text{def})) \wedge & 9 \\
\quad \wedge\ \forall f \in \text{dom } creat\_inst(f_p, f_i)(kb) \setminus \{f_i\} : creat\_inst(f_p, f_i)(kb)(f) = kb(f)) & 10
\end{array}
$$

Anmerkung zur Vorbedingung:

Zeile 3: Klassifikatorische Slots dürfen bei einer Instanz nicht leer sein (vgl. (F7)). Für die Operation *creat_inst* ist diese Bedingung nur erfüllt, wenn für alle klassifikatorischen Slots beim Prototypen Default-Einträge angegeben sind, die dann bei der Instanz als aktuelle Einträge auftauchen.

Zeile 4: Damit der erzeugte Frame Instanz ist, muß er mindestens einen Slot-Eintrag besitzen. Das ist gewährleistet, wenn mindestens ein Default-Eintrag beim Prototypen vorgesehen ist. Da es Prototypen geben kann, für die das nicht der Fall ist, besteht eine sinnvolle Erweiterung dieser Operation darin, zusätzlich vorzusehende Slot-Einträge angeben zu können, ähnlich wie das für die Operation *creat_proto* in bezug auf zu erzeugende Slots geschehen ist.

Anmerkungen zu (O4):

Zeile 5: Die Menge der Slot-Namen der neuen Instanz stimmt mit der des Prototypen überein.

Zeile 6-8: Die Slots der neuen Instanz sind strukturell identisch mit denen des Prototypen.

Zeile 9: Die Default-Einträge werden als aktuelle Einträge übernommen.

Zeile 10: Alle anderen Frames in der Wissensbasis bleiben unverändert.

---

[69] Da in diesem Kapitel die Behandlung von Default-Eigenschaften im Vordergrund steht, werden die hier betrachteten Operationen nur unter Einbeziehung dafür unmittelbar relevanter Aspekte spezifiziert und von der Berücksichtigung weiterer statischer Integritätsbedingungen (wie für *creat_inst* (F8), (S8′) und (S13)) freigehalten.

Die Übernahme der Default-Einträge als aktuelle Einträge in eine neu angelegte Instanz stellt eine **dynamische Integritätsbedingung** dar, die festlegt, welche Übergänge von einer Wissensbasis in eine andere erlaubt sind (vgl. ESWARAN/CHAMBERLIN 75, CASANOVA/FURTADO 84). Dynamische Integritätsbedingungen unterscheiden sich damit grundsätzlich von den bisher für FRM festgelegten statischen Bedingungen, die sich auf eine Wissensbasis beziehen und festlegen, wann sie als gültig zu betrachten ist.

Eine weitere statische Integritätsbedingung legt für Default-Eigenschaften fest, daß sie in der für den jeweiligen Slot definierten Menge erlaubter Einträge liegen müssen, andernfalls würde ihre Übernahme als aktuelle Einträge eine Integritätsverletzung verursachen (vgl. (S3)):

$$\forall f \in \operatorname{dom} kb : \forall s \in \operatorname{dom} kb(f) : kb(f)(s)(\text{def}) \subseteq kb(f)(s)(\text{perm}) \tag{S15}$$

Einer Wissensbasis neu hinzugefügtes Wissen kann einen Slot-Eintrag, der auf einem Default-Eintrag basiert, entweder bestätigen oder aber als nicht zutreffend kennzeichnen. Im letzten Fall wird der bisherige Eintrag zurückgenommen, während im ersten Fall der bisherige default-basierte Eintrag in einen bestätigten Eintrag umgewandelt wird. Für die somit notwendig werdende Unterscheidung zwischen einem bestätigten Eintrag und einem unbestätigten, default-basierten Eintrag wird die folgende Vereinbarung getroffen: Für eine Wissensbasis *kb*, einen (Instanz- oder Referenz-) Frame *f* und einen Slot *s* bezeichnet

$kb(f)(s)(\text{act})$	nach wie vor die Menge der aktuellen Einträge
$kb(f)(s)(\text{def})$	nach wie vor die Menge der Default-Einträge, die als **Default-Menge** bezeichnet wird
$kb(f)(s)(\text{act}) \cap kb(f)(s)(\text{def})$	die Menge der **default-basierten Einträge**; das sind diejenigen aktuellen Einträge, die Default-Einträge sind und noch nicht als zutreffend bestätigt wurden
$kb(f)(s)(\text{act}) \setminus kb(f)(s)(\text{def})$	die Menge der **bestätigten Einträge**
$kb(f)(s)(\text{def}) \setminus kb(f)(s)(\text{act})$	die Default-Einträge, die momentan durch aktuelle Einträge **unterdrückt** sind (s.u.).

Beispiel 64:

Das Anlegen eines Instanz-Frames 'Personalcomputer-1' führt zur Übernahme der beim Prototypen definierten Default-Einträge als aktuelle Einträge. Sie sind zunächst unbestätigte, also default-basierte Einträge:

Personalcomputer	Peripherie	Hauptspeicher	Cpu	Netzfrequenz
	def:	def:	def:	def:
	{Bildschirm,	{PC-Hauptspeicher}	{16-Bit-Mikroprozessor}	{50Hz}
↑ inst	Tastatur,			
	Diskettenlaufwerk}			

Personalcomputer-1	Peripherie	Hauptspeicher	Cpu	Netzfrequenz
	def:	def:	def:	def:
	{Bildschirm,	{PC-Hauptspeicher}	{16-Bit-Mikroprozessor}	{50Hz}
	Tastatur,			
	Diskettenlaufwerk}			
	act:	act:	act:	act:
	{Bildschirm,	{PC-Hauptspeicher}	{16-Bit-Mikroprozessor}	{50Hz}
	Tastatur,			
	Diskettenlaufwerk}			

Es sind jetzt alle benötigten Vereinbarungen zur Darstellung von Default-Eigenschaften getroffen worden. Der verbleibende Abschnitt beschäftigt sich nun damit, wie sich Default-Einträge unter den Operationen zum Schreiben und Löschen eines Slot-Eintrags verhalten.

1. Explizite Bestätigung eines Default-Eintrags in einem non-terminalen Slot

Das Schreiben eines Eintrags für einen Instanz- oder einen Referenz-Frame, der als default-basierter Eintrag dort schon existiert, bestätigt diesen Eintrag. Gemäß der oben getroffenen Vereinbarung wird dieser neue Sachverhalt dadurch repräsentiert, daß der Eintrag in der Default-Menge gelöscht wird (vgl. Bsp.65). Eine andere Situation liegt vor, wenn ein Eintrag, der Unterbegriff eines default-basierten Eintrags ist, geschrieben wird. Es wird dieser default-basierte Eintrag in der Menge der aktuellen Einträge unterdrückt,[70] aber nicht in der Default-Menge gelöscht, damit er als default-basierter Eintrag wieder auftreten kann, wenn der Eintrag, der ihn unterdrückt hat, wieder gelöscht werden sollte (vgl. Bsp.66; siehe auch 2. unten).

Beispiel 65:

Die Zuweisung eines Eintrags 'Tastatur' zu dem Frame 'Personalcomputer-1' aus Bsp.64 ergibt folgenden Frame:

[70] Ein neuer Slot-Eintrag unterdrückt dagegen nicht einen allgemeineren, bestätigten Eintrag, weil die Existenz des allgemeineren Eintrags u.U. für weitere, noch nicht bekannte, speziellere Einträge steht und es deshalb die Entscheidung einer Anwendung sein muß, ob er gelöscht wird oder nicht. Dagegen ist die Notwendigkeit für einen default-basierten Eintrags nicht länger gegeben, wenn ein spezifischerer Eintrag vorhanden ist, so daß er wegfallen kann.

Personalcomputer-1	Peripherie	Hauptspeicher	Cpu	Netzfrequenz
	def:	def:	def:	def:
	{Bildschirm,	{PC-Hauptspeicher}	{16-Bit-Mikroprozessor}	{50Hz}
	Diskettenlaufwerk}			
	act:	act:	act:	act:
	{Bildschirm,	{PC-Hauptspeicher}	{16-Bit-Mikroprozessor}	{50Hz}
	Tastatur,			
	Diskettenlaufwerk}			

Die Menge der aktuellen Einträge bleibt gleich, der Eintrag 'Tastatur' ist jedoch nicht mehr in der Default-Menge des Slots 'Peripherie', so daß er den Status eines bestätigten Eintrags erhält.

Beispiel 66:

Die Zuweisung eines Eintrags 'Tastatur-1', der Unterbegriff zu 'Tastatur' ist, zu dem Frame 'Personalcomputer-1' aus Bsp.64 ergibt den folgenden Frame:

Personalcomputer-1	Peripherie	Hauptspeicher	Cpu	Netzfrequenz
	def:	def:	def:	def:
	{Bildschirm,	{PC-Hauptspeicher}	{16-Bit-Mikroprozessor}	{50Hz}
	Tastatur,			
	Diskettenlaufwerk}			
	act:	act:	act:	act:
	{Bildschirm,	{PC-Hauptspeicher}	{16-Bit-Mikroprozessor}	{50Hz}
	Tastatur-1,			
	Diskettenlaufwerk}			

Der default-basierte Eintrag 'Tastatur' wird in der Menge der aktuellen Einträge unterdrückt, bleibt jedoch in der Default-Menge erhalten.

Die Bestätigung und Unterdrückung von default-basierten Einträgen ist in der Definition der Operation zum Schreiben eines Slot-Eintrags festgelegt:[71]

$put\_entry : Fnames \times Snames \times Entries \rightarrow OPS$

Die Vorbedingung ist folgendermaßen definiert:

$$precond_{put\_entry}(kb, f, s, e) :=$$
$$f \in \text{dom } kb \wedge s \in \text{dom } kb(f) \wedge e \in kb(f)(s)(\text{perm}) \wedge \neg is\text{-}prototype(kb, f)$$

[71] Einwertige Slots werden dabei noch nicht betrachtet (s.u.); aus Gründen der Übersichtlichkeit werden auch hier Integritätsbedingungen, wie (F8), (S8′) und (S13), in der Spezifikation nicht berücksichtigt.

$$
\begin{array}{lr}
\forall f \in \mathit{Fnames} : \forall s \in \mathit{Snames} : \forall e \in \mathit{Entries} : \forall kb \in \mathit{FRAMES} : & \text{(O5)} \\
\quad (\neg \mathit{precond}_{put\_entry}(kb, f, s, e) \wedge \mathit{put\_entry}(f, s, e)(kb) = kb \vee & 2 \\
\quad \vee\; \mathit{precond}_{put\_entry}(kb, f, s, e) \wedge & 3 \\
\quad \wedge\; \mathrm{dom}\; \mathit{put\_entry}(f, s, e)(kb) = \mathrm{dom}\; kb \wedge & 4 \\
\quad \wedge\; \forall f' \in \mathrm{dom}\; kb \setminus \{f\} : \mathit{put\_entry}(f, s, e)(kb)(f') = kb(f') \wedge & 5 \\
\quad \wedge\; \mathrm{dom}\; \mathit{put\_entry}(f, s, e)(kb)(f) = \mathrm{dom}\; kb(f) \wedge & 6 \\
\quad \wedge\; \forall s' \in \mathrm{dom}\; kb(f) \setminus \{s\} : \mathit{put\_entry}(f, s, e)(kb)(f)(s') = kb(f)(s') \wedge & 7 \\
\quad \wedge\; \forall \mathit{schar} \in \mathrm{dom}\; kb(f)(s) \setminus \{\mathrm{act}, \mathrm{def}\} : & 8 \\
\qquad\quad \mathit{put\_entry}(f, s, e)(kb)(f)(s)(\mathit{schar}) = kb(f)(s)(\mathit{schar}) \wedge & 9 \\
\quad \wedge\; \mathit{put\_entry}(f, s, e)(kb)(f)(s)(\mathrm{act}) = kb(f)(s)(\mathrm{act}) & 10 \\
\qquad\qquad\qquad\qquad\qquad\qquad \cup \{e\} \setminus \{e' \mid e\text{-}is\text{-}a(kb, e, e') \wedge e' \in kb(f)(s)(\mathrm{def})\} \wedge & 11 \\
\quad \wedge\; \mathit{put\_entry}(f, s, e)(kb)(f)(s)(\mathrm{def}) = kb(f)(s)(\mathrm{def}) \setminus \{e\}) & 12
\end{array}
$$

Anmerkungen zu (O5):

Zeile 10-11: Default-basierte Einträge, die Oberbegriff des neuen Eintrags sind, fallen als aktuelle Einträge weg.

Zeile 12: Falls der neue Eintrag schon als default-basierter Eintrag vorhanden war, wird er zum bestätigten Eintrag.

2. Löschen eines Eintrags in einem non-terminalen Slot

Wie oben diskutiert wurde, bestätigt das Schreiben eines Eintrags, der als default-basierter Eintrag schon vorhanden ist, diesen unbestätigten Eintrag und wird entsprechend in der Default-Menge gelöscht. Als Konsequenz davon taucht der ursprüngliche default-basierte Eintrag nicht wieder auf, wenn der bestätigende Eintrag gelöscht wird. Das ist nicht nur sinnvoll, weil sonst als Effekt einer Löschoperation der gelöschte Eintrag immer noch vorhanden wäre (wenn auch nur default-basiert), sondern auch notwendig, da durch eine Löschoperation auch das Zutreffen der Default-Eigenschaft explizit verneint wird (vgl. Bsp.67). Aus dem gleichen Grund betrifft das Löschen von Einträgen auch default-basierte Einträge und bewirkt neben dem Wegfallen des aktuellen Eintrags sein Streichen in der Default-Menge. Das Operationsergebnis ist somit dasselbe, als wenn der default-basierte Eintrag zunächst bestätigt und anschließend gelöscht worden wäre (vgl. Bsp.67 und Bsp.68).

Einen Sonderfall bildet das Löschen eines Eintrags, der als Unterbegriff eines default-basierten Eintrags diesen nur unterdrückt, aber nicht in der Default-Menge gestrichen hat. In einem solchen Fall taucht der unterdrückte Eintrag wieder als default-basierter Eintrag auf (vgl. Bsp.69).

Beispiel 67:

Der Frame 'Personalcomputer-1', wie er in Bsp.64 angegeben wurde, erhält zunächst den Eintrag 'Diskettenlaufwerk' zugewiesen:

Personalcomputer-1	Peripherie	Hauptspeicher	Cpu	Netzfrequenz
	def:	def:	def:	def:
	{Bildschirm,	{PC-Hauptspeicher}	{16-Bit-Mikroprozessor}	{50Hz}
	Tastatur}			
	act:	act:	act:	act:
	{Bildschirm,	{PC-Hauptspeicher}	{16-Bit-Mikroprozessor}	{50Hz}
	Tastatur,			
	Diskettenlaufwerk}			

Wird nun der Eintrag 'Diskettenlaufwerk' wieder gelöscht, entsteht folgender Frame:

Personalcomputer-1	Peripherie	Hauptspeicher	Cpu	Netzfrequenz
	def:	def:	def:	def:
	{Bildschirm,	{PC-Hauptspeicher}	{16-Bit-Mikroprozessor}	{50Hz}
	Tastatur}			
	act:	act:	act:	act:
	{Bildschirm,	{PC-Hauptspeicher}	{16-Bit-Mikroprozessor}	{50Hz}
	Tastatur}			

Der Eintrag 'Diskettenlaufwerk' bleibt somit verschwunden.

Beispiel 68:

Wird in dem Instanz-Frame 'Personalcomputer-1' aus Bsp.64 der default-basierte Eintrag 'Diskettenlaufwerk' gelöscht, entsteht folgender Frame:

Personalcomputer-1	Peripherie	Hauptspeicher	Cpu	Netzfrequenz
	def:	def:	def:	def:
	{Bildschirm,	{PC-Hauptspeicher}	{16-Bit-Mikroprozessor}	{50Hz}
	Tastatur}			
	act:	act:	act:	act:
	{Bildschirm,	{PC-Hauptspeicher}	{16-Bit-Mikroprozessor}	{50Hz}
	Tastatur}			

Beispiel 69:

Der Instanz-Frame 'Personalcomputer-1' aus Bsp.64 erhält den Eintrag 'Tastatur-1' zugewiesen, und es entsteht folgender Frame:

Personalcomputer-1	Peripherie	Hauptspeicher	Cpu	Netzfrequenz
	def:	def:	def:	def:
	{Bildschirm,	{PC-Hauptspeicher}	{16-Bit-Mikroprozessor}	{50Hz}
	Tastatur,			
	Diskettenlaufwerk}			
	act:	act:	act:	act:
	{Bildschirm,	{PC-Hauptspeicher}	{16-Bit-Mikroprozessor}	{50Hz}
	Tastatur-1			
	Diskettenlaufwerk}			

Wird der Eintrag 'Tastatur-1' wieder gelöscht, tritt 'Tastatur' erneut als default-basierter Eintrag auf:

Personalcomputer-1	Peripherie	Hauptspeicher	Cpu	Netzfrequenz
	def:	def:	def:	def:
	{Bildschirm,	{PC-Hauptspeicher}	{16-Bit-Mikroprozessor}	{50Hz}
	Tastatur,			
	Diskettenlaufwerk}			
	act:	act:	act:	act:
	{Bildschirm,	{PC-Hauptspeicher}	{16-Bit-Mikroprozessor}	{50Hz}
	Tastatur,			
	Diskettenlaufwerk}			

Das Verhalten von Default-Einträgen beim Löschen von Slot-Einträgen wird durch die folgende Operation formal gefaßt (auch hier werden zur größeren Übersicht lediglich die für die Behandlung von Default-Eigenschaften relevanten Aspekte berücksichtigt):

$$del\_entry : Fnames \times Snames \times Entries \rightarrow OPS$$

Die Vorbedingung ist folgendermaßen definiert:

$$precond_{del\_entry}(kb, f, s, e) := f \in \text{dom } kb \wedge s \in \text{dom } kb(f)$$

$$
\begin{aligned}
&\forall f \in Fnames : \forall s \in Snames : \forall e \in Entries : \forall kb \in FRAMES : && \text{(O6)}\\
&(\neg precond_{del\_entry}(kb, f, s, e) \wedge del\_entry(f, s, e)(kb) = kb \vee && 2\\
&\vee\ precond_{del\_entry}(kb, f, s, e) \wedge && 3\\
&\wedge\ \mathrm{dom}\ del\_entry(f, s, e)(kb) = \mathrm{dom}\ kb \wedge && 4\\
&\wedge\ \forall f' \in \mathrm{dom}\ kb \setminus \{f\} : del\_entry(f, s, e)(kb)(f') = kb(f') \wedge && 5\\
&\wedge\ \mathrm{dom}\ del\_entry(f, s, e)(kb)(f) = \mathrm{dom}\ kb(f) \wedge && 6\\
&\wedge\ \forall s' \in \mathrm{dom}\ kb(f) \setminus \{s\} : del\_entry(f, s, e)(kb)(f)(s') = kb(f)(s') \wedge && 7\\
&\wedge\ \forall schar \in \mathrm{dom}\ kb(f)(s) \setminus \{\mathrm{act}, \mathrm{def}\} : && 8\\
&\qquad del\_entry(f, s, e)(kb)(f)(s)(schar) = kb(f)(s)(schar) \wedge && 9\\
&\wedge\ del\_entry(f, s, e)(kb)(f)(s)(\mathrm{act}) = kb(f)(s)(\mathrm{act}) && 10\\
&\qquad\qquad \setminus \{e\} \cup \{e' \mid e\text{-}is\text{-}a(kb, e, e') \wedge e' \in kb(f)(s)(\mathrm{def})\} \wedge && 11\\
&\wedge\ del\_entry(f, s, e)(kb)(f)(s)(\mathrm{def}) = kb(f)(s)(\mathrm{def}) \setminus \{e\}) && 12
\end{aligned}
$$

Anmerkungen zu (O6):

Zeile 4-9: Der nicht betroffene Teil der Wissensbasis bleibt unverändert.

Zeile 10-11: Ein unterdrückter default-basierter Eintrag taucht wieder auf.

Zeile 12: Falls der gelöschte Eintrag ein default-basierter Eintrag war, wird er in der Default-Menge ebenfalls gelöscht.

3. Verhalten einwertiger non-terminaler Slots

Einwertige Slots verhalten sich in bezug auf Default-Einträge prinzipiell genauso wie andere Slots auch. Aus der Tatsache, daß ein einwertiger Slot höchstens einen Eintrag aufnehmen kann, ergibt sich für seine Default-Menge allerdings eine zusätzliche Integritätsbedingung:

$$\forall f \in \mathrm{dom}\, kb : \forall s \in \mathrm{dom}\, kb(f) : (is\text{-}singleton(kb, f, s) \Rightarrow |kb(f)(s)(\mathrm{def})| \leq 1) \qquad \text{(S16)}$$

Weiterhin führt die Eigenschaft der Einwertigkeit dazu, daß jeder geschriebene Eintrag entweder einen schon vorhandenen default-basierten Eintrag bestätigt oder ihn überschreibt, unabhängig davon, welcher Art der neue Eintrag ist (vgl. Bsp.70). Als Folge davon bewirkt das Löschen eines Eintrags in einem einwertigen Slot, der einen default-basierten Eintrag aufgrund der Kardinalitätsbeschränkung unterdrückt hat, dessen Wiederauftauchen (vgl. Bsp.70). Das ist sinnvoll, weil der gelöschte Eintrag das Zutreffen der Default-Eigenschaft nicht explizit verneint hatte.

Gemäß der in Kapitel 3.1.3 getroffenen Vereinbarung, die Einwertigkeit für klassifikatorische Slots erst für Referenz-Frames und nicht schon für Instanzen zu erzwingen, könnte es als sinnvoll erscheinen, die Operation zum Schreiben eines Eintrags in einen klassifikatorischen, einwertigen Slot eines Instanz-Frames so zu definieren, daß ein default-basierter Eintrag nicht unterdrückt wird, wenn er von dem neuen Eintrag verschieden ist. Als Nebeneffekt würden damit die Referenz-Frames, die zu der Instanz gehören, in zwei Versionenklassen eingeteilt werden (vgl. Kap.3.3.6). Da jedoch einer der beiden Einträge nicht von außen gesetzt wurde, sondern eine Annahme darstellt, die nur aufgrund fehlenden Wissens getroffen wurde, erscheint es als zu weitgehend, auf ihn eine Versionengenerierung zu stützen. Ein default-basierter Eintrag wird deshalb beim Schreiben eines von ihm verschiedenen Eintrags in einwertigen, klassifikatorischen Slots ebenso unterdrückt wie in einwertigen, obligaten Slots.

Beispiel 70:

Die Zuweisung des Eintrags '8-Bit-Mikroprozessor' zum einwertigen Slot 'Cpu' des Frames 'Personalcomputer-1' aus Bsp.64 ergibt den folgenden Frame:

Personalcomputer-1	Peripherie	Hauptspeicher	Cpu	Netzfrequenz
	def:	def:	einwertig	def:
	{Bildschirm,	{PC-Hauptspeicher}	def:	{50Hz}
	Tastatur,		{16-Bit-Mikroprozessor}	
	Diskettenlaufwerk}			
	act:	act:	act:	act:
	{Bildschirm,	{PC-Hauptspeicher}	{8-Bit-Mikroprozessor}	{50Hz}
	Tastatur,			
	Diskettenlaufwerk}			

Wird dieser Eintrag gelöscht, taucht der vorherige default-basierte Eintrag wieder auf, da sein Wegfall nicht auf eine explizite Verneinung, sondern auf die Slotfüllungsbeschränkung zurückging.

Die Zuweisung des Eintrags '16-Bit-Mikroprozessor' an Stelle von '8-Bit-Mikroprozessor' bestätigt dagegen den bisherigen default-basierten Eintrag:

Personalcomputer-1	Peripherie	Hauptspeicher	Cpu	Netzfrequenz
	def:	def:	einwertig	def:
	{Bildschirm,	{PC-Hauptspeicher}	def:	{50Hz}
	Tastatur,		{}	
	Diskettenlaufwerk}			
	act:	act:	act:	act:
	{Bildschirm,	{PC-Hauptspeicher}	{16-Bit-Mikroprozessor}	{50Hz}
	Tastatur,			
	Diskettenlaufwerk}			

Es wird die weiter oben in diesem Kapitel schon spezifizierte Operation zum Schreiben eines Slot-Eintrags um die Berücksichtigung einwertiger Slots ergänzt:

$precond'_{put\_entry}(kb, f, s, e) :=$

$f \in \text{dom } kb \wedge s \in \text{dom } kb(f) \wedge e \in kb(f)(s)(\text{perm}) \wedge \neg is\text{-}prototype(kb, f) \wedge$ 2

$\wedge((is\text{-}singleton(kb, f, s) \wedge kb(f)(s)(\text{act}) \neq \emptyset \wedge kb(f)(s)(\text{act}) \neq kb(f)(s)(\text{def})) \Rightarrow$ 3

$\Rightarrow (is\text{-}instance(kb, f) \wedge is\text{-}classif(kb, f, s)))$ 4

Anmerkung zur Vorbedingung:

Zeile 3-4: Ein Eintrag kann in einen einwertigen Slot geschrieben werden, wenn er leer ist oder wenn er einen default-basierten Eintrag enthält, der dann entweder bestätigt oder unterdrückt wird. Trifft keine dieser Bedingungen zu, dann muß der betroffene Slot zu einer Instanz gehören und klassifikatorisch sein.

$\forall f \in \mathit{Fnames} : \forall s \in \mathit{Snames} : \forall e \in \mathit{Entries} : \forall kb \in \mathit{FRAMES} :$ (O5′)
$(\neg \mathit{precond}'_{\mathit{put\_entry}}(kb, f, s, e) \wedge \mathit{put\_entry}(f, s, e)(kb) = kb \vee$ 2
$\vee\ \mathit{precond}'_{\mathit{put\_entry}}(kb, f, s, e) \wedge$ 3
$\wedge\ \mathrm{dom}\ \mathit{put\_entry}(f, s, e)(kb) = \mathrm{dom}\ kb \wedge$ 4
$\wedge\ \forall f' \in \mathrm{dom}\ kb \setminus \{f\} : \mathit{put\_entry}(f, s, e)(kb)(f') = kb(f') \wedge$ 5
$\wedge\ \mathrm{dom}\ \mathit{put\_entry}(f, s, e)(kb)(f) = \mathrm{dom}\ kb(f) \wedge$ 6
$\wedge\ \forall s' \in \mathrm{dom}\ kb(f) \setminus \{s\} : \mathit{put\_entry}(f, s, e)(kb)(f)(s') = kb(f)(s') \wedge$ 7
$\wedge\ \forall \mathit{schar} \in \mathrm{dom}\ kb(f)(s) \setminus \{\mathrm{act}, \mathrm{def}\} :$ 8
$\quad \mathit{put\_entry}(f, s, e)(kb)(f)(s)(\mathit{schar}) = kb(f)(s)(\mathit{schar}) \wedge$ 9
$\wedge\ ((\mathit{is\text{-}singleton}(kb, f, s) \wedge kb(f)(s)(\mathrm{act}) = kb(f)(s)(\mathrm{def})) \Rightarrow$ 10
$\quad \Rightarrow \mathit{put\_entry}(f, s, e)(kb)(f)(s)(\mathrm{act}) = \{e\}) \wedge$ 11
$\wedge\ ((\neg \mathit{is\text{-}singleton}(kb, f, s) \vee kb(f)(s)(\mathrm{act}) \neq kb(f)(s)(\mathrm{def})) \Rightarrow$ 12
$\quad \Rightarrow \mathit{put\_entry}(f, s, e)(kb)(f)(s)(\mathrm{act}) = kb(f)(s)(\mathrm{act}) \cup \{e\}$ 13
$\qquad \setminus \{e' \mid e\text{-}is\text{-}a(kb, e, e') \wedge e' \in kb(f)(s)(\mathrm{def})\}) \wedge$ 14
$\wedge\ \mathit{put\_entry}(f, s, e)(kb)(f)(s)(\mathrm{def}) = kb(f)(s)(\mathrm{def}) \setminus \{e\})$ 15

Anmerkung zu (O5′):

Zeile 10-11: Ein eventuell vorhandener default-basierter Eintrag wird in einem einwertigen Slot überschrieben.

Zeile 12-14: Im Zusammenspiel mit der Vorbedingung ist gewährleistet, daß in einwertigen Slots zu einem existierenden Eintrag nur dann ein weiterer Eintrag hinzugefügt wird, wenn er klassifikatorisch ist und zu einer Instanz gehört.

Zur Berücksichtigung von einwertigen Slots muß auch die Definition der Operation zum Löschen eines Eintrags erweitert werden:

$\forall f \in \mathit{Fnames} : \forall s \in \mathit{Snames} : \forall e \in \mathit{Entries} : \forall kb \in \mathit{FRAMES} :$ (O6′)
$(\neg \mathit{precond}_{\mathit{del\_entry}}(kb, f, s, e) \wedge \mathit{del\_entry}(f, s, e)(kb) = kb \vee$ 2
$\vee\ \mathit{precond}_{\mathit{del\_entry}}(kb, f, s, e) \wedge$ 3
$\wedge\ \mathrm{dom}\ \mathit{del\_entry}(f, s, e)(kb) = \mathrm{dom}\ kb \wedge$ 4
$\wedge\ \forall f' \in \mathrm{dom}\ kb \setminus \{f\} : \mathit{del\_entry}(f, s, e)(kb)(f') = kb(f') \wedge$ 5
$\wedge\ \mathrm{dom}\ \mathit{del\_entry}(f, s, e)(kb)(f) = \mathrm{dom}\ kb(f) \wedge$ 6
$\wedge\ \forall s' \in \mathrm{dom}\ kb(f) \setminus \{s\} : \mathit{del\_entry}(f, s, e)(kb)(f)(s') = kb(f)(s') \wedge$ 7
$\wedge\ \forall \mathit{schar} \in \mathrm{dom}\ kb(f)(s) \setminus \{\mathrm{act}, \mathrm{def}\} :$ 8
$\quad \mathit{del\_entry}(f, s, e)(kb)(f)(s)(\mathit{schar}) = kb(f)(s)(\mathit{schar}) \wedge$ 9
$\wedge\ (\mathit{is\text{-}singleton}(kb, f, s) \Rightarrow \mathit{del\_entry}(f, s, e)(kb)(f)(s)(\mathrm{act}) = kb(f)(s)(\mathrm{def})) \wedge$ 10
$\wedge\ (\neg \mathit{is\text{-}singleton}(kb, f, s) \Rightarrow$ 11
$\quad \Rightarrow \mathit{del\_entry}(f, s, e)(kb)(f)(s)(\mathrm{act}) = kb(f)(s)(\mathrm{act}) \setminus \{e\}$ 12
$\qquad \cup \{e' \mid e\text{-}is\text{-}a(kb, e, e') \wedge e' \in kb(f)(s)(\mathrm{def})\}) \wedge$ 13
$\wedge\ \mathit{del\_entry}(f, s, e)(kb)(f)(s)(\mathrm{def}) = kb(f)(s)(\mathrm{def}) \setminus \{e\})$ 14

Anmerkung zu (O6′):

Zeile 10: Falls ein bestätigter Default-Eintrag in einem einwertigen Slot gelöscht wird, ist wegen der leeren Default-Menge auch die Menge der aktuellen Einträge leer. Ein unterdrückter default-basierter Eintrag taucht dagegen wieder als aktueller Eintrag auf.

4. Verhalten terminaler Slots

In den bisherigen Ausführungen sind nur non-terminale Slots behandelt worden. Da terminale Slots aufgrund der Integritätsbedingung (S11) immer einwertige Slots sind, verhalten sie sich in bezug auf Default-Eigenschaften wie diese.

Eine Berücksichtigung von Default-Mengen durch die Spezialisierungsrelation is-a ist nicht vorgesehen, da dies in Anbetracht des unsicheren Status von Default-Wissen als nicht sinnvoll erscheint (muß ein Frame mehr Default-Einträge besitzen als ein Oberbegriff zu ihm oder weniger?). Die Spezialisierung von Prototyp- und Instanz-Frames stellt somit keine Bedingungen an die Default-Mengen von Ober- und Unterbegriff (vgl. (R1'), (R2) und (R3)). In BRACHMAN/SCHMOLZE 85 (Kap.7) wird ähnlich argumentiert, jedoch werden als Konsequenz daraus in KL-ONE überhaupt keine Default-Eigenschaften vorgesehen.

Eine einfache, hier nicht mehr formal durchgeführte Erweiterung der Inst- und Ref-Beziehungen erzwingt keine Vererbung von Slot-Einträgen, wenn diese default-basiert sind.[72] Das ist intuitiv plausibel, denn im Gegensatz zu bestätigten Einträgen, die für alle Unterbegriffe und zugehörigen Individuen gelten, stellt ein default-basierter Eintrag lediglich eine Annahme dar, die von einem Unterbegriff oder einem Individuum nicht unbedingt erfüllt werden muß. Dadurch werden in FRM Spezialisierungsbeziehungen der in Abbildung 9 illustrierten Art darstellbar.

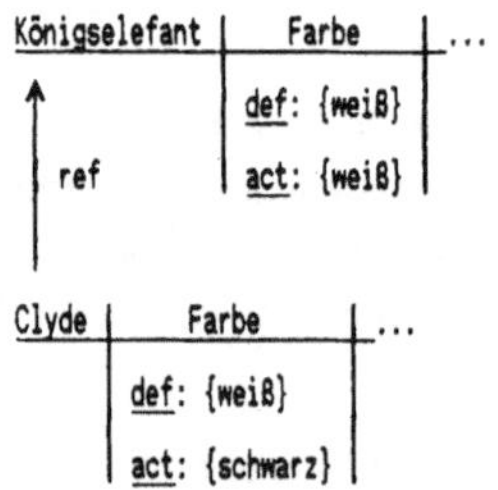

Abbildung 9: Default-basierte Slot-Einträge können bei Unterbegriffen überschrieben werden

Die in BRACHMAN 85 geschilderten Probleme mit Frame-Sprachen, die im Rahmen der Darstellung prototypischer Konzepte zulassen, daß Unterbegriffe oder Individuen einer Klassenbeschreibung bei dieser festgelegte Eigenschaften beliebig verletzen können,[73] treten im Zusammenhang mit dem Default-Mechanismus in FRM nicht auf. Das liegt an der Unterscheidung von default-basierten und bestätigten Einträgen und ihrer Interaktion. So kann ein individueller Elefant durchaus gelb sein, solange die Farbe grau für Elefanten als Default-Eigenschaft modelliert ist, aber es kann ein gelber Elefant niemals zu der Klasse aller grauen Elefanten gehören, da für diese die Farbe grau eine unbedingt geltende Eigenschaft ist (vgl. Abb.10)

[72] Dazu müssen ganz einfach alle Bezüge auf $kb(f)(s)(\mathrm{act})$ in (R2) und (R3) geändert werden in $kb(f)(s)(\mathrm{act}) \setminus kb(f)(s)(\mathrm{def})$.

[73] z.B. daß Clyde, ein gelber Elefant, Element der Klasse aller grauen Elefanten ist: siehe FRL (ROBERTS/GOLDSTEIN 77) oder die in CERNY/KELEMEN 80, TOURETZKY 86 und BREWKA 87 formalisierten Systeme.

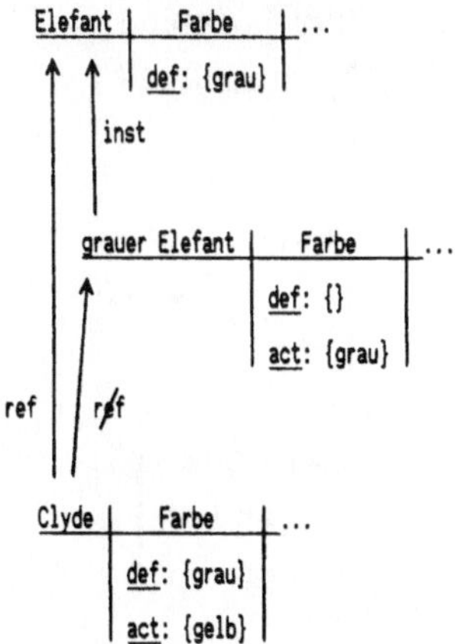

Abbildung 10: **Bestätigte Slot-Einträge können bei Unterbegriffen nicht überschrieben werden**

Besonders problematisch wird die Sachlage, wenn man statt nur Default-Eigenschaften auch noch Default-Spezialisierungsbeziehungen[74] bzw. das Setzen von Nicht-Spezialisierungsbeziehungen[75] zuläßt, da sich dann häufig Situationen ergeben, in denen verschiedene, widersprüchliche Interpretationen möglich sind. Diese können zwar eindeutig gemacht werden, indem bestimmte Kriterien, wie kleinste Pfadlänge (FAHLMAN 79) oder kleinste inferentielle Länge (inferential distance: TOURETZKY 86, ETHERINGTON 87a), hinzugenommen werden, aber was offen bleibt, ist die Frage nach der Semantik (vgl. wiederum BRACHMAN 85).

Ein weiteres Problem, das in vielen Repräsentationssprachen mit Default-Eigenschaften auftritt, ist die Vererbung widersprüchlicher Default-Eigenschaften (vgl. Abb.11). Auch dies macht in FRM keine Probleme, wenn man berücksichtigt, daß immer nur von den spezifischsten Klassenbeschreibungen, zu denen ein Referenz-Frame gehört, Defaults übernommen werden (im Beispiel von Abb.11 also von 'Königselefant'). Erzeugt man Referenz-Frames, indem man Kopien von Instanzen oder Prototypen anlegt und die noch leeren Slots füllt (analog zu der weiter oben spezifizierten Operation zur Generierung von Instanz-Frames), ergibt sich ein potentieller Konflikt gar nicht, da durch den vorgegebenen Prototyp- oder Instanz-Frame die Default-Angabe eindeutig ist.

---

[74] Siehe LEVESQUE 82, REITER/CRISCUOLO 83, ETHERINGTON/REITER 83, FROIDEVAUX 87, BREWKA 87 und ETHERINGTON 87b.

[75] Siehe FAHLMAN 79, FAHLMAN ET AL. 81, SANDEWALL 86, TOURETZKY 86 und KIM/MAIDA 87.

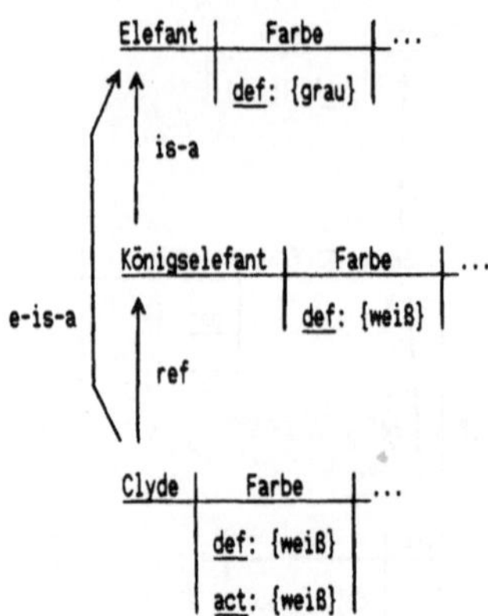

Abbildung 11: Vererbung widersprüchlicher Default-Eigenschaften

6. Ausblick

In der vorliegenden Arbeit wurde das auf dem Frame-Konzept basierende Wissensrepräsentationsmodell FRM beschrieben. Es wurde zunächst eine formale Definition seiner Repräsentationskonstrukte und damit nach der hier verwendeten Terminologie seine syntaktischen Grundstrukturen festgelegt. Die Definition der Semantik der Repräsentationskonstrukte erfolgte in einem zweiten Schritt, in dem die durch FRM konstruierbaren Wissensbasen eingeschränkt wurden, so daß sie bestimmten, empirisch adäquaten Regularitäten genügen. Dies wurde mit der Formulierung von Integritätsbedingungen erreicht, welche inadäquate (Kombinationen von) Repräsentationsstrukturen als unzulässig ausschließen. Diese Integritätsbedingungen sind als Bestandteil von FRM unabhängig von einer bestimmten Anwendung und wurden deshalb modellinhärent genannt. Beispielsweise sind alle semantischen Relationen so durch Integritätsbedingungen bestimmt, daß eine Beziehung zwischen zwei Frames vollständig durch die Struktur der beteiligten Frames festgelegt ist und durch das Wissensrepräsentationssystem, das FRM realisiert, automatisch erzeugt bzw. gelöscht werden kann. Die Bedeutung der semantischen Beziehungen ist damit sehr weitgehend erfaßt worden. Dies gilt gleichermaßen für alle anderen Repräsentationskonstrukte von FRM, wie z.B. die verschiedenen Frame- und Slot-Typen. Die Spezifikation von FRM trägt somit der Erkenntnis Rechnung, daß Bedeutung nicht durch Namen, sondern nur durch Strukturen erfaßt werden kann. Die Änderungsoperationen von FRM sind auf die modellinhärenten Integritätsbedingungen abgestimmt und gewährleisten, daß invalide Wissensbasen niemals konstruiert werden können. Das ist von erheblicher Bedeutung für reale Anwendungen, die im Gegensatz zu Experimentalsystemen Wissensbasen von beträchtlicher Größe und Komplexität benötigen, so daß eine rein intellektuelle Kontrolle der Adäquatheit einer Wissensbasis (z.B. bezüglich der Konzepthierarchie) völlig undurchführbar ist.

Die in diesem Buch beschriebene Version von FRM ist bis auf das Default-Konstrukt, das Konstrukt der klassifikatorischen Slots und die anwendungsspezifischen Integritätsbedingungen vollständig implementiert – insbesondere die automatische Kontrolle der Konzepthierarchie durch das Wissensrepräsentationssystem und die daraus resultierende Neuberechnung nach Wissensbasismodifikationen, die sich als ein sehr hilfreiches Instrument bei Aufbau und Wartung einer Wissensbasis bewährt hat. Sie bietet die Möglichkeit, sicherzustellen, daß die intendierten Spezialisierungsbeziehungen auch tatsächlich den durch die Frame-Strukturen implizit modellierten Beziehungen entsprechen. So wurden Modellierungsfehler eines Benutzers oft nur dadurch erkannt, daß vom System andere Spezialisierungskanten gezogen wurden, als vom Benutzer aufgrund seiner Änderungen erwartet war. Die hohe Zeitkomplexität der Integritätsüberwachung (die bisher nur prototypisch und noch nicht zeitoptimiert realisiert wurde) resultiert jedoch häufig in recht langen Reaktionszeiten. Ein wichtiges zukünftiges Ziel ist deshalb die Erstellung eines zeitoptimierten Systems, die u.a. auch die Basierung von FRM auf ein NF^2-Datenbanksystem umfassen wird (vgl. REIMER/SCHEK 88). Durch die Datenbankbasierung eröffnet sich die Möglichkeit, für bestimmte, sehr zeitaufwendige Anfrageoperationen (die auch intern im Rahmen einer Integritätsüberprüfung auftreten) geeignete Zugriffspfade bereitzustellen und diese den jeweiligen Erfordernissen einer Anwendung flexibel anpassen zu können.

Für das Repräsentationsmodell selber sind eine Fülle zukünftiger Ergänzungen vorstellbar. Neben einer Berücksichtigung von Konstrukten für völlig neue Wissenstypen, wie **temporales** oder **kausales** Wissen, um beispielsweise Ereignisse geeignet repräsentieren zu können, ergibt sich auch aus dem aktuellen Stand von FRM heraus der Bedarf nach Erweiterungen, die größtenteils schon andiskutiert wurden. Eine der wichtigsten ist die Unterstützung von **unvollständigem Wissen**, um zu vermeiden, daß aufgrund von Wissenslücken die stringenten Integritätsbedingungen zu falschen Repräsentationen führen würden. Beispielsweise wäre ein individuelles Konzept nicht als Referenz-Frame, sondern als Instanz-Frame und damit fälschlicherweise als Konzeptklasse repräsentiert, wenn nur eine seiner Eigenschaften unbekannt ist und der entsprechende Slot freibleiben muß. Abhilfe schafft hier der Eintrag eines Null-Wertes, der besagt, daß die betreffende Eigenschaft existiert, jedoch nicht bekannt ist. Damit wäre der Status dieses Slots als "im Prinzip belegt" festgesetzt und der zugehörige Frame könnte zum Referenz-Frame werden.

Weiterhin ist die Unterstützung von Spezialisierungen unter unvollständigem Wissen wünschenswert, da es Fälle gibt, in denen zwar das Wissen über eine Ober-/Unterbegriffsbeziehung vorliegt, jedoch nicht bekannt ist, in welchen Eigenschaften der Unterbegriff spezifischer ist. Beispielsweise kann ein natürlichsprachliches System aus der Wortzusammensetzung 'Bürocomputer' erschließen, daß ein Unterbegriff von 'Computer' gemeint ist. Kriterien für diese Spezialisierung sind daraus allerdings nicht abzuleiten, es sei denn der Frame 'Computer' besäße einen Slot wie 'Anwendungsumgebung', wo 'Büro' ein zulässiger Eintrag ist. Ein dritter Typ von unvollständigem Wissen wurde in Kapitel 3.3.3 schon diskutiert und betrifft die Bereitstellung von "unvollständigen Referenz-Frames" zur Erfüllung der Integritätsbedingungen für einen klassifikatorischen Slot (vgl. (S8')). Solche Referenz-Frames stellen dar, daß es Individuen mit entsprechenden Eigenschaften für die betreffende Konzeptklasse gibt (oder geben kann), über die näheres jedoch nicht bekannt ist.

Eine weitere wichtige Erweiterung von FRM betrifft die Darstellung von möglichen und aktuellen **Rollen**, mit deren Hilfe Aussagen der Art, daß ein Personalcomputer ein intelligentes Terminal sein kann, repräsentiert werden können.[76] Dazu sind im wentlichen zwei neue Relationstypen notwendig. Eine Relationskante "may-be-a" von einer Konzeptklasse k zu einer Konzeptklasse k' würde bedeuten, daß k die durch k' spezifizierte Rolle annehemen kann. Für das eben erwähnte Beispiel würde eine solche Kante von dem Frame 'Personalcomputer' zu dem Frame 'intelligentes Terminal' gehen. Eine Relationskante "has-role" kann von einem Unterbegriff von k zu k' gehen und für die durch den Unterbegriff beschriebene Konzeptklasse die Tatsache repräsentieren, daß alle ihre Mitglieder die betreffende Rolle besitzen. Entsprechend kann auch eine Kante vom Typ 'has-role' von einem zu k gehörenden Referenz-Frame zu k' gehen und die entsprechende Aussage für das durch den Referenz-Frame repräsentierte Individuum darstellen (näheres siehe REIMER 85; vgl. auch Exkurse in Kap.3.3.2 und 3.5).

Weiterhin wäre die Unterscheidung zwischen einer Objekt- und einer **Namensebene** eine sinnvolle Erweiterung von FRM. Auf der Objektebene sind die Repräsentationsstrukturen angesiedelt, während die Namen, mit denen sie von außerhalb angesprochen werden können, zur Namensebene gehören. Zwischen beiden Ebenen sind Abbildungen definiert, die regeln, welchen Namen welche Strukturen zugeordnet sind. Die Idee einer solchen Unterteilung in Objekte und ihre Namen ist nicht neu, sondern wurde schon in KENT 78 ('real things' vs. 'signs') und in BUBENKO 80 ('ontological level' vs. 'significational level') vorgeschlagen. Auch das Surrogat-Konzept (HALL ET AL. 76, CODD 79, MEIER/LORIE 83), das zwischen dem externen Namen eines Objekts und dem internen, systemvergebenen Namen unterscheidet, vollzieht im Grunde die gleiche Trennung. Die Entkopplung von externen Namen und internen Bezeichnern bietet den Vorteil, daß die Handhabung und Festlegung der externen Namen unabhängig von der Behandlung der Repräsentationsstrukturen vorgenommen werden kann. So kann eine semantische Relation zwischen zwei Frames zutreffen, unabhängig davon, welchen externen Namen diese Frames tragen (vgl. Abb.12). Ein Beispiel stellt die Unterstützung von **Synonymen** dar. Neben begrifflichen Synonymen, wie Telefon und Fernsprecher, sind mit Hilfe einer Synonymbehandlung vor allem Schreibvarianten (z.B. Personalcomputer, Personal-Computer, PC) einfach zu unterstützen. Auch eine Mehrsprachigkeit, zumindest in fachwissenschaftlichen Domänen, läßt sich durch die Darstellung von Synonymen erreichen (vgl. Abb.12). Über die Behandlung von Synonymen kann weiterhin in recht eleganter Weise die Äquivalenz von Eigenschaftsangaben in verschiedenen Maßeinheiten (z.B. 8 Bit/ 1 Byte, 0.5 MB/500 KB) festgelegt werden.

Auch die Unterstützung von **Homonymie** zwischen externen Namen, die auf den ersten Blick vielleicht uninteressant erscheint, kann beispielsweise für ein natürlichsprachliches System von großer Bedeutung sein. Denn neben einer echten Homonymie, wie z.B. Schloß oder Golf, die in vergleichsweise kleinen Weltausschnitten (über die auch große Wissensbasen nicht hinausgehen) kaum vorkommen, gibt es Homonyme, die auf einen laxen umgangssprachlichen Gebrauch zurückgehen. Ein Beispiel hierfür ist das Wort Assembler, das sowohl die symbolische Maschinensprache, als auch das zugehörige

[76] Die Möglichkeit zur Unterscheidung von Slot-Namen, die eine Rolle angeben, und Namen von Konzeptklassen, die die erlaubten Einträge stellen, ist durch die anwendungsspezifischen Integritätsbedingungen schon gegeben: vgl. Diskussion in Kap.3.5).

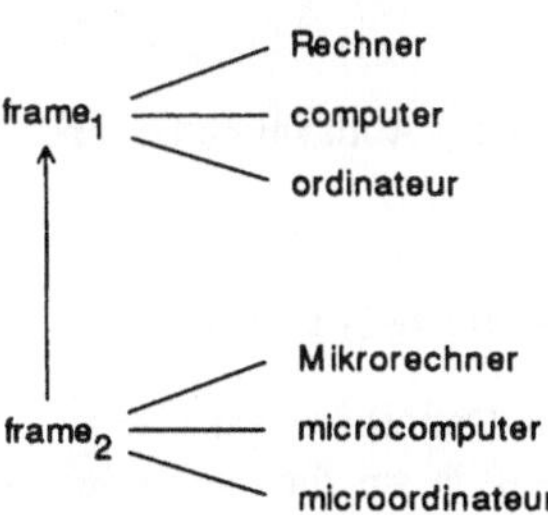

Abbildung 12: Mehrsprachigkeit durch Synonymdarstellung

Übersetzungsprogramm bezeichnen kann ("Die Sprunganweisungen des Assemblers ... "); gleiches gilt für das Wort BASIC, das für die Programmiersprache und den Interpreter stehen kann ("BASIC im ROM"), oder auch für den Namen eines Herstellers, der sowohl den Hersteller selbst als auch ein in einem sprachlichen Kontext eingeführtes Produkt dieses Herstellers bezeichnen kann ("Die Ausstattung des Olivetti ... "). Die Behandlung von Homonymen ist jedoch nicht mit einer Vereinbarung der Mehrwertigkeit der Abbildung von externen Namen auf interne Bezeichner abgehandelt, sondern erfordert in erster Linie Mechanismen zur kontextabhängigen Disambiguierung, die teilweise wissensunterstützt zu erfolgen hat (z.B. die Ausnutzung bestimmter semantischer Relationen, wie zwischen BASIC und BASIC-Interpreter), aber auch sprachliche Indikatoren hinzuziehen muß (z.B. Artikelwechsel bei "die IBM" und "der IBM(-PC)").

Eine letzte Erweiterungsmöglichkeit, auf die hier eingegangen werden soll, betrifft die Berücksichtigung weiterer **semantischer Relationen** zwischen Konzepten. Interessant sind hier z.B. die aus der Linguistik bekannten Sinnrelationen (WUNDERLICH 74, Kap.9.20 bis Kap.9.23). Die Komplementarität zwischen zwei Konzeptklassen k und k' sagt aus, daß ein Element genau dann in k ist, wenn es nicht in k' liegt (z.B. können in einer Wissensbasis die Konzeptklassen 'Tier' und 'Pflanze' komplementär zueinander sein). Heteronymie zwischen zwei Konzeptklassen besagt, daß sie sich gegenseitig ausschließen, also ein Individuum zu höchstens einer von ihnen gehören kann (z.B. sind die Konzeptklassen 'Matrixdrucker', 'Typenraddrucker' und 'Laserdrucker' paarweise heteronym). Einige Repräsentationssprachen sehen die Heteronymie als eine Eigenschaft einer Menge von Spezialisierungen einer Konzeptklasse vor, die diese in nicht-disjunkte Teilklassen aufteilen (z.B. HENDRIX 79, FIKES/KEHLER 85, KACZMAREK ET AL. 86). Eine interessante Frage, die für solche und andere semantische Relationen (wie auch Temporal- und Kausalbeziehungen) noch zu klären sein wird, besteht darin, inwieweit ihre Semantik durch modellinhärente Integritätsbedingungen erfaßt werden kann. Insbesondere ist offen, ob die Existenz einer Relationskante genauso wie für die Spezialisierungs- und Aggregierungsrelationen in FRM durch eineindeutige Bedingungen festgelegt werden kann oder ob nur notwendige Kriterien zu finden sein werden.

Anhang

Es werden Beweisskizzen zur Irreflexivität, Antisymmetrie und Transitivität der Is-a- und der Inst-Relation gegeben.

I. Nachweis der Eigenschaften für die Is-a-Relation

Es folgt die Wiederholung der formalen Definition von is-a in der vereinfachten Form, ohne die Erweiterungen zur Behandlung von Zyklen, da sie für die Beweisführung nicht primär benötigt werden und sie unnötig verkomplizieren; sie werden jedoch herangezogen, um von der Existenz eines Fixpunktes für das rekursiv definierte Prädikat ausgehen zu können.

$$
\begin{aligned}
& \textit{is-a}(kb,f,f') :\Leftrightarrow \textit{is-prototype}(kb,f) \wedge \textit{is-prototype}(kb,f') \wedge && \text{(R1')}\\
& \quad \wedge \forall s' \in \text{dom } kb(f') : \exists s \in \text{dom } kb(f) : && \text{(A)}\\
& \qquad (s = s' \vee \textit{is-nonterminal}(kb,s) \wedge \textit{is-nonterminal}(kb,s') \wedge \textit{e-is-a}(kb,s,s')) \wedge \\
& \quad \wedge \forall s \in \text{dom } kb(f) \cap \text{dom } kb(f') : kb(f)(s)(\text{perm}) \subseteq kb(f')(s)(\text{perm}) \wedge && \text{(B)}\\
& \quad \wedge \exists s \in \text{dom } kb(f) : (s \notin \text{dom } kb(f') \vee && \text{(C)}\\
& \qquad\qquad \vee\, s \in \text{dom } kb(f') \wedge kb(f)(s)(\text{perm}) \subset kb(f')(s)(\text{perm})) \wedge \\
& \quad \wedge \forall s \in \text{dom } kb(f) : && \text{(D)}\\
& \qquad ((s \in \text{dom } kb(f') \Rightarrow \\
& \qquad\quad \Rightarrow \forall p \in \{\text{is-obl}, \text{is-singleton}\} : (p(kb,f',s) \Rightarrow p(kb,f,s))) \wedge \\
& \qquad \wedge ((\textit{is-nonterminal}(kb,s) \wedge \exists s' \in \text{dom } kb(f') : \textit{e-is-a}(kb,s,s')) \Rightarrow \\
& \qquad\quad \Rightarrow \forall p \in \{\text{is-obl}, \text{is-singleton}\} : (p(kb,f',s') \Rightarrow p(kb,f,s))))
\end{aligned}
$$

1. Irreflexivität

$\forall kb \in FRAMES : \neg\exists f \in \text{dom } kb : \textit{is-a}(kb,f,f)$
Die Irreflexivität ergibt sich unmittelbar aus (C) in der obigen Definition.

2. Antisymmetrie

$\forall kb \in FRAMES : \forall f_1, f_2 \in \text{dom } kb : (\textit{is-a}(kb,f_1,f_2) \wedge \textit{is-a}(kb,f_2,f_1) \Rightarrow f_1 = f_2)$
Der Nachweis wird geführt, indem gezeigt wird, daß die linke Seite der Implikation nicht erfüllbar ist, d.h.
$\forall kb \in FRAMES : \forall f_1, f_2 \in \text{dom } kb : (\textit{is-a}(kb,f_1,f_2) \Rightarrow \neg\textit{is-a}(kb,f_2,f_1))$
Wegen der Irreflixivität von is-a tritt der Fall $f_1 = f_2$ nicht auf, so daß von $f_1 \neq f_2$ ausgegangen werden kann. Nehmen wir an, daß
(1) $\textit{is-a}(kb,f_1,f_2)$
gegeben ist, dann gilt wegen (C)
$\exists s_1 \in \text{dom } kb(f_1) : (s_1 \notin \text{dom } kb(f_2) \vee s_1 \in \text{dom } kb(f_2) \wedge kb(f_1)(s_1)(\text{perm}) \subset kb(f_2)(s_1)(\text{perm}))$

Fallunterscheidung:

a) $\exists s_1 \in \text{dom } kb(f_1) : kb(f_1)(s_1)(\text{perm}) \subset kb(f_2)(s_1)(\text{perm})$
Gilt nun $\textit{is-a}(kb,f_2,f_1)$, so ergibt sich mit (B) ein Widerspruch.

b) $\exists s_1 \in \text{dom } kb(f_1) : s_1 \notin \text{dom } kb(f_2)$ und s_1 ist terminal
Gilt nun $\textit{is-a}(kb,f_2,f_1)$, dann folgt nach (A)
$\forall s' \in \text{dom } kb(f_1) : \exists s \in \text{dom } kb(f_2) :$
$(s = s' \vee \textit{is-nonterminal}(kb,s) \wedge \textit{is-nonterminal}(kb,s') \wedge \textit{e-is-a}(kb,s,s'))$
Für $s' = s1$ ergibt sich ein Widerspruch.

c) $\exists s_1 \in \text{dom } kb(f_1) : s_1 \notin \text{dom } kb(f_2)$ und s_1 ist non-terminal
Gilt nun $is\text{-}a(kb, f_2, f_1)$, folgt wiederum nach (A)
$\forall s' \in \text{dom } kb(f_1) : \exists s \in \text{dom } kb(f_2) :$
$(s = s' \vee is\text{-}nonterminal(kb, s) \wedge is\text{-}nonterminal(kb, s') \wedge e\text{-}is\text{-}a(kb, s, s'))$
Für $s' = s_1$ ergibt sich wie unter b) ein Widerspruch, es sei denn, es gilt:
(2) $\exists s \in \text{dom } kb(f_2) : e\text{-}is\text{-}a(kb, s, s_1)$
Da e-is-a irreflexiv ist (dies läßt sich leicht aus der Irreflexivität von is-a, inst und ref ableiten), gilt ferner
(3) $s \neq s_1$
Es liegt nun folgende Situation vor:

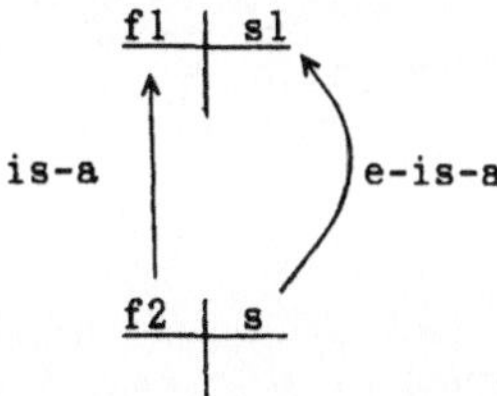

Da nach (1) auch $is\text{-}a(kb, f_1, f_2)$ gilt, folgt aus (3) und aus (A)
(4) $e\text{-}is\text{-}a(kb, s_1, s)$
woraus zusammen mit (2) ein Widerspruch abgeleitet werden kann (s.u.). Es könnte zwar für f_1 auch einen anderen Slot s_2 geben, für den statt (4) $e\text{-}is\text{-}a(kb, s_2, s)$ gilt:

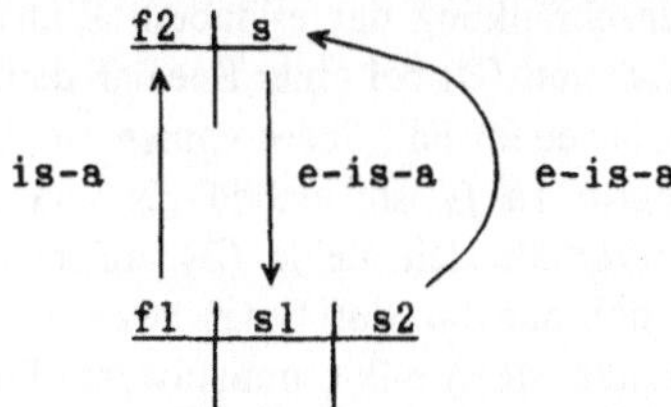

doch verlangt das wegen $is\text{-}a(kb, f_2, f_1)$ wiederum einen weiteren Slot bei f_2, wegen $is\text{-}a(kb, f_1, f_2)$ einen weiteren für f_1, usf. Da ein Frame nur endlich viele Slots besitzen kann, tritt eine Situation, die Bedingungen wie (2) und (4) enthält, also in jedem Fall auf, wenn nicht vorher ein Widerspruch nach den Fällen a) oder b) abzuleiten ist.

Aus (2) und (4) kann nun ein Widerspruch abgeleitet werden. Nach der Definition von e-is-a (vgl. (R4)) kommen für (2) $\wedge$ (4) folgende Kombinationen in die nähere Betrachtung (alle anderen sind direkt aus den für is-a, inst und ref definierten Restriktionen an ihre Argumenttypen auszuschließen):

i) $e\text{-}is\text{-}a(kb, s, s_1) \wedge e\text{-}is\text{-}a(kb, s_1, s) \Leftrightarrow is\text{-}a(kb, s, s_1) \wedge is\text{-}a(kb, s_1, s)$
ii) $e\text{-}is\text{-}a(kb, s, s_1) \wedge e\text{-}is\text{-}a(kb, s_1, s) \Leftrightarrow inst(kb, s, s_1) \wedge inst(kb, s_1, s)$

In dem Fall i) wird die geforderte Spezialisierungsbeziehung zwischen zwei Slots der beiden Frames auf eine Is-a-Beziehung zurückgeführt. Es ergibt sich in diesem Fall aus der Endlichkeit einer Wissensbasis und der Tatsache, daß im Falle wechselseitig aufeinander verweisender Spezialisierungen diese aufgrund der Definition von is-a nicht zur unendlichen Folge zu prüfender Is-a-Beziehungen führen, eine Terminierung des unten abgebildeten Schemas. Daraus folgt, daß schließlich eine Spezialisierung auftritt, die nicht mehr zum Fall i) führt, sondern zu einem der anderen Fälle, für die ein Widerspruch schon hergeleitet wurde. Damit ergibt sich auch für i) ein Widerspruch. Die gleiche Argumentation trifft für den Fall ii) zu, da auch die Definition von inst Zyklen berücksichtigt und damit eine unendliche Folge zu prüfender Inst-Beziehungen ausgeschlossen wird. Es können in der Folge zu prüfender Spezialisierungsbeziehungen auch beliebige Wechsel zwischen is-a und inst (über e-is-a) stattfinden, da auch in diesem Fall Zyklen abgefangen werden (e-is-a wurde entsprechend definiert: siehe (R4)).

$$\begin{array}{lcl}
is\text{-}a(kb, f_1, f_2) \wedge is\text{-}a(kb, f_2, f_1) & \xrightarrow[\text{Fall a), b) oder c)/ii) zugrunde}]{\text{Der Spezialisierung liegt}} & \text{Widerspruch} \\
\big\downarrow \text{Fall c)/i)} & & \\
is\text{-}a(kb, s, s_1) \wedge is\text{-}a(kb, s_1, s) & \xrightarrow[\text{Fall a), b) oder c)/ii) zugrunde}]{\text{Der Spezialisierung liegt}} & \text{Widerspruch} \\
\big\downarrow \text{Fall c)/i)} & & \\
is\text{-}a(kb, s_2, s_3) \wedge is\text{-}a(kb, s_3, s_2) & \xrightarrow[\text{Fall a), b) oder c)/ii) zugrunde}]{\text{Der Spezialisierung liegt}} & \text{Widerspruch} \\
\big\downarrow * \ \text{Fall c)/i)} & & \\
is\text{-}a(kb, s_n, s_m) \wedge is\text{-}a(kb, s_m, s_n) & & \\
\big\downarrow & &
\end{array}$$

Der Spezialisierung liegt Fall a), b) oder c)/ii) zugrunde: Widerspruch

3. Transitivität

(5) $\forall kb \in FRAMES : \forall f_1, f_2, f_3 \in \text{dom } kb : (is\text{-}a(kb, f_1, f_2) \wedge is\text{-}a(kb, f_2, f_3) \Rightarrow is\text{-}a(kb, f_1, f_3))$
Eine Spezialisierung $is\text{-}a(kb, f_2, f_3)$ erfolgt mindestens durch die Hinzunahme eines neuen Slots, durch die Spezialisierung eines non-terminalen Slots oder durch die Einschränkung der erlaubten Einträge eines terminalen Slots (siehe (C)). Da aufgrund der Bedingungen (A) und (B) bei einer Spezialisierung von f_2 die in f_2 bezüglich f_3 hinzugekommenen Einschränkungen in jedem Fall übernommen werden, ergibt sich für einen Unterbegriff f_1 von f_2, daß er auch Unterbegriff zu f_3 ist, unabhängig von den Kriterien, aufgrund derer er spezifischer als f_2 ist. Insbesondere verhält sich die in (B) auftretende Mengeninklusion transitiv, ebenso wie die in (D) vorkommenden, sich auf die Slot-Typen beziehenden Implikationen. Die Bedingung (A) genügt schließlich der Transitivität, wenn e-is-a transitiv ist. Dazu soll eine etwas eingehendere Betrachtung vorgenommen werden. Tritt in (5) bei der Spezialisierung von f_2 zu f_1 eine Slot-Spezialisierung $e\text{-}is\text{-}a(kb, s_1, s_2)$ auf und ist s_2 in der Spezialisierung von f_3 zu f_2 nicht betroffen, dann findet sich $e\text{-}is\text{-}a(kb, s_1, s_2)$ als Bedingung von $is\text{-}a(kb, f_1, f_3)$ wieder. Es wird die Ableitbarkeit von $is\text{-}a(kb, f_1, f_3)$ in diesem Fall also nicht blockiert. Analog gilt dies für eine Slot-Spezialisierung, die in $is\text{-}a(kb, f_2, f_3)$ auftritt, aber in $is\text{-}a(kb, f_1, f_2)$ nicht fortgesetzt wird.

Problematischer ist der Fall, daß ein Slot sowohl von f_3 nach f_2 als auch von f_2 nach f_1 spezialisiert wird:
$is\text{-}a(kb, f_1, f_2)$ basiert auf $e\text{-}is\text{-}a(kb, s_1, s_2)$
$is\text{-}a(kb, f_2, f_3)$ basiert auf $e\text{-}is\text{-}a(kb, s_2, s_3)$
Für die Transitivität von is-a ist also auch die von e-is-a nötig. Nach der Definition von e-is-a sind mehrere Fälle möglich. Diejenigen, in denen die Ref-Relation beteiligt ist, brauchen nicht betrachtet zu werden, da nach (S14) Referenz-Frames nicht als non-terminale Slots auftreten können. Auch kann wegen der Restriktionen an die Typen der beteiligten Frames nach einer Inst-Spezialisierung keine Is-a-Spezialisierung mehr erfolgen. Für $e\text{-}is\text{-}a(kb, s_1, s_2) \wedge e\text{-}is\text{-}a(kb, s_2, s_3)$ bleiben also folgende Kombinationen übrig:

a) $inst(kb, s_1, s_2) \wedge \exists f'' \in \text{dom } kb : (inst(kb, s_2, f'') \wedge is\text{-}a(kb, f'', s_3))$
Da inst transitiv ist (s.u.), ergibt sich
$\exists f'' \in \text{dom } kb : (inst(kb, s_1, f'') \wedge is\text{-}a(kb, f'', s_3))$
und nach der Definition von e-is-a somit $e\text{-}is\text{-}a(kb, s_1, s_3)$

b) $inst(kb, s_1, s_2) \wedge inst(kb, s_2, s_3)$
Da inst transitiv ist (s.u.), ergibt sich $inst(kb, s_1, s_3)$ und daraus $e\text{-}is\text{-}a(kb, s_1, s_3)$

c) $inst(kb, s_1, s_2) \wedge is\text{-}a(kb, s_2, s_3)$
Nach der Definition von e-is-a folgt $e\text{-}is\text{-}a(kb, s_1, s_3)$

d) $\exists f'' \in \text{dom } kb : (inst(kb, s_1, f'') \wedge is\text{-}a(kb, f'', s_2)) \wedge is\text{-}a(kb, s_2, s_3)$
Wenn is-a transitiv ist, ergibt sich wie in Fall a) $e\text{-}is\text{-}a(kb, s_1, s_3)$

e) $is\text{-}a(kb, s_1, s_2) \wedge is\text{-}a(kb, s_2, s_3)$
Wenn is-a transitiv ist, ergibt sich auch hier $e\text{-}is\text{-}a(kb, s_1, s_3)$

In den letzten beiden Fällen stellt sich erneut die Problematik der Rekursivität von is-a. Ähnlich wie oben zum Nachweis der Antisymmetrie argumentiert wurde, läßt sich auch hier unter Annahme der Endlichkeit einer Wissensbasis und der Tatsache, daß die Is-a-Definition Zyklen abfängt, ableiten, daß die Rekursion, die der Is-a-Definition zugrunde liegt, nicht zu einer unendlichen Folge zu prüfender Is-a-Beziehungen führt. Es kann somit auch in den Fällen d) und e) die benötigte Bedingung $e\text{-}is\text{-}a(kb, s_1, s_3)$ hergeleitet werden, da die Verweise auf weitere Is-a-Beziehungen schließlich terminieren (ähnlich wie unter Fall c)/i) für die Antisymmetrie von is-a diskutiert, können auch hier Wechsel zwischen is-a und inst bei den Verweisen auf andere Spezialisierungen auftreten). Das folgende Schema skizziert die Situation:

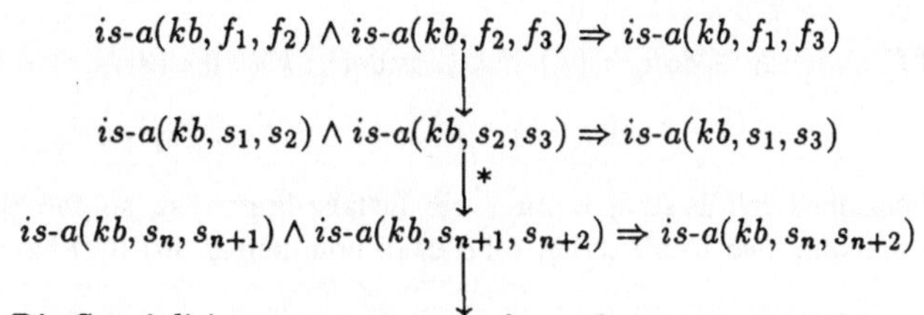

Die Spezialisierung von s_{n+1} auf s_n oder von s_{n+2} auf s_{n+1} erfordert keine Prüfung weiterer Is-a-Beziehungen, so daß $is\text{-}a(kb, s_n, s_{n+2})$ direkt aus (R1') abgeleitet werden kann.

II. Nachweis der Eigenschaften für die Inst-Relation

Es wird die formale Definition von inst in einer vereinfachten Form, ohne das Hilfsargument zur Erkennung von Zyklen wiederholt. Auch hier wird die Zyklenbehandlung in der Beweisführung benötigt, um von der Existenz eines Fixpunktes für das rekursiv definierte Prädikat ausgehen zu können.

$$
\begin{aligned}
&inst(kb, f, f') :\Leftrightarrow && \text{(R2)}\\
&\quad (is\text{-}prototype(kb, f') \vee is\text{-}instance(kb, f')) \wedge is\text{-}instance(kb, f) \wedge \\
&\quad \wedge (is\text{-}prototype(kb, f') \Rightarrow \exists s \in \text{dom } kb(f) : kb(f)(s)(\text{act}) \neq \emptyset) \wedge && \text{(F)}\\
&\quad \wedge (is\text{-}instance(kb, f') \Rightarrow && \text{(G)}\\
&\qquad \Rightarrow \exists s \in \text{dom } kb(f) : \\
&\qquad\quad (is\text{-}obl(kb, f, s) \wedge \exists e \in kb(f)(s)(\text{act}) : e \notin kb(f')(s)(\text{act}) \vee && \text{(G')}\\
&\qquad\quad \vee is\text{-}classif(kb, f, s) \wedge \exists e \in kb(f')(s)(\text{act}) : e \notin kb(f)(s)(\text{act}) \wedge && \text{(G'')}\\
&\quad \wedge \forall s \in \text{dom } kb(f') : (is\text{-}obl(kb, f', s) \Rightarrow \forall e' \in kb(f')(s)(\text{act}) : && \text{(H)}\\
&\qquad\quad (e' \in kb(f)(s)(\text{act}) \vee is\text{-}nonterminal(kb, s) \wedge \\
&\qquad\quad \wedge \exists e \in kb(f)(s)(\text{act}) : e\text{-}is\text{-}a(kb, e, e'))) \wedge \\
&\quad \wedge \forall s \in \text{dom } kb(f) : (is\text{-}classif(kb, f, s) \wedge is\text{-}instance(kb, f') \Rightarrow \forall e \in kb(f)(s)(\text{act}) : && \text{(I)}\\
&\qquad\quad (e \in kb(f')(s)(\text{act}) \vee is\text{-}nonterminal(kb, s) \wedge \\
&\qquad\quad \wedge \exists e' \in kb(f')(s)(\text{act}) : e\text{-}is\text{-}a(kb, e, e'))) \wedge \\
&\quad \wedge \text{dom } kb(f) = \text{dom } kb(f') \wedge \\
&\quad \wedge \forall s \in \text{dom } kb(f) : \forall schar \in \text{dom } kb(f)(s) \setminus \{\text{act,def}\} : kb(f)(s)(schar) = kb(f')(s)(schar)
\end{aligned}
$$

1. Irreflexivität

$inst(kb, f, f)$ kann höchstens erfüllt sein, wenn f ein Instanz-Frame ist, so daß Bedingung (F) nicht betrachtet zu werden braucht. Die Irreflexivität folgt dann unmittelbar aus (G') bzw. (G'').

2. Antisymmetrie

$\forall kb \in FRAMES : \forall f_1, f_2 \in \text{dom } kb : (inst(kb, f_1, f_2) \wedge inst(kb, f_2, f_1) \Rightarrow f_1 = f_2)$
Der Nachweis wird geführt, indem gezeigt wird, daß die linke Seite der Implikation nicht erfüllbar ist, d.h.
$\forall kb \in FRAMES : \forall f_1, f_2 \in \text{dom } kb : (inst(kb, f_1, f_2) \Rightarrow \neg inst(kb, f_2, f_1))$
Wegen der Irreflixivität von inst tritt der Fall $f_1 = f_2$ nicht auf, so daß von $f_1 \neq f_2$ ausgegangen werden kann. Nehmen wir zunächst an, daß $inst(kb, f_1, f_2)$ auf der Bedingung (F) basiert, dann folgt aus den Restriktionen an die Argumente von inst unmittelbar $\neg inst(kb, f_2, f_1)$. Ist die Bedingung (G) erfüllt, sind zwei Hauptfälle zu unterscheiden.

a) Aus $inst(kb, f_1, f_2)$ folgt nach (G')
(6) $\exists s_1 \in \text{dom } kb(f_1) : (is\text{-}obl(kb, f_1, s_1) \wedge \exists e_1 \in kb(f_1)(s_1)(\text{act}) : e_1 \notin kb(f_2)(s_1)(\text{act}))$
Zur Illustration:

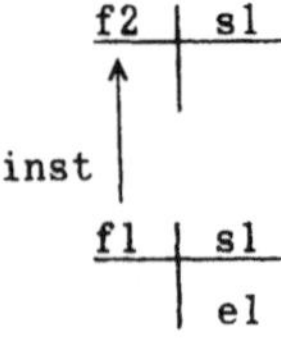

Es folgt weiterhin aus (H)

(7) $\forall s \in \text{dom } kb(f_2):$
$(is\text{-}obl(kb, f_2, s) \Rightarrow$
$\forall e' \in kb(f_2)(s)(\text{act}):$
$(e' \in kb(f_1)(s)(\text{act}) \vee is\text{-}nonterminal(kb, s) \wedge \exists e \in kb(f_1)(s)(\text{act}): e\text{-}is\text{-}a(kb, e, e')))$

Nehmen wir nun $inst(kb, f_2, f_1)$ an, dann folgt ebenfalls aus (H)
$\forall s \in \text{dom } kb(f_1):$
$(is\text{-}obl(kb, f_1, s) \Rightarrow$
$\forall e' \in kb(f_1)(s)(\text{act}):$
$(e' \in kb(f_2)(s)(\text{act}) \vee is\text{-}nonterminal(kb, s) \wedge \exists e_2 \in kb(f_2)(s)(\text{act}): e\text{-}is\text{-}a(kb, e_2, e')))$

Für $s = s_1$ und $e' = e_1$ ergibt sich daraus ein Widerspruch zu (6), falls $e' \in kb(f_2)(s)(\text{act})$. Es kann deshalb höchstens der zweite Teil der Disjunktion gelten:
(8) $\exists e_2 \in kb(f_2)(s_1)(\text{act}): e\text{-}is\text{-}a(kb, e_2, e_1)$
Zur Illustration:

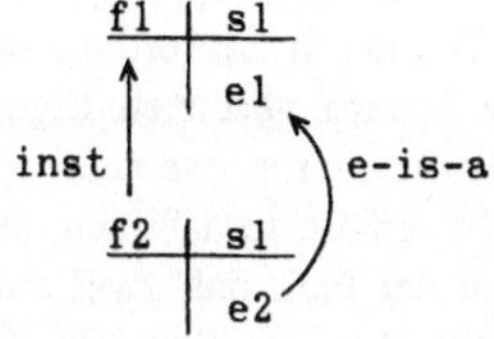

Betrachten wir nun wieder $inst(kb, f_1, f_2)$ und ziehen (7) heran. Dann gilt für $s = s_1$ und $e' = e_2$:
$e_2 \in kb(f_1)(s_1)(\text{act}) \vee is\text{-}nonterminal(kb, s_1) \wedge \exists e \in kb(f_1)(s_1)(\text{act}): e\text{-}is\text{-}a(kb, e, e_2)$
Es gibt drei Möglichkeiten, diese Bedingung zu erfüllen:

i) $e_2 \in kb(f_1)(s_1)(\text{act})$:

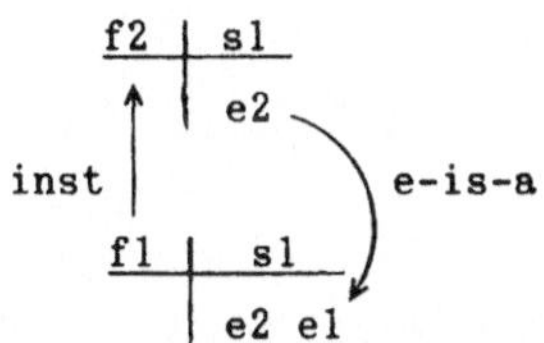

Betrachten wir nun wieder $inst(kb, f_2, f_1)$, dann folgt aus (H), daß auch e_1 oder ein Unterbegriff davon in f_2 auftreten muß. Der Unterbegriff müßte wegen $inst(kb, f_1, f_2)$ auch wieder in f_1 auftreten, eventuell spezialisiert. Tritt e_1 direkt in f_2 auf, dann muß f_2 einen weiteren Eintrag besitzen, um spezifischer als f_1 zu sein. Betrachtet man dann wieder $inst(kb, f_1, f_2)$, folgt, daß auch dieser weitere Eintrag in f_1 vorkommen muß. Durch abwechselnde Betrachtung von $inst(kb, f_1, f_2)$ und $inst(kb, f_2, f_1)$ ist folglich die Existenz beliebig vieler weiterer Einträge herleitbar. Da die Anzahl an Einträgen jedoch endlich ist, ergibt sich ein Widerspruch.

ii) $is\text{-}nonterminal(kb, s_1) \wedge \exists e \in kb(f_1)(s_1)(\text{act}): e\text{-}is\text{-}a(kb, e, e_2)$
Betrachten wir $inst(kb, f_2, f_1)$, dann folgt aus (H), daß auch e oder ein Unterbegriff davon in f_2 auftreten muß. Die weitere Argumentation entspricht der von Fall i).

iii) Es wird nicht die Existenz eines weiteren Eintrags in f_1 angenommen, sondern stattdessen $e\text{-}is\text{-}a(kb, e_1, e_2)$. Da nach (8) auch $e\text{-}is\text{-}a(kb, e_2, e_1)$ gilt, ergibt sich ein Widerspruch, falls e-is-a antisymmetrisch ist. Diese Eigenschaft ist aus der Definition von e-is-a direkt abzuleiten (ref ist antisymmetrisch und die Kombinationen verschiedener Kantentypen verhalten sich ebenfalls antisymmetrisch wegen der Restriktionen an das erste Argument von inst und ref), bis auf die folgenden beiden Fälle:

1. $e\text{-}is\text{-}a(kb, e_1, e_2)$ geht auf $is\text{-}a(kb, e_1, e_2)$ zurück.
2. $e\text{-}is\text{-}a(kb, e_1, e_2)$ geht auf $inst(kb, e_1, e_2)$ zurück.

Im ersten Fall muß aus $is\text{-}a(kb, e_1, e_2) \wedge is\text{-}a(kb, e_2, e_1)$, im zweiten Fall aus $inst(kb, e_1, e_2) \wedge inst(kb, e_2, e_1)$ ein Widerspruch hergeleitet werden. Beide Fälle sind analog zu c)/i) im Abschnitt zur Antisymmetrie von is-a abzuhandeln. Entsprechend ergibt sich auch hier ein Widerspruch.

b) Aus $inst(kb, f_1, f_2)$ folgt nach (G″)
$\exists s_1 \in \text{dom } kb(f_1) : (is\text{-}classif(kb, f_1, s_1) \wedge \exists e_1 \in kb(f_2)(s_1)(\text{act}) : e_1 \notin kb(f_1)(s_1)(\text{act}))$
Dieser Fall ist analog zum Fall a) abzuhandeln.

3. Transitivität

a) Nehmen wir an, daß $inst(kb, f_1, f_2)$ zwischen zwei Instanzen und $inst(kb, f_2, f_3)$ zwischen einer Instanz und einem Prototypen definiert ist. Es ergibt sich aus der Bedingung (F) unmittelbar $inst(kb, f_1, f_3)$.

b) Betrachten wir den Fall, daß sowohl $inst(kb, f_1, f_2)$ als auch $inst(kb, f_2, f_3)$ zwischen Instanzen definiert ist, dann basieren beide auf der Bedingung (G). Die durch die (orthogonal zueinander stehenden) Spezialisierungskriterien (G′) und (G″) für eine Instanz gesetzten Eigenschaften werden durch (H) bzw. (I) an einen Unterbegriff dieser Instanz weitervererbt, eventuell spezialisiert. Es ist einsichtig, daß sich dieser Vererbungsmechanismus transitiv verhält, so daß nicht näher darauf eingegangen wird. Detailliertere Betrachtung erfordert dagegen der Fall, daß zwei aufeinanderfolgende Spezialisierungen von Instanz-Frames auf zwei aufeinanderfolgenden Spezialisierungen eines Eintrags basieren, z.B. $e\text{-}is\text{-}a(kb, e_1, e_2)$ für $inst(kb, f_1, f_2)$ und $e\text{-}is\text{-}a(kb, e_2, e_3)$ für $inst(kb, f_2, f_3)$. Es muß somit zur Transitivität von inst auch e-is-a transitiv sein. Dieser Nachweis entspricht dem für die Transitivität der Is-a-Relation geführten Nachweis.

Literaturverzeichnis

Abelson, R.P. **[73]**
The Structure of Belief Systems. In: R.C. Schank, K.M. Colby (eds): Computer Models of Thought and Language. San Francisco: W.H. Freeman and Co., 1973, pp.287–339.

Abiteboul, S. / **Hull**, R. **[87]**
IFO: A Formal Semantic Database Model. In: ACM Transactions on Database Systems, Vol.12, No.4, 1987, pp.525–565.

Abiteboul, S. / **Hull**, R. **[88]**
Update Propagation in a Formal Semantic Model. In: Data Engineering (Quarterly Bulletin of the IEEE Computer Society Technical Committee on Data Engineering), Vol.11, No.2, 1988, pp.3–12.

Ait-Kaci, H. **[86]**
Type Subsumption as a Model of Computation. In: L. Kerschberg (ed): Expert Database Systems. Proceedings from the First International Workshop. Menlo Park: Benjamin/Cummings, 1986, pp.115–139.

Albano, A. / **Cardelli**, L. / **Orsini**, R. **[85]**
Galileo: A Strongly-Typed, Interactive Conceptual Language. In: ACM Transactions on Database Systems, Vol.10, No.2, 1985, pp.230–260.

Albano, A. / **Giannotti**, F. / **Orsini**, R. / **Pedreschi**, D. **[88]**
The Type System of Galileo. In: M.P. Atkinson, P. Buneman, R. Morrison (eds): Data Types and Persistence. Berlin: Springer-Verlag, 1988, pp.101–119.

Allen, B.P. / **Wright**, J.M. **[83]**
Integrating Logic Programs and Schemata. In: Proc. Int. Joint Conf. on Artificial Intelligence, 1983, pp.340–342.

Apt, K.R. **[81]**
Ten Years of Hoare's Logic: A Survey – Part I. In: ACM Transactions on Programming Languages and Systems, Vol.3, No.4, 1981, pp.431–483.

Atkinson, M.P. / **Buneman** P. **[87]**
Types and Persistence in Database Programming Languages. In: ACM Computing Surveys, Vol.19, No.2, 1987, pp.105–190.

Attardi, G. / **Simi**, M. **[81]**
Consistency and Completeness of OMEGA, a Logic for Knowledge Representation. In: Proc. Int. Joint Conf. on Artificial Intelligence, 1981, pp.504–510.

Attardi, G. / **Simi**, M. **[82]**
Semantics of Inheritance and Attributions in the Description System Omega. Massachusetts Institute of Technology, Artificial Intelligence Laboratory, A.I. Memo No.642 (Revised Version), 1982.

Attardi, G. / **Simi**, M. **[87]**
A Uniform and Integrated Description System. In: W. Brauer, W. Wahlster (eds): Wissensbasierte Systeme. 2. Internationaler GI-Kongreß. Berlin: Springer-Verlag, 1987, pp.12–21.

Backus, J. **[78]**
Can Programming be Liberated from the von Neumann Style? A Functional Style and Its Algebra of Programs. In: Communications of the ACM, Vol.21, No.8, 1978, pp.613–641.

Bancilhon, F. / **Khoshafian**, S. **[86]**
A Calculus for Complex Objects. In: Proc. ACM SIGACT-SIGMOD Symposium on Principles of Database Systems, 1986, pp.53–59.

Bar-Hillel, Y. **[69]**
Universal Semantics and Philosophy of Language: Quandaries and Prospects. In: J. Puhvel (ed): Substance and Structure of Language. Berkeley, Los Angeles: University of California Press, 1969, pp.1–21.

Barrow, H.G. / **Ambler**, A.P. / **Burstall**, R.M. **[72]**
Some Techniques for Recognising Structures in Pictures. In: S. Watanabe (ed): Frontiers of Pattern Recognition. New York: Academic Press, 1972, pp.1–29.

Bartlett, F.C. **[32]**
Remembering: a Study in Experimental and Social Psychology. Cambridge: Cambridge University Press, 1932.

Batory, D.S. / **Buchmann**, A.P. **[84]**
Molecular Objects, Abstract Data Types, and Data Models: A Framework. In: Proc. Int. Conf. on Very Large Data Bases, 1984, pp.172–184.

Batory, D.S. / **Kim**, W. **[85]**
Modeling Concepts for VLSI CAD Objects. In ACM Transactions on Database Systems, Vol.10, No.3, 1985, pp.322–346.

Berkel, Th. / **Klahold**, P. / **Schlageter**, G. / **Wilkes**, W. **[87]**
Integration des Versionenbegriffs und des Objektbegriffs durch Abstraktion. In: H.-J. Schek, G. Schlageter (eds): Datenbanksysteme in Büro, Technik und Wissenschaft. Berlin: Springer-Verlag, 1987, pp.299–305.

Bever, M. / **Lockemann**, P.C. **[85]**
Database Hosting in Strongly-Typed Languages. In: ACM Transactions on Database Systems, Vol.10, No.1, 1985, pp.107–126.

Bibel, W. **[84]**
Automatische Inferenz. In: J. Retti u.a. (eds): Artificial Intelligence – Eine Einführung. Stuttgart: Teubner, 1984, pp.145–167.

Bierwisch, M. **[65]**
Eine Hierarchie syntaktisch-semantischer Merkmale. In: Studia Grammatica V. Syntaktische Studien. Berlin: Akademie Verlag, 1965, pp.29–86.

Biller, H. / **Neuhold**, E.J. **[78]**
Semantics of Data Bases: The Semantics of Data Models. In: Information Systems, Vol.3, No.1, 1978, pp.11–30.

Bjorner, D. **[80]**
Formalization of Data Base Models. In: D. Bjorner (ed): Abstract Software Specifications. Berlin: Springer-Verlag, 1980, pp.144–215.

Bjorner, D. / **Lovengreen**, H.H. **[82]**
Formalization of Database Systems – and a Formal Definition of IMS. In: Proc. Int. Conf. on Very Large Data Bases, 1982, pp.334–347.

Blackwell, P.K. / Jajodia, S. / Ng, P.A. [83]
A View of Database Management Systems as Abstract Data Types. In: C.G. Davis, S. Jajodia, P.A. Ng, R.T. Yeh (eds): Entity-Relationship Approach to Software Engineering. Amsterdam: North-Holland, 1983, pp.661–668.

Bledsoe, W.W. [77]
Non-Resolution Theorem Proving. In: Artificial Intelligence. Vol.9, No.1, 1977, pp.1–35.

Bobrow, D.G. / Norman, D.A. [75]
Some Principles of Memory Schemata. In: D.G. Bobrow, A. Collins (eds): Representation and Understanding. New York: Academic Press, 1975, pp.131–149.

Bobrow, D.G. / Stefik, M. [83]
The LOOPS Manual. Xerox Corporation, 1983.

Bobrow, D.G. / Winograd, T. [77a]
An Overview of KRL, a Knowledge Representation Language. In: Cognitive Science, Vol.1, No.1, 1977, pp.3–46.

Bobrow, D.G. / Winograd, T. [77b]
Experience with KRL-0: One Cycle of a Knowledge Representation Language. In: Proc. Int. Joint Conf. on Artificial Intelligence, 1977, pp.213–222.

Böttcher, S. [85]
Ein Beweisverfahren für Datenbankprädikate. In: H. Stoyan (ed): GWAI-85. 9th German Workshop on Artificial Intelligence. Berlin: Springer-Verlag, 1986, pp.164–175.

Borgida, A. [81]
On the Definition of Specialization Hierarchies for Procedures. In: Proc. of the Int. Joint Conf. on Artificial Intelligence, 1981, pp.254–256.

Borgida, A. [85]
Features of Languages for the Development of Information Systems at the Conceptual Level. In: IEEE Software, Vol.2, No.1, 1985, pp.63–72.

Borgida, A. [88]
Class Hierarchies in Information Systems: Sets, Types, or Prototypes? In: M.P. Atkinson, P. Buneman, R. Morrison (eds): Data Types and Persistence. Berlin: Springer-Verlag, 1988, pp.137–154.

Borgida, A.T. / Greenspan, S. [80]
Data and Activities: Exploiting Hierarchies of Classes. In: Proc. of the Workshop on Data Abstraction, Databases and Conceptual Modelling (=ACM SIGART Newsletter No.74 =ACM SIGMOD Record Vol.11, No.2 =SIGPLAN Notices, Vol.16, No.1), 1980, pp.98–100.

Borgida, A. / Wong, H.K.T. [81]
Data Models and Data Manipulation Languages: Complementary Semantics and Proof Theory. In: Proc. Int. Conf. on Very Large Data Bases, 1981, pp.260–271.

Brachman, R.J. [77]
What's in a Concept: Structural Foundations for Semantic Networks. In: Int. Journal of Man-Machine Studies, Vol.9, No.2, 1977, pp.127–152.

Brachman, R.J. [79]
On the Epistemological Status of Semantic Networks. In: N.V. Findler (ed): Associative Networks. New York: Academic Press, 1979, pp.3–50.

Brachman, R.J. **[83]**
What IS-A Is and Isn't: An Analysis of Taxonomic Links in Semantic Networks. In: IEEE Computer Vol.16, No.10, 1983, pp.30–36.

Brachman, R.J. **[85]**
"I Lied about the Trees" or, Defaults and Definitions in Knowledge Representation. In: AI Magazine, Vol.6, No.3, 1985, pp.80–93.

Brachman, R.J. / **Fikes**, R.E. / **Levesque**, H.J. **[83]**
Krypton: A Functional Approach to Knowledge Representation. In: IEEE Computer, Vol.16, No.10, 1983, pp.67–73.

Brachman, R.J. / **Gilbert**, V.P. / **Levesque**, H.J. **[85]**
An Essential Hybrid Reasoning System: Knowledge and Symbol Level Accounts of KRYPTON. In: Proc. Int. Joint Conf. on Artificial Intelligence, 1985, pp.532–539.

Brachman, R.J. / **Levesque**, H.J. **[82]**
Competence in Knowledge Representation. In: Proc. National Conf. on Artificial Intelligence, 1982, pp.189–192.

Brachman, R.J. / **Levesque**, H.J. **[84]**
The Tractability of Subsumption in Frame-Based Description Languages. In: Proc. National Conf. on Artificial Intelligence, 1984, pp.34–37.

Brachman, R.J. / **Schmolze**, J.G. **[85]**
An Overview of the KL-ONE Knowledge Representation System. In: Cognitive Science Vol.9, No.2, 1985, pp.171–216.

Breutmann, B. / **Mauer**, R. **[80]**
Konstrukte zur Darstellung und Prüfung semantischer Regeln. In: Tagungsband 10. GI-Jahrestagung. Springer-Verlag, 1980, pp.166–180.

Brewka, G. **[86]**
Über unnormale Vögel, anwendbare Regeln und einen Default-Beweiser. In: H. Stoyan (ed): GWAI-85. Berlin: Springer-Verlag, 1986, pp.218–229.

Brewka, G. **[87]**
The Logic of Inheritance in Frame Systems. In: Proc. Int. Joint Conf. on Artificial Intelligence, 1987, pp.483–488.

Brodie, M.L. **[78]**
Specification and Verification of Data Base Semantic Integrity. Ph.D. Thesis, Dept. of Computer Science, University of Toronto, 1978.

Brodie, M.L. **[80]**
The Application of Data Types to Database Semantic Integrity. In: Information Systems, Vol.5, 1980, pp.287–296.

Brodie, M.L. **[81]**
On Modelling Behavioural Semantics of Databases. In: Proc. Int. Conf. on Very Large Data Bases, 1981, pp.32–42.

Brodie, M.L. **[82]**
Axiomatic Definitions for Data Model Semantics. In: Information Systems, Vol.7, No.2, 1982, pp.183–197.

Brodie, M.L. **[83]**
Association: A Database Abstraction for Semantic Modelling. In: P.P. Chen (ed): Entity-Relationship Approach to Information Modeling and Analysis. Amsterdam: North-Holland, 1983, pp.583–608.

Brodie, M.L. **[84]**
On the Development of Data Models. In: M.L. Brodie, J. Mylopoulos, J.W. Schmidt (eds): On Conceptual Modelling. Perspectives from Artificial Intelligence, Databases, and Programming Languages. New York: Springer-Verlag, 1984, pp.19–47.

Broy, M. / Wirsing, M. [80]
Programming Languages as Abstract Data Types. In: M. Dauchet (ed): 5ème Colloque de Lille sur Les Arbres en Algèbre et en Programmation, Univ. de Lille, Lille, 1980, pp.160–177.

Bry, F. / Decker, H. / Manthey, R. [88]
A Uniform Approach to Constraint Satisfaction and Constraint Satisfiability in Deductive Databases. In: J.W. Schmidt, S. Ceri, M. Missikoff (eds): Advances in Database Technology – EDBT'88. Berlin: Springer-Verlag 1988, pp.488–505.

Bry, F. / Manthey, R. [86]
Checking Consistency of Database Constraints: a Logical Basis. In: Proc. Int. Conf. on Very Large Data Bases, 1986, pp.13–20.

Bubenko, J.A. [80]
Data Models and their Semantics. In: Data Design, Infotech State of the Art Report. Series 8, No.4, 1980, pp.107–136.

Buneman, P. [83]
Can We Reconcile Programming Languages and Databases? In: P. Stocker, P.M.D. Gray, M.P. Atkinson (eds): Databases – Role and Structure. Cambridge: Cambridge University Press, 1983, pp.225–243.

Buneman, P. / Frankel, R.E. [79]
FQL – A Functional Query Language. In: Proc. ACM SIGMOD Int. Conf. on Management of Data, 1979, pp.52–58.

Buneman, P. / Nikhil, R. [84]
The Functional Data Model and its Uses for Interaction with Databases. In: M.L. Brodie, J. Mylopoulos, J.W. Schmidt (eds): On Conceptual Modelling. Perspectives from Artificial Intelligence, Databases, and Programming Languages. New York: Springer-Verlag, 1984, pp.359–380.

Bunt, H. [78]
A Formal Semantic Analysis of Mass Terms and Amount Terms. In: J. Groenendijk, M. Stokhof (eds): Proc. 2nd Amsterdam Colloquium on Montague Grammar and Related Topics. Amsterdam: Centrale Interfaculteit, Universiteit van Amsterdam, 1978, pp.60–81 (Amsterdam Papers in Formal Grammar, Vol.II).

Cammarata, S.J. / Melkanoff, M.A. [86]
An Interactive Data Dictionary Facility for CAD/CAM Data Bases. In: L. Kerschberg (ed): Expert Database Systems. Proceedings from the First International Workshop. Menlo Park: Benjamin/Cummings, 1986, pp.423–440.

Carbonell, J.R. **[70]**
AI in CAI: An Artificial Intelligence Approach to Computer-Aided Instruction. In: IEEE Transactions on Man-Machine Systems, MMS-11, No.4, 1970, pp.190–202.

Cardelli, L. **[84]**
A Semantics of Multiple Inheritance. In: G. Kahn, D.B. MacQueen, G. Plotkin (eds): Semantics of Data Types. Berlin: Springer, 1984, pp.51–67.

Cardelli, L. / **Wegner**, P. **[85]**
On Understanding Types, Data Abstraction, and Polymorphism. In: ACM Computing Surveys, Vol.17, No.4, 1985, pp.471–522.

Casanova, M.A. / **Furtado**, A.L. **[84]**
On the Description of Database Transition Constraints Using Temporal Languages. In: H. Gallaire, J. Minker, J.M. Nicolas (eds): Advances in Data Base Theory. Vol.2. New York: Plenum Press, 1984, pp.211–236.

Cerny, A. / **Kelemen**, J. **[80]**
FDT – An Approximation of an Abstract Frame-Like Data Type. In: Proc. 2nd Int. Meeting on Artificial Intelligence, Repino (USSR), Oct.12–19, 1980.

Challis, M.F. **[82]**
Typing in Data Base Models. In: J. Encarnacao, F.-L. Krause (eds): File Structures and Data Bases for CAD. Amsterdam: North-Holland, 1982, pp.265–276.

Charniak, E. **[81a]**
The Case-Slot Identity Theory. In: Cognitive Science, Vol.5, No.3, 1981, pp.285–292.

Charniak, E. **[81b]**
A Common Representation for Problem-Solving and Language-Comprehension Information. In: Artificial Intelligence, Vol.16, 1981, pp.225–255.

Chen, P.P. **[76]**
The Entity-Relationship Model – Towards a Unified View of Data. In: ACM Transactions on Database Systems, Vol.1, No.1, 1976, pp.9–36.

Clark, K.L. **[78]**
Negation as Failure. In: H. Gallaire, J. Minker (eds): Logic and Data Bases. New York: Plenum Press, 1978, pp.293–322.

Clocksin, W.F. / **Mellish**, C.S. **[81]**
Programming in Prolog. Berlin: Springer-Verlag, 1981.

Clowes, M.B. **[69]**
Transformational Grammars and the Organization of Pictures. In: A. Grasselli (ed): Automatic Interpretation and Classification of Images. New York: Academic Press, 1969, pp.43–77.

Codd, E.F. **[70]**
A Relational Model of Data for Large Shared Data Banks. In: Communications of the ACM, Vol.13, No.6, 1970, pp.377–387.

Codd, E.F. **[79]**
Extending the Database Relational Model to Capture More Meaning. In: ACM Transactions on Database Systems, Vol.4, No.4, 1979, pp.397–434.

Colby, K.M. / **Tesler**, L. / **Enea**, H. **[69]**
Experiments with a Search Algorithm for the Data Base of a Human Belief Structure. In: Proc. Int. Joint Conf. on Artificial Intelligence, 1969, pp.649–654.

Collins, A.M. / **Quillian**, M.R. [69]
Retrieval Time from Semantic Memory. In: Journal of Verbal Learning and Verbal Behavior, Vol.8, 1969, pp.240–247.

Colombetti, M. / **Paolini**, P. / **Pelegatti**, G. [78]
Nondeterministic Languages Used for the Definition of Data Models. In: H. Gallaire, J. Minker (eds): Logic and Data Bases. New York: Plenum Press, 1978, pp.237–257.

CRL [84]
CRL Kernel Language Definition and User Manual. Version 1.0. Carnegie Group Inc., 1984.

Curry, G. / **Baer**, L. / **Lipkie**, D. / **Lee**, B. [82]
Traits: An Approach to Multiple-Inheritance Subclassing. In: Proc. ACM SIGOA Conf. on Office Information Systems (= SIGOA Newsletter, Vol.3, Nos.1&2, 1982, pp.1–9.

Dadam, P. / **Kuespert**, K. / **Andersen**, F. / **Blanken**, H. / **Erbe**, R. / **Guenauer**, J. / **Lum**, V. / **Pistor**, P. / **Walch**, G. [86]
A DBMS Prototype to Support Extended NF^2 Relations: An Integrated View on Flat Tables and Hierarchies. In: Proc. ACM SIGMOD Int. Conf. on Management of Data, 1986, pp.356–367.

Dahl, O.-J. / **Hoare**, C.A.R. [72]
Hierarchical Program Structures. In: O.-J. Dahl, E.W. Dijkstra, C.A.R. Hoare (eds): Structured Programming. London: Academic Press, 1972, pp.175–220.

Danforth, S. / **Tomlinson**, C. [88]
Type Theories and Object-Oriented Programming. In: ACM Computing Surveys, Vol.20, No.1, 1988, pp.29–72.

Date, C.J. [81]
Referential Integrity. In: Proc. Int. Conf. on Very Large Data Bases, 1981, pp.2–12.

Date, C.J. [83]
An Introduction to Database Systems. Vol.II. Reading, Mass.: Addison-Wesley, 1983.

Date, C.J. [84]
A Guide to DB2. Reading, Mass.: Addison-Wesley, 1984.

Dayal, U. / **Hwang**, H. [82]
View Definition and Generalization for Database Integration in a Multidatabase System. In: Proc. 6th Berkeley Workshop on Distributed Database Management and Computer Networks, 1982, pp.203–238.

DeKleer, J. [86]
An Assumption-Based TMS. In: Artificial Intelligence, Vol.28, 1986, pp.127–162.

Delgrande, J.P. [87]
A First-Order Conditional Logic for Prototypical Properties. In: Artificial Intelligence, Vol.33, 1987, pp.105–130.

Delgrande, J.P. [88]
An Approach to Default Reasoning Based on a First-Order Conditional Logic: Revised Report. In: Artificial Intelligence, Vol.36, 1988, pp.63–90.

Deliyanni, A. / **Kowalski**, R.A. [79]
Logic and Semantic Networks. In: Communications of the ACM, Vol.22, No.3, 1979, pp.184–192.

Dilger, W. / **Kippe**, J. [85]
COMODEL: A Language for the Representation of Technical Knowledge. In: Proc. Int. Joint Conf. on Artificial Intelligence, 1985, pp.353–358.

Dilger, W. / **Womann**, W. **[83]**
Semantic Networks as Abstract Data Types. In: Proc. Int. Joint Conf. on Artificial Intelligence, 1983, pp.321–324.

Dilger, W. / **Zifonun**, G. **[78]**
The Predicate Calculus-Language KS as a Query Language. In: H. Gallaire, J. Minker (eds): Logic and Data Bases. New York: Plenum Press, 1978, pp.377–408.

Dittrich, K.R. / **Kotz**, A.M. / **Mülle**, J.A. / **Lockemann**, P.C. **[85]**
Datenbankunterstützung für den ingenieurwissenschaftlichen Entwurf. Eine Übersicht über den Stand der Entwicklung. In: Informatik Spektrum, Band 8, Heft 3, 1985, pp.113–125.

Donahue, J.E. **[76]**
Complementary Definitions of Programming Language Semantics. Berlin: Springer-Verlag, 1976.

Dosch, W. / **Mascari**, G. / **Wirsing**, M. **[82]**
On the Algebraic Specification of Databases. In: Proc. Int. Conf. on Very Large Data Bases, 1982, pp.370–385.

Doyle, J. **[79]**
A Truth Maintenance System. In: Artificial Intelligence, Vol.12, 1979, pp.231–272.

Edelmann, J. / **Owsnicki**, B. **[86]**
Data Models in Knowledge Representation Systems: A Case Study. In: C.-R. Rollinger, W. Horn (eds): GWAI-86 und 2. Österreichische Artificial-Intelligence-Tagung. Berlin: Springer-Verlag, 1986, pp.69–74.

Ehrig, H. **[79]**
Introduction to the Algebraic Theory of Graph Grammars (a Survey). In: V. Claus, H. Ehrig, G. Rozenberg (eds): Graph Grammars and Their Application to Computer Science and Biology. Berlin: Springer-Verlag, 1979, pp.1–69.

Ehrig, H. / **Kreowski**, H.-J. / **Weber**, H. **[78]**
Algebraic Specification Schemes for Data Base Systems. In: Proc. Int. Conf. on Very Large Data Bases, 1978, pp.427–440.

Eswaran, K.P. **[76]**
Aspects of a Trigger Subsystem in an Integrated Database System. In: Proc. 2nd Int. Conf. on Software Engineering, 1976. IEEE Computer Society Press, 1976, pp.243–250.

Eswaran, K.P. / **Chamberlin**, D.D. **[75]**
Functional Specifications of a Subsystem for Data Base Integrity. In: Proc. Int. Conf. on Very Large Data Bases, 1975, pp.48–68.

Etherington, D.W. **[87a]**
More on Inheritance Hierarchies with Exceptions. Default Theories and Inferential Distance. In: Proc. National Conf. on Artificial Intelligence, 1987, pp.352–357.

Etherington, D.W. **[87b]**
Formalizing Nonmonotonic Reasoning Systems. In: Artificial Intelligence, Vol.31, 1987, pp.41–85.

Etherington, D.W. / **Reiter**, R. **[83]**
On Inheritance Hierarchies with Exceptions. In: Proc. National Conf. on Artificial Intelligence, 1983, pp.104–108.

Fahlman, S.E. **[79]**
NETL, a System for Representing and Using Real-World Knowledge. Cambridge, Mass.: The MIT Press, 1979.

Fahlman, S.E. / **Hinton**, G.E. **[87]**
Connectionist Architectures for Artificial Intelligence. In: IEEE Computer, Vol.20, No.1, 1987, pp.100–109.

Fahlman, S.E. / **Touretzky**, D.S. / **Roggen**, W. van **[81]**
Cancellation in a Parallel Semantic Network. In: Proc. Int. Joint Conf. on Artificial Intelligence, 1981, pp.257–263.

Falkenberg, E. **[76]**
Concepts for Modelling Information. In: G.M. Nijssen (ed): Modelling in Data Base Management Systems. Amsterdam: North-Holland, 1976, pp.95–108.

Ferrans, J.C. **[82]**
SEDL – A Language for Specifying Integrity Constraints on Office Forms. In: Proc. ACM SIGOA Conf. on Office Information Systems, SIGOA Newsletter, Vol.3, Nos.1&2, 1982, pp.123–130.

Fikes, R. / **Kehler**, T. **[85]**
The Role of Frame-Based Representation in Reasoning. In: Communications of the ACM, Vol.28, No.9, 1985, pp.904–920.

Fillmore, C.J. **[68]**
The Case for Case. In: E. Bach, R.T. Harms (eds): Universals in Linguistic Theory. New York: Holt, Rinehart & Winston, 1968, pp.1–88.

Fillmore, C.J. **[76]**
Frame Semantics and the Nature of Language. In: S.R. Harnad, H.D. Steklis, J. Lancaster (eds): Origins and Evolution of Language and Speech. New York: The New York Academy of Sciences, 1976, pp.20–32.

Fischer, P.C. / **Thomas**, S.J. **[83]**
Operators for Non-First-Normal-Form Relations. In: Proc. Int. Computer Software and Applications Conf. (COMPSAC). IEEE Computer Society Press, 1983, pp.464–475.

Foisseau, J. / **Valette**, F.R. **[82]**
A Computer Aided Design Data Model: FLOREAL. In: J. Encarnacao, F.-L. Krause (eds): File Structures and Data Bases for CAD. Amsterdam: North-Holland, 1982, pp.315–330.

Fox, M.S. **[79]**
On Inheritance in Knowledge Representation. In: Proc. Int. Joint Conf. on Artificial Intelligence, 1979, pp.282–284.

Fox, M.S. / **Wright**, J.M. / **Adam**, D. **[86]**
Experiences with SRL: An Analysis of Frame-Based Knowledge Representations. In: L. Kerschberg (ed): Expert Database Systems. Proceedings from the First International Workshop. Menlo Park: Benjamin/Cummings, 1986, pp.161–172.

Freeman, M. / **Tomlinson**, C.J. / **McKay**, D.P. / **Hirschman**, L. / **Oster**, D.P. / **Puder**, K.O. **[82]**
Towards a Calculus of Structural Descriptions (or, How to Do Away with Arbitrary Preemption in Specialization Hierarchies). In: J.G. Schmolze, R.J. Brachman (eds): Proc. of the 1981 KL-One Workshop. Bolt Beranek and Newman Inc., Cambridge, Mass., Report No. 4842, 1982, pp.115–123.

Freitag, J. / **Appelrath**, H.-J. [85]
Modelling IR by S-NF^2 Relations. In: G. Bucci, G. Valle (eds): COMPUTING 85: A Broad Perspective of Current Developments. Amsterdam: North-Holland, 1985, pp.167–173.

Froidevaux, C. [87]
Taxonomic Default Theory. In: B. du Boulay, D. Hogg, L. Steels (eds): Advances in Artificial Intelligence – II (Seventh European Conference on Artificial Intelligence, Brighton, U.K., July 20–25, 1986), 1987, pp.305–311.

Gardarin, G. / **Melkanoff**, M. [79]
Proving Consistency of Database Transactions. In: Proc. Int. Conf. on Very Large Data Bases, 1979, pp.291–298.

Genesereth, M.R. / **Nilsson**, N.J. [87]
Logical Foundations of Artificial Intelligence. Los Altos: Morgan Kaufmann, 1987.

Ginsberg, M.L. [85]
Does Probability Have a Place in Non-monotonic Reasoning? In: Proc. Int. Joint Conf. on Artificial Intelligence, 1985, pp.107–110.

Goguen, J.A. / **Thatcher**, J.W. / **Wagner**, E.G. [78]
An Initial Algebra Approach to the Specification, Correctness, and Implementation of Abstract Data Types. In: R.T. Yeh (ed): Current Trends in Programming Methodology (Volume IV: Data Structuring). Englewood Cliffs: Prentice-Hall, 1978, pp.80–149.

Goldberg, A. / **Robson**, D. [83]
SMALLTALK-80: The Language and its Implementation. Reading, Mass.: Addison-Wesley, 1983.

Goldstein, I.P. / **Roberts**, R.B. [77]
NUDGE, A Knowledge-Based Scheduling Program. In: Proc. Int. Joint Conf. on Artificial Intelligence, 1977, pp.257–263.

Golshani, F. / **Maibaum**, T.S.E. / **Sadler**, M.R. [83]
A Modal System of Algebras for Database Specification and Query/Update Language Support. In: Proc. Int. Conf. on Very Large Data Bases, 1983, pp.331–339.

Gray, J. [81]
The Transaction Concept: Virtues and Limitations. In: Proc. Int. Conf. on Very Large Data Bases, 1981, pp.144–154.

Habel, Ch. [83]
Logische Systeme und Repräsentationsprobleme. In: B. Neumann: GWAI-83. Berlin: Springer-Verlag, 1983, pp.118–142.

Habel, Ch. [86]
Prinzipien der Referentialität. Untersuchungen zur propositionalen Repräsentation von Wissen. Berlin: Springer-Verlag, 1986.

Härder, T. / **Reuter**, A. [83]
Database Systems for Non-Standard Applications. In: Proc. Int. Computing Symposium on Application Systems Development, 1983, pp.452–466.

Hahn, W. von / **Hoeppner**, W. / **Jameson**, A. / **Wahlster**, W. [80]
The Anatomy of the Natural Language Dialogue System HAM-RPM. In: L. Bolc (ed): Natural Language Based Computer Systems. München: C. Hanser, 1980, pp.119–253.

Hahn, U. / Reimer, U. [86]
TOPIC Essentials. In: Proc. 11th Int. Conf. on Computational Linguistics, 1986, pp.497–503.

Hahn, U. / Reimer, U. [88]
Knowledge-Based Text Analysis in Office Environments: The Text Condensation System TOPIC. In: W. Lamersdorf (ed): Office Knowledge: Representation, Management, and Utilization. Amsterdam: North-Holland, 1988, pp.197–215.

Hall, P. / Owlett, J. / Todd, S. [76]
Relations and Entities. In: G.M. Nijssen (ed): Modelling in Data Base Management Systems. Amsterdam: North-Holland, 1976, pp.201–220.

Hammer, M. / Berkowitz, B. [80]
DIAL: A Programming Language for Data Intensive Applications. In: Proc. ACM SIGMOD Int. Conf. on Management of Data, 1980, pp.75–92.

Hammer, M.M. / McLeod, D.J. [75]
Semantic Integrity in a Relational Data Base System. In: Proc. Int. Conf. on Very Large Data Bases, 1975, pp.25–47.

Hammer, M. / McLeod, D. [81]
Database Description with SDM: A Semantic Database Model. In: ACM Transactions on Database Systems, Vol.6, No.3, 1981, pp.351–386.

Hawkinson, L. [75]
The Representation of Concepts in OWL. In: Proc. Int. Joint Conf. on Artificial Intelligence, 1975, pp.107–114.

Hayes, P.J. [77]
On Semantic Nets, Frames and Associations. In: Proc. Int. Joint Conf. on Artificial Intelligence, 1977, pp.99–107.

Hayes, P.J. [79]
The Logic of Frames. In: D. Metzing (ed): Frame Conceptions and Text Understanding. Berlin: Walter de Gruyter, 1979, pp.46–61.

Hayes, P.J. / Hendrix, G.G. [81]
A Logical View of Types. In: ACM SIGART Newsletter, No.74, 1981, pp.128–130.

Hayes-Roth, F. [78]
The Role of Partial and Best Matches in Knowledge Systems. In: D.A. Waterman, F. Hayes-Roth (eds): Pattern-Directed Inference Systems. New York: Academic Press, 1978, pp.557–574.

Hendrix, G.G. / Thompson, C.W. / Slocum, J. [73]
Language Processing Via Canonical Verbs and Semantic Models. In: Proc. Int. Joint Conf. on Artificial Intelligence, 1973, pp.262–269.

Hendrix, G.G. [79]
Encoding Knowledge in Partitioned Networks. In: N.V. Findler (ed): Associative Networks. New York: Academic Press, 1979, pp.51–92.

Henschen, L.J. / McCune, W.W. / Naqvi, S.A. [84]
Compiling Constraint-Checking Programs From First-Order Formulas. In: H. Gallaire, J. Minker, J.M. Nicolas (eds): Advances in Data Base Theory, Vol.2. New York: Plenum Press, 1984, pp.145–169.

Hoare, C.A.R. **[69]**
An Axiomatic Basis for Computer Programming. In: Communications of the ACM, Vol.12, No.10, 1969, pp.576–583.

Hoare, C.A.R. **[75]**
Recursive Data Structures. In: Int. Journal of Computer and Information Sciences, Vol.4, No.2, 1975, pp.105–132.

Hughes, G. / **Cresswell**, M. **[68]**
An Introduction to Modal Logic. Methuen, 1968.

INSPEC [82]
INSPEC Thesaurus 1983. The Institution of Electrical Engineers, 1982.

Israel, D.J. **[80]**
What's Wrong with Non-Monotonic Logic? In: Proc. National Conf. on Artificial Intelligence, 1980, pp.99–101.

Israel, D.J. / **Brachman**, R.J. **[84]**
Some Remarks on the Semantics of Representation Languages. In: M.L. Brodie, J. Mylopoulos, J.W. Schmidt (eds): On Conceptual Modelling. New York: Springer-Verlag, 1984, pp.119–142.

Ito, H. / **Ueno**, H. **[86]**
ZERO: Frame + Prolog. In: E. Wada (ed): Logic Programming '85. Berlin: Springer-Verlag, 1986, pp.78–89.

Jaeschke, G. **[85]**
Recursive Algebra for Relations with Relation Valued Attributes. Technical Report TR 85.03.002, IBM Heidelberg Scientific Center, 1985.

Jaeschke, G. / **Schek**, H.-J. **[82]**
Remarks on the Algebra of Non First Normal Form Relations. In: Proc. First ACM SIGACT/SIGMOD Symposium on Principles of Database Systems, 1982, pp.124–138.

Jarke, M. / **Koch**, J. / **Schmidt**, J.W. **[85]**
Introduction to Query Processing. In: W. Kim, D.S. Reiner, D.S. Batory (eds): Query Processing in Database Systems. Berlin: Springer-Verlag, 1985, pp.3–28.

Johnson, H.R. / **Schweitzer**, J.E. / **Warkentine**, E.R. **[83]**
A DBMS Facility for Handling Structured Engineering Entities. In: Proc. Database Week Conf. on Engineering Design Applications. IEEE Computer Society Press, 1983, pp.3–11.

Kaczmarek, T.S. / **Bates**, R. / **Robins**, G. **[86]**
Recent Developments in NIKL. In Proc. National Conf. on Artificial Intelligence, 1986, pp.978–985.

Katz, J.J. / **Fodor**, J.A. **[63]**
The Structure of a Semantic Theory. In: Language, Vol.39, No.2, 1963, pp.170–210.

Katz, R.H. / **Goodman**, N. **[83]**
View Processing in MULTIBASE, a Heterogeneous Database System. In: P.P. Chen (ed): Entity-Relationship Approach to Information Modeling and Analysis. Amsterdam: North-Holland, 1983, pp.259–279.

Kent, W. **[78]**
Data and Reality. Amsterdam: North-Holland, 1978.

Kiefer, F. **[66]**
Some Semantic Relations in Natural Language. In: Foundations of Language, Vol.2, 1966, pp.228–240.

Kim, M. / **Maida**, A.S. **[87]**
Frame Systems and Inheritance Systems. In: Proc. 1987 Fall Joint Computer Conference. Exploring Technology: Today and Tomorrow, 1987, pp.636–643.

Kintsch, W. **[74]**
The Representation of Meaning in Memory. Hillsdale: Lawrence Erlbaum Associates, 1974.

Kinzinger, H. **[83]**
Erweiterung einer Datenbank-Anfragesprache zur Unterstützung des Versionenkonzepts. In: J.W. Schmidt (ed): Sprachen für Datenbanken. Berlin: Springer-Verlag, 1983, pp.96–112.

Klaeren, H.A. **[83]**
Algebraische Spezifikation. Berlin: Springer-Verlag, 1983.

Knuth, D.E. **[69]**
The Art of Computer Programming. Vol.2: Seminumerical Algorithms. Reading, Mass.: Addison-Wesley, 1969.

Krickhahn, R. / **Radig**, B. **[87]**
Die Wissensrepräsentationssprache OPS5. Braunschweig: Vieweg, 1987.

Kripke, S. **[63]**
Semantical Considerations on Modal Logic. In: Acta Philosophica Fennica, Vol.16, 1963, pp.83–94.

Kuipers, B.J. **[75]**
A Frame for Frames: Representing Knowledge for Recognition. In: D.G. Bobrow, A. Collins (eds): Representation and Understanding. New York: Academic Press, 1975, pp.151–184.

Kulkarni, K.G. / **Atkinson**, M.P. **[86]**
EFDM: Extended Functional Data Model. In: The Computer Journal, Vol.29, No.1, 1986, pp.38–46.

Lamersdorf, W. **[85]**
Semantische Repräsentation komplexer Objektstrukturen. Berlin: Springer-Verlag, 1985.

Lamersdorf, W. / **Schmidt**, J.W. **[83]**
Rekursive Datenmodelle. In: J.W. Schmidt (ed): Sprachen für Datenbanken. Berlin: Springer-Verlag, 1983, pp.148–168.

Lee, R.M. / **Gerritsen**, R. **[78]**
Extended Semantics for Generalization Hierarchies. In: Proc. ACM SIGMOD Int. Conf. on Management of Data, 1978, pp.18–25.

Lenzerini, M. **[87]**
Covering and Disjointness Constraints in Type Networks. In: Proc. Int. Conf. on Data Engineering, 1987, pp.386–393.

Leonard, H.S. / **Goodman**, N. **[40]**
The Calculus of Individuals and its Uses. In: The Journal of Symbolic Logic, Vol.5, No.2, 1940, pp.45–55.

Levesque, H.J. **[82]**
A Formal Treatment of Incomplete Knowledge Bases. Fairchild Laboratory for Artificial Intelligence Research, Fairchild Technical Report No.614, 1982.

Levesque, H.J. **[84]**
Foundations of a Functional Approach to Knowledge Representation. In: Artificial Intelligence, Vol.23, No.2, 1984, pp.155–212.

Levesque, H.J. **[86]**
Making Believers out of Computers. In: Artificial Intelligence, Vol.30, 1986, pp.81–108.

Levesque, H. / **Mylopoulos**, J. **[79]**
A Procedural Semantics for Semantic Networks. In: N.V. Findler (ed): Associative Networks. New York: Academic Press, 1979, pp.93–120.

Lipkis, T. **[82]**
A KL-ONE Classifier. In: J.G. Schmolze, R.J. Brachman (eds): Proc. of the 1981 KL-One Workshop. Bolt Beranek and Newman Inc., Cambridge, Mass., Report No. 4842, 1982, pp.128–145.

Lockemann, P.C. / **Mayr**, H.C. / **Weil**, W.H. / **Wohlleber**, W.H. **[79]**
Data Abstractions for Database Systems. In: ACM Transactions on Database Systems, Vol.4, No.1, 1979, pp.60–75.

Lorie, R. / **Kim**, W. / **McNabb**, D. / **Plouffe**, W. / **Meier**, A. **[85]**
Supporting Complex Objects in a Relational System for Engineering Databases. In: W. Kim, S. Reiner, D.S. Batory (eds): Query Processing in Database Systems. Berlin: Springer-Verlag, 1985, pp.145–155.

Lorie, R. / **Plouffe**, W. **[83]**
Complex Objects and Their Use in Design Transactions. In: Proc. Database Week Conf. on Engineering Design Applications. IEEE Computer Society Press, 1983, pp.115–121.

Loveland, D.W. **[78]**
Automated Theorem Proving: A Logical Basis. Amsterdam: North-Holland, 1978.

Luck, K. von **[86]**
Semantic Networks With Number Restricted Roles or Another Story about Clyde. In: C.-R. Rollinger, W. Horn (eds): GWAI-86 und 2. Österreichische Artificial-Intelligence-Tagung. Berlin: Springer-Verlag, 1986, pp.58–68.

Luck, K. von / **Nebel**, B. / **Peltason**, C. / **Schmiedel**, A. **[87]**
The Anatomy of the BACK System. KIT-Report 41, Technische Universität Berlin, Fachbereich Informatik, Projektgruppe KIT, 1987.

Machgeels, C. **[76]**
A Procedural Language for Expressing Integrity Constraints in the Coexistence Model. In: G.M. Nijssen (ed): Modelling in Data Base Management Systems. Amsterdam: North-Holland, 1976, pp.293–301.

Macleod, I.A. **[83]**
A Model for Integrated Information Systems. In: Proc. Int. Conf. on Very Large Data Bases, 1983, pp.280–289.

Maier, D. **[83]**
The Theory of Relational Databases. London: Pitman, 1983.

Mark, L. **[85]**
Self-Describing Database Systems – Formalization and Realization. Dept. of Computer Science, University of Maryland, Technical Report – #1484, 1985.

Mark, L. / **Roussopoulos**, N. **[83]**
Integration of Data, Schema and Meta-Schema in the Context of Self-Documenting Data Models. In: C.G. Davis, S. Jajodia, P.A. Ng, R.T. Yeh (eds): Entity-Relationship Approach to Software Engineering. Amsterdam: North-Holland, 1983, pp.585–602.

Mark, L. / **Roussopoulos**, N. / **Chu**, B. [**86**]
Update Dependencies. In: T.B. Steel, Jr., R. Meersman (eds): Database Semantics (DS-1). Amsterdam: North-Holland, 1986, pp.303–319.

Martin, W.A. [**79**]
Descriptions and the Specialization of Concepts. In: P.H. Winston, R.H. Brown (eds): Artificial Intelligence: An MIT Perspective. Vol.1. Cambridge, Mass.: The MIT Press, 1979, pp.375–419.

Martin-Löf, P. [**82**]
Constructive Mathematics and Computer Programming. In: L.J. Cohen, J. Los, H. Pfeiffer, K.-P. Podewski (eds): Logic, Methodology and Philosophy of Science VI. Amsterdam: North-Holland, 1982, pp.153–175.

McCarthy, J. [**62**]
Towards a Mathematical Science of Computation. In: Information Processing 62. Proceedings of the IFIP Congress, 1962. Amsterdam: North-Holland, 1962, pp.21–28.

McCarthy, J. [**80**]
Circumscription – A Form of Non-Monotonic Reasoning. In: Artificial Intelligence, Vol.13, Nos.1&2, 1980, pp.27–39.

McCarthy, J. [**86**]
Applications of Circumscription to Formalizing Common-Sense Knowledge. In: Artificial Intelligence, Vol.28, No.1, 1986, pp.89–116.

McDermott, D. [**82**]
Nonmonotonic Logic II: Nonmonotonic Modal Theories. In: Journal of the ACM, Vol.29, No.1, 1982, pp.33–57.

McDermott, D. / **Doyle**, J. [**80**]
Non-Monotonic Logic I. In: Artificial Intelligence, Vol.13, Nos.1&2, 1980, pp.41–72.

McLeod, D.J. [**76**]
High Level Domain Definition in a Relational Data Base System. In: ACM SIGPLAN Notices, 1976, No.1, pp.47–57.

Meier, A. / **Lorie**, R.A. [**83**]
A Surrogate Concept for Engineering Databases. In: Proc. Int. Conf. on Very Large Data Bases, 1983, pp.30–32.

Miller, G.A. [**71**]
Empirical Methods in the Study of Semantics. In: D.D. Steinberg, L.A. Jakobovits (eds): Semantics. An Interdisciplinary Reader in Philosophy, Linguistics and Psychology. Cambridge: Cambridge University Press, 1971, pp.569–585.

Miller, G.A. / **Johnson-Laird**, P.N. [**76**]
Language and Perception. Cambridge: Cambridge University Press, 1976.

Milner, R. [**78**]
A Theory of Type Polymorphism in Programming. In: Journal of Computer and System Sciences, Vol.17, 1978, pp.348–375.

Minsky, M. [**75**]
A Framework for Representing Knowledge. In: P.H. Winston (ed): The Psychology of Computer Vision. New York: McGraw-Hill, 1975, pp.211–277.

Mitschang, B. **[85]**
Charakteristiken des Komplex-Objekt-Begriffs und Ansätze zu dessen Realisierung. In: A. Blaser, P. Pistor (eds): Datenbank-Systeme für Büro, Technik und Wissenschaft. Berlin: Springer-Verlag, 1985, pp.382–400.

Moon, D.A. **[86]**
Object-Oriented Programming with Flavors. In: Proc. Object-Oriented Programming Systems, Languages and Applications, 1986, pp.1–8.

Moore, R.C. **[83]**
Semantical Considerations on Nonmonotonic Logic. In: Proc. Int. Joint Conf. on Artificial Intelligence, 1983, pp.272–279.

Morgenstern, M. **[86]**
The Role of Constraints in Databases, Expert Systems, and Knowledge Representation. In: L. Kerschberg (ed): Expert Database Systems. Proceedings from the First International Workshop. Menlo Park: Benjamin/Cummings, 1986, pp.351–368.

Moser, M.G. **[83]**
An Overview of NIKL, the New Implementation of KL-ONE. In: Research in Knowledge Representation for Natural Language Understanding. Bolt Beranek and Newman Inc., Report No.5421, 1983, pp.7–26.

Motro, A. **[86]**
Query Generalization: A Method for Interpreting Null Answers. In: L. Kerschberg (ed): Expert Database Systems. Proceedings from the First International Workshop. Menlo Park: Benjamin/Cummings, 1986, pp.597–616.

Motro, A. / **Buneman**, P. **[80]**
Automatically Merging Databases. In: Proc. of 21st IEEE Computer Conference, 1980, pp.279–286.

Mylopoulos, J. / **Bernstein**, P.A. / **Wong**, H.K.T. **[80]**
A Language Facility for Designing Database-Intensive Applications. In: ACM Transactions on Database Systems, Vol.5, No.2, 1980, pp.185–207.

Mylopoulos, J. / **Levesque**, H.J. **[84]**
An Overview of Knowledge Representation. In: M.L. Brodie, J. Mylopoulos, J.W. Schmidt (eds): On Conceptual Modelling. Perspectives from Artificial Intelligence, Databases, and Programming Languages. New York: Springer-Verlag, 1984, pp.3–17.

Mylopoulos, J. / **Wong**, H.K.T. **[80]**
Some Features of the TAXIS Data Model. In: Proc. Int. Conf. on Very Large Data Bases, 1980, pp.399–410.

Nado, R. / **Fikes**, R. **[87]**
Semantically Sound Inheritance for a Formally Defined Frame Language with Defaults. In: Proc. National Conf. on Artificial Intelligence, 1987, pp.443–448.

Nebel, B. **[88]**
Computational Complexity of Terminological Reasoning in BACK. In: Artificial Intelligence, Vol.34, 1988, pp.371–383.

Nebel, B. / **Luck**, K. von **[87]**
Issues of Integrating and Balancing in Hybrid Knowledge Representation Systems. In: K. Morik (ed): GWAI-87. 11th German Workshop on Artificial Intelligence. Berlin: Springer-Verlag, 1987, pp.114–123.

Neuhold, E.J. / **Olnhoff**, Th. **[80]**
The Vienna Development Method (VDM) and its Use for the Specification of a Relational Data Base System. In: S.H. Lavington (ed): Information Processing 80. Amsterdam: North-Holland, 1980, pp.3–16.

Newell, A. **[82]**
The Knowledge Level. In: Artificial Intelligence, Vol.18, No.1, 1982, pp.87–127.

Nicolas, J.M. / **Gallaire**, H. **[78]**
Data Base: Theory vs. Interpretation. In: H. Gallaire, J. Minker (eds): Logic and Data Bases. New York: Plenum Press, 1978, pp.33–54.

Nicolas, J.M. / **Yazdanian**, K. **[78]**
Integrity Checking in Deductive Data Bases. In: H. Gallaire, J. Minker (eds): Logic and Data Bases. New York: Plenum Press, 1978, pp.325–344.

Nikhil, R.S. **[88]**
Functional Databases, Functional Languages. In: M.P. Atkinson, P. Buneman, R. Morrison (eds): Data Types and Persistence. Berlin: Springer-Verlag, 1988, pp.51–67.

Nirenburg, S. / **Attiya**, C. **[84]**
Towards a Data Model for Artificial Intelligence Applications. In: Proc. Int. Conf. on Data Engineering, 1984. IEEE Computer Society Press, 1984, pp.446–453.

Nishida, T. / **Doshita**, S. **[79]**
The Framework of Knowledge Representation and its Retrieval in LGS – the Literature Guide System. In: Proc. Int. Joint Conf. on Artificial Intelligence, 1979, pp.662–664.

Norman, D.A. **[73]**
Memory, Knowledge and the Answering of Questions. In: R.L. Solso (ed): Contemporary Issues in Cognitive Psychology: The Loyola Symposium. V.H. Winston & Sons, 1973, pp.135–165.

Nutter, J.T. **[83]**
Default Reasoning Using Monotonic Logic: A Modest Proposal. In: Proc. National Conf. on Artificial Intelligence, 1983, pp.297–300.

Pak, T. **[74]**
Contradictions in Chomskian Semantics. In: Studia Linguistica, Vol.28, 1974, pp.7–18.

Palmer, I.R. **[78]**
Record Subtype Facilities in Database Systems. In: Proc. Int. Conf. on Very Large Data Bases, 1978, pp.148–155.

Papalaskaris, M.A. / **Schubert**, L.K. **[81]**
Parts Inference: Closed and Semi-Closed Partitioning Graphs. In: Proc. Int.Joint Conf. on Artificial Intelligence, 1981, pp.304–309.

Patel-Schneider, P.F. **[84]**
Small can be Beautiful in Knowledge Representation. In: Proc. IEEE Workshop on Principles of Knowledge-Based Systems, 1984, pp.11–16.

Patel-Schneider, P.F. **[86]**
A Four-Valued Semantics for Frame-Based Description Languages. In: Proc. National Conf. on Artificial Intelligence, 1986, pp.344–348.

Piaget, J. **[47]**
Psychologie der Intelligenz. Zürich: Rascher Verlag, 1947.

Pletat, U. **[85]**
A Graphtheoretic Semantics for Semantic Data Models. In: A. Sernadas, J. Bubenko, Jr., A. Olivé (eds): Information Systems: Theoretical and Formal Aspects. Amsterdam: North-Holland, 1985, pp.95–108.

Prakash, N. / **Parimala**, N. / **Bolloju**, N. **[84]**
Specifying Integrity Constraints in a Network DBMS. In: The Computer Journal, Vol.27, No.3, 1984, pp.209–217.

Primio, F. di / **Brewka**, G. **[85]**
BABYLON: Kernsystem einer integrierten Umgebung für Entwicklung und Betrieb von Expertensystemen. In: Nachrichten für Dokumentation Vol.36, No.1, 1985, pp.33–37.

Putnam, H. **[75]**
Mind, Language and Reality. Philosophical Papers, Vol.2, Cambridge: Cambridge University Press, 1975.

Quillian, M.R. **[68]**
Semantic Memory. In: M. Minsky (ed): Semantic Information Processing. Cambridge, Mass.: MIT Press, 1968.

Rabitti, F. **[85]**
A Model for Multimedia Documents. In: D. Tsichritzis (ed): Office Automation. Berlin: Springer-Verlag, 1985, pp.227–250.

Raphael, B. **[68]**
SIR: A Computer Program for Semantic Information Retrieval. In: M. Minsky (ed): Semantic Information Processing. Cambridge, Mass.: MIT Press, 1968, pp.33–145.

Rathke, C. / **Laubsch**, J. **[83]**
ObjTalk: eine Erweiterung von Lisp zum objekt-orientierten Programmieren. In: H. Stoyan, H. Wedekind (eds): Objektorientierte Software- und Hardwarearchitekturen. Stuttgart: B.G. Teubner, 1983, pp.60–75.

Reichenbach, H. **[47]**
Elements of Symbolic Logic. London: Collier-Macmillan Ltd., 1947.

Reimer, U. **[85]**
A Representation Construct for Roles. In: Data & Knowledge Engineering, Vol.1, No.3, 1985, pp.233–251.

Reimer, U. / **Hahn**, U. **[88]**
Text Condensation as Knowledge Base Abstraction. In: Proc. 4th Conf. on Artificial Intelligence Applications, 1988. IEEE Computer Society Press, 1988, pp.338–344.

Reimer, U. / **Schek**, H.-J. **[88]**
A Frame-Based Knowledge Representation Model and Its Mapping to Nested Relations. Universität Konstanz, Bericht 2/88, 1988. (eingereicht zur Veröffentlichung)

Reiter, R. **[78a]**
On Reasoning by Default. In: Proc. 2nd Symposium on Theoretical Issues in Natural Language Processing, Urbana, 1978, pp.210–218.

Reiter, R. **[78b]**
On Closed World Data Bases. In: H. Gallaire, J. Minker (eds): Logic and Data Bases. New York: Plenum Press, 1978, pp.55–76.

Reiter, R. **[80]**
A Logic for Default Reasoning. In: Artificial Intelligence, Vol.13, Nos.1&2, 1980, pp.81–132.

Reiter, R. / **Criscuolo**, G. **[83]**
Some Representational Issues in Default Reasoning. In: N. Cercone (ed): Computational Linguistics. Oxford: Pergamon Press, 1983, pp.15–27.

Rich, C. **[82]**
Knowledge Representation Languages and Predicate Calculus: How to Have Your Cake and Eat it too. In: Proc. National Conf. on Artificial Intelligence, 1982, pp.193–196.

Rich, E. **[83]**
Default Reasoning as Likelihood Reasoning. In: Proc. National Conf. on Artificial Intelligence, 1983, pp.348–351.

Roberts, R.B. / **Goldstein**, I.P. **[77]**
The FRL Primer. Massachusetts Institute of Technology, Artificial Intelligence Laboratory, Memo 408, 1977.

Robinson, J.A. **[65]**
A Machine-Oriented Logic Based on the Resolution Principle. In: Journal of the ACM, Vol.12, No.1, 1965, pp.23–41.

Rosch, E. **[75]**
Cognitive Representations of Semantic Categories. In: Journal of Experimental Psychology: General, Vol.104, No.3, 1975, pp.192–233.

Rosch, E. **[78]**
Principles of Categorization. In: E. Rosch, B.B. Lloyd (eds): Cognition and Categorization. Hillsdale, NJ: Lawrence Erlbaum, 1978, pp.27–48.

Rosenberg, S. **[83]**
HPRL: A Language for Building Expert Systems. In: Proc. Int. Joint Conf. on Artificial Intelligence, 1983, pp.215–217.

Rosenberg, S. / **Roberts**, B. **[79]**
Coreference in a Frame Database. In: Proc. Int. Joint Conf. on Artificial Intelligence, 1979, pp.729–734.

Roussopoulos, N. **[79]**
CSDL: A Conceptual Schema Definition Language for the Design of Data Base Applications. In: IEEE Transactions on Software Engineering, SE-5, No.5, 1979, pp.481–496.

Roussopoulos, N. / **Mark**, L. / **Chu**, B. **[84]**
Update Dependencies in Relational Databases. In: L. Kerschberg (ed): Proc. of the First Int. Workshop on Expert Database Systems, Kiawah Island (USA), 1984. Institute of Information Management, Technology, and Policy, College of Business Administration, University of South Carolina, 1984, pp.766–785.

Rumelhart, D.E. **[75]**
Notes on a Schema for Stories. In: D.G. Bobrow, A. Collins (eds): Representation and Understanding. New York: Academic Press, 1975, pp.211–236.

Rumelhart, D.E. / **Lindsay**, P.H. / **Norman**, D.A. **[72]**
A Process Model for Long-Term Memory. In: E. Tulving, W. Donaldson (eds): Organization of Memory. New York: Academic Press, 1972, pp.197–246.

Russell, B. **[08]**
Mathematical Logic as based on the Theory of Types. In: American Journal of Mathematics, Vol.30, 1908, pp.222–262.

Sandewall, E. **[86]**
Nonmonotonic Inference Rules for Multiple Inheritance with Exceptions. In: Proc. of the IEEE, Vol.74, No.10, 1986, pp.1345–1353.

Santos, C.S. dos / **Neuhold**, E.J. / **Furtado**, A.L. **[80]**
A Data Type Approach to the Entity-Relationship Model. In: P.P. Chen (ed): Entity-Relationship Approach to Systems Analysis and Design. Amsterdam: North-Holland, 1980, pp.103–119.

Schank, R.C. **[73]**
Identification of Conceptualizations Underlying Natural Language. In: R.C. Schank, K.M. Colby (eds): Computer Models of Thought and Language. San Francisco: W.H. Freeman and Co., 1973, pp.187–247.

Schek, H.-J. / **Pistor**, P. **[82]**
Data Structures for an Integrated Data Base Management and Information Retrieval System. In: Proc. Int. Conf. on Very Large Data Bases, 1982, pp.197–207.

Schek, H.-J. / **Scholl**, M. **[83]**
Die NF^2-Relationenalgebra zur einheitlichen Manipulation externer, konzeptueller und interner Datenstrukturen. In: J.W. Schmidt (ed): Sprachen für Datenbanken. Berlin: Springer-Verlag, 1983, pp.113–133.

Schiel, U. **[83]**
An Abstract Introduction to the Temporal-Hierarchic Data Model (THM). In: Proc. Int. Conf. on Very Large Data Bases, 1983, pp.322–330.

Schiel, U. / **Furtado**, A.L. / **Neuhold**, E.J. / **Casanova**, M.A. **[84]**
Towards Multi-Level and Modular Conceptual Schema Specifications. In: Information Systems, Vol.9, No.1, 1984, pp.43–57.

Schmid, H.A. / **Swenson**, J.R. **[75]**
On the Semantics of the Relational Data Model. In: Proc. ACM SIGMOD Int. Conf. on Management of Data, 1975, pp.211–223.

Schmidt, J.W. **[78]**
Type Concepts for Database Definition. In: B. Shneiderman (ed): Databases: Improving Usability and Responsiveness. New York: Academic Press, 1978, pp.215–244.

Schmolze, J. / **Israel**, D. **[83]**
KL-ONE: Semantics and Classification. In: Research in Knowledge Representation for Natural Language Understanding. Bolt Beranek and Newman Inc., Report No.5421, 1983, pp.27–39.

Schmolze, J.G. / **Lipkis**, T.A. **[83]**
Classification in the KL-ONE Knowledge Representation System. In: Proc. Int. Joint Conf. on Artificial Intelligence, 1983, pp.330–332.

Schubert, L.K **[76]**
Extending the Expressive Power of Semantic Networks. In: Artificial Intelligence, Vol.7, 1976, pp.163–198.

Schubert, L.K **[79]**
Problems with Parts. In: Proc. Int. Joint Conf. on Artificial Intelligence, 1979, pp.778–784.

Scott, D. / **Strachey**, C. **[71]**
Toward a Mathematical Semantics for Computer Languages. In: J. Fox (ed): Proc. Symposium on Computers and Automata. New York: John Wiley, 1971, pp.19–46.

Shipman, D.W. **[81]**
The Functional Data Model and the Data Language DAPLEX. In: ACM Transactions on Database Systems, Vol.6, No.1, 1981, pp.140–173.

Sibley, E.H. / **Kerschberg**, L. **[77]**
Data Architecture and Data Model Considerations. In: Proc. AFIPS National Computer Conference, 1977, pp.85–96.

Simi, M. / **Motta**, E. **[88]**
Omega: An Integrated Reflective Framework. In: P. Maes, D. Nardi (eds): Meta-Level Architectures and Reflection. Amsterdam: North-Holland, 1988, pp.209–226.

Skarra, A.H. / **Zdonik**, S.B. **[86]**
The Management of Changing Types in an Object-Oriented Database. In: Proc. Object-Oriented Programming Systems, Languages and Applications, 1986, pp.483–495.

Smith, J.M. **[78]**
A Normal Form for Abstract Syntax. In: Proc. Int. Conf. on Very Large Data Bases, 1978, pp.156–162.

Smith, J.M. / **Fox**, S. / **Landers**, T. **[81]**
Reference Manual for ADAPLEX. Technical Report CCA-81-02, Computer Corporation of America, Cambridge, Mass., 1981.

Smith, J.M. / **Smith**, D.C.P. **[77a]**
Database Abstractions: Aggregation and Generalization. In: ACM Transactions on Database Systems, Vol.2, No.2, 1977, pp.105–133.

Smith, J.M. / **Smith**, D.C.P. **[77b]**
Database Abstractions: Aggregation. In: Communications of the ACM, Vol.20, No.6, 1977, pp.405–413.

Smith, J.M. / **Smith**, D.C.P. **[80]**
A Data Base Approach to Software Specification. In: W.E. Riddle, R.E. Fairley (eds): Software Development Tools. Springer-Verlag, 1980, pp.176–204.

Soergel, D. **[69]**
Klassifikationssysteme und Thesauri. Frankfurt: Deutsche Gesellschaft für Dokumentation, 1969.

Sridharan, N.S. **[78]**
AIMDS User Manual – Version 2. Rutgers University, Dept. of Computer Science, Technical Report CBM-TR-89, 1978.

Sridharan, N.S. **[81]**
Artificial Intelligence. Representing Knowledge in AIMDS. In: Informatica e Diritto, Florenz, IT 7, 1981, pp.201–221.

Stanley, M.T. **[86]**
CML: A Knowledge Representation Language with Application to Requirements Modeling. M.S. Thesis, Dept. of Computer Science, University of Toronto, 1986.

Stefik, M. **[79]**
An Examination of a Frame-Structured Representation System. In: Proc. Int. Joint Conf. on Artificial Intelligence, 1979, pp.845–852.

Stefik, M. / **Bobrow**, D.G. / **Mittal**, S. / **ConwayL.** **[83]**
Knowledge Programming in LOOPS: Report on an Experimental Course. In: AI Magazine, Vol.4, No.3, 1983, pp.3–13.

Stemple, D. / **Sheard**, T. **[84]**
Specification and Verification of Abstract Database Types. In: Proc. ACM SIGACT-SIGMOD Symposium on Principles of Database Systems, 1984, pp.248–257.

Stonebraker, M. **[75]**
Implementation of Integrity Constraints and Views by Query Modification. In: Proc. ACM SIGMOD Int. Conf. on Management of Data, 1975, pp.65–78.

Stonebraker, M. / **Hanson**, E. / **Hong**, C.-H. **[87]**
The Design of the POSTGRES Rules System. In: Proc. 3rd Int. Conf. on Data Engineering, 1987, pp.365–374.

Stoy, J.E. **[77]**
Denotational Semantics: The Scott-Strachey Approach to Programming Language Theory. Cambridge, Mass.: The MIT Press, 1977.

Su, S.Y.W. / **Emam**, A. **[78]**
Casdal: CASSM's DAta Language. In: ACM Transactions on Database Systems, Vol.3, No.1, 1978, pp.57–91.

Su, S.Y.W. / **Lo**, D.H. **[80]**
A Semantic Association Model for Conceptual Data Base Design. In: P.P. Chen (ed): Entity-Relationship Approach to Systems Analysis and Design. Amsterdam: North-Holland, 1980, pp.169–192.

Su, S.Y.W. / **Raschid**, L. **[85]**
Incorporating Knowledge Rules in a Semantic Data Model: An Approach to Integrated Knowledge Management. In: Proc. 2nd Conf. on Artificial Intelligence Applications. IEEE Computer Society Press, 1985, pp.250–256.

Szolovits, P. / **Hawkinson**, L.B. / **Martin**, W.A. **[77]**
An Overview of OWL, a Language for Knowledge Representation. Massachusetts Institute of Technology, Laboratory for Computer Science, Report MIT/LCS/TM-86, 1977.

Tabourier, Y. / **Nanci**, D. **[83]**
The Occurrences Structure Concept: An Approach to Structural Integrity Constraints in the Entity-Relationship (ER) Model, with Application to Relationship Decomposition and Metamodel Achievement. In: P.P. Chen (ed): Entity-Relationship Approach to Information Modeling and Analysis. Amsterdam: North-Holland, 1983, pp.73–110.

Tanaka, H. **[82]**
Semantic Representation Language. In: T. Kitagawa (ed): Computer Science and Technologies 1982. Amsterdam: North-Holland, 1982, pp.71–86.

Theerachetmongkol, A. / **Montgomery**, A.Y. **[80]**
Semantic Integrity Constraints in the Query by Example Data Base Management Language. In: Australian Computer Journal, Vol.12, No.1, 1980, pp.28–42.

Touretzky, D.S. **[86]**
The Mathematics of Inheritance Systems. London: Pitman, 1986.

Troyer, O. de **[86]**
On Rule-Based Generation of Conceptual Database Updates. IFIP TC2 Working Conf. on Knowledge and Data (DS-2), Aldeia das Açoteias, Portugal, November 3–7, 1986. (Tagungsband erscheint bei North-Holland).

Tsichritzis, D.C. / **Lochovsky**, F.H. **[82]**
Data Models. Englewood Cliffs: Prentice-Hall, 1982.

Turner, R. **[84]**
Logics for Artificial Intelligence. Chichester: Ellis Horwood, 1984.

Twine, S. **[88]**
Representing Facts in KEE's Frame Language. In: Proc. IFIP WG2.6/WG8.1 Working Conference "The Role of Artificial Intelligence in Databases and Information Systems", July 4–8, 1988, Guangzhou, China, pp.288–331.

Vassiliou, Y. **[79]**
Null Values in Data Base Management: A Denotational Semantics Approach. In: Proc. ACM SIGMOD Int. Conf. on Management of Data, 1979, pp.162–169.

Veloso, P.A.S. / **Furtado**, A.L. **[84]**
Stepwise Construction of Algebraic Specifications. In: H. Gallaire, J. Minker, J.M. Nicolas (eds): Advances in Data Base Theory. Vol.2. New York: Plenum Press, 1984, pp.321–352.

Vilain, M. **[85]**
The Restricted Language Architecture of a Hybrid Representation System. In: Proc. Int. Joint Conf. on Artificial Intelligence, 1985, pp.547–551.

Wand, M. **[79]**
Final Algebra and Data Type Extensions. In: Journal of Computer and System Sciences, Vol.19, No.1, 1979, pp.27–44.

Weiner, J.L. / **Palmer**, M. **[81]**
The Design of a System for Designing Knowledge Representation Systems. In: Proc. Int. Joint Conf. on Artificial Intelligence, 1981, pp.277–282.

Weinreb, D. / **Moon**, D. **[80]**
Flavors: Message Passing in the Lisp Machine. Cambridge, Mass.: MIT AI Lab., 1980 (= MIT AI Memo No.602).

Wilson, G.A. **[80]**
A Conceptual Model for Semantic Integrity Checking. In: Proc. Int. Conf. on Very Large Data Bases, 1980, pp.111–125.

Winograd, T. **[75]**
Frame Representations and the Declarative/Procedural Controversy. In: D.G. Bobrow, A. Collins (eds): Representation and Understanding. New York: Academic Press, 1975, pp.185–210.

Wong, H.K.T. **[81]**
Design and Verification of Interactive Information Systems Using TAXIS. Technical Report CSRG-129. Computer Systems Research Group, University of Toronto, 1981.

Wong, H.K.T. / **Mylopoulos**, J. **[77]**
Two Views of Data Semantics: A Survey of Data Models in Artificial Intelligence and Database Management. In: INFOR, Vol.15, No.3, 1977, pp.344–383.

Woods, W.A. **[75]**
What's in a Link: Foundations for Semantic Networks. In: D.G. Bobrow, A. Collins (eds): Representation and Understanding. New York: Academic Press, 1975, pp.35–82.

Wunderlich, D. **[74]**
Grundlagen der Linguistik. Reinbek: Rowohlt Taschenbuch Verlag, 1974.

Young, S.J. / **Proctor**, C. [86]
UFL: An Experimental Frame Language Based on Abstract Data Types. In: The Computer Journal, Vol.29, No.4, 1986, pp.340–347.

Zaniolo, C. [84]
Database Relations with Null Values. In: Journal of Computer and System Sciences, Vol.28, No.1, 1984, pp.142–166.

Zdonik, S.B. [84]
Object Management System Concepts. In: C.A. Ellis (ed): Proc. Second ACM-SIGOA Conf. on Office Information Systems (= SIGOA Newsletter, Vol.5, Nos.1–2), 1984, pp.13–19.

Zifonun, G. [77]
Die Konstruktsprache KS. Entwurf eines Darstellungsmittels für natürlichsprachlich formulierte Information. In: K. Heger, J.S. Petöfi (eds): Kasustheorie, Klassifikation, semantische Interpretation. Hamburg: H. Buske, 1977, pp.305–322.

Index zu Definitionen und modellinhärenten Integritätsbedingungen

Syntaktische Grundstrukturen:

Frame-bezogene Integritätsbedingungen:

Slot-bezogene Integritätsbedingungen:

Semantische Relationen:

Versionen-Konstrukt:

Änderungsoperationen:

Index zu definierten Prädikaten: